LITERATURA É TERRITÓRIO
POÉTICAS FEMININAS INDÍGENAS EM MOVIMENTO

Editora Appris Ltda.
1.ª Edição - Copyright© 2024 da autora
Direitos de Edição Reservados à Editora Appris Ltda.

Nenhuma parte desta obra poderá ser utilizada indevidamente, sem estar de acordo com a Lei nº 9.610/98. Se incorreções forem encontradas, serão de exclusiva responsabilidade de seus organizadores. Foi realizado o Depósito Legal na Fundação Biblioteca Nacional, de acordo com as Leis nos 10.994, de 14/12/2004, e 12.192, de 14/01/2010.

Catalogação na Fonte
Elaborado por: Josefina A. S. Guedes
Bibliotecária CRB 9/870

C837l
2024
	Costa, Heliene Rosa da
	    Literatura é território: poéticas femininas indígenas em movimento / Heliene Rosa da Costa. – 1. ed. – Curitiba: Appris, 2024.
	    269 p. ; 23 cm. – (Linguagem e literatura).
	
	    Inclui referências.
	    ISBN 978-65-250-5497-1
	
	    1. Literatura indígena. 2. Escritoras indígenas. 3. Poesia. 4. Mulheres na literatura. I. Título. II. Série.
	
	                                                        CDD – 898

Livro de acordo com a normalização técnica da ABNT

Appris editora

Editora e Livraria Appris Ltda.
Av. Manoel Ribas, 2265 – Mercês
Curitiba/PR – CEP: 80810-002
Tel. (41) 3156 - 4731
www.editoraappris.com.br

Printed in Brazil
Impresso no Brasil

Heliene Rosa da Costa

LITERATURA É TERRITÓRIO
POÉTICAS FEMININAS INDÍGENAS EM MOVIMENTO

FICHA TÉCNICA

EDITORIAL	Augusto Coelho
	Sara C. de Andrade Coelho
COMITÊ EDITORIAL	Marli Caetano
	Andréa Barbosa Gouveia - UFPR
	Edmeire C. Pereira - UFPR
	Iraneide da Silva - UFC
	Jacques de Lima Ferreira - UP
SUPERVISOR DA PRODUÇÃO	Renata Cristina Lopes Miccelli
ASSESSORIA EDITORIAL	Nicolas da Silva Alves
REVISÃO	Isabela do Vale Poncio
PRODUÇÃO EDITORIAL	Miriam Gomes
DIAGRAMAÇÃO	Andrezza Libel
CAPA	Sheila Alves
REVISÃO DE PROVA	Stephanie Ferreira Lima
	Jibril Keddeh

COMITÊ CIENTÍFICO DA COLEÇÃO LINGUAGEM E LITERATURA

DIREÇÃO CIENTÍFICA Erineu Foerste (UFES)

CONSULTORES
- Alessandra Paola Caramori (UFBA)
- Alice Maria Ferreira de Araújo (UnB)
- Célia Maria Barbosa da Silva (UnP)
- Cleo A. Altenhofen (UFRGS)
- Darcília Marindir Pinto Simões (UERJ)
- Edenize Ponzo Peres (UFES)
- Eliana Meneses de Melo (UBC/UMC)
- Gerda Margit Schütz-Foerste (UFES)
- Guiomar Fanganiello Calçada (USP)
- Ieda Maria Alves (USP)
- Ismael Tressmann (Povo Tradicional Pomerano)
- Joachim Born (Universidade de Giessen/Alemanha)
- Leda Cecília Szabo (Univ. Metodista)
- Letícia Queiroz de Carvalho (IFES)
- Lidia Almeida Barros (UNESP-Rio Preto)
- Maria Margarida de Andrade (UMACK)
- Maria Luisa Ortiz Alvares (UnB)
- Maria do Socorro Silva de Aragão (UFPB)
- Maria de Fátima Mesquita Batista (UFPB)
- Maurizio Babini (UNESP-Rio Preto)
- Mônica Maria Guimarães Savedra (UFF)
- Nelly Carvalho (UFPE)
- Rainer Enrique Hamel (Universidade do México)

A todas as mulheres que se valem da escrita para a construção de um tempo sem opressões.

AGRADECIMENTOS

Deus, Espiritualidade Amiga, em todas as suas manifestações de bondade e sabedoria por me guiar e me abastecer de forças para continuar;

Ancestrais, que me acompanham sempre e que, algumas vezes, do outro lado da margem, posso vê-los acenar;

Família, amigos, amigas, mestres e mestras.

Sankofa

*Há um enorme hiato
entre mim e eu mesma.*

*Onde está
o que se perdeu de mim?*

Procuro e não sei.

*Sei que está dentro
do que me tornei!*

(Heliene Rosa)

PREFÁCIO

Ler Heliene Rosa da Costa. Ler Eliane Potiguara. Ler Graça Graúna. Ler Márcia Wayna Kambeba. Ler Lia Minapoty. Ler Auritha Tabajara. Ler Sonia Guajajara. Ler nomes de mulheres, palavras de mulheres, literatura de mulheres. Ler mulheres. Escrever da ponta da palavra e correr sobre o papel, sobre a tela partindo do ponto mais pulsante de ser mulher. Ouvir suas vozes por meio das letras como quem ouve os cantos que dão início às grandes festividades e às rodas de dança; como quem as ouve entoar palavras de cura em meio à escuridão; com quem ouve seus protestos em meio às marchas de denúncias contra injustiças e de reinvindicação pelo direito à terra, à vida, à educação dos povos indígenas. Foi assim que me senti ao iniciar a leitura de *Identidades e ancestralidades das mulheres indígenas na poética de Eliane Potiguara,* de Heliene Rosa da Costa, obra resultante de sua tese de doutorado, orientada com muita sensibilidade e acurácia científica pelo Prof. Dr. Carlos Augusto de Melo. A obra de Heliene nos convida não apenas a ler mulheres, mas a ler e ser junto com elas num diálogo que evidencia os atravessamentos de palavras, vozes, sabedorias, conhecimentos, temporalidades que deixam entrever que a academia tem se aberto mais e mais para novas formas de construir e democratizar a pesquisa.

Assim, o primeiro capítulo é justamente esse coro de vozes a nos receber, cada uma em seu timbre, compondo um breve panorama da literatura escrita por mulheres indígenas na chamada Literatura Indígena Contemporânea, apresentando os novos territórios ao qual conquistaram o direito à circulação, contracolonizando as letras e ampliando para as artes e para a academia a potência de suas vozes e escritas. Dessa feita, temos Graça Graúna, Márcia Kambeba, Lia Minapoty e Auritha Tabajara (re)encontrando a seus povos, alimentando e sendo alimentadas em suas memórias ancestrais a partir de suas escritas ao mesmo tempo em que constroem suas subjetividades, juntando suas palavras às palavras de outra mulher que tal qual como elas e tantas outras têm sofrido incessantes tentativas de silenciamento, invisibilizações, explorações e violências inúmeras: a Mãe-Terra.

De forma que não seria diferente com Eliane Potiguara. Antes de dedicar-se mais detidamente à obra *Metade cara, metade máscara* (2018), a autora apresenta no segundo capítulo vida e obra da escritora do povo Potiguara, sugerindo desde o título como as duas coisas se entrelaçam, dando a ver a multiplicidade identitária e literária que compõem sua poesia-práxis, discutindo como os constantes deslocamentos impostos aos povos indígenas em razão da colonização e que os empurra para margens e entrelugares também impactam sobre suas subjetividades. Nesse torvelinho, em que as identidades parecem chocar-se e até mesmo confrontar-se, surge uma importante voz que guia a então menina Eliane Potiguara pelas encruzilhadas das díspares realidades e lugares por onde caminha: a da avó Maria de Lourdes de Souza. É junto com a avó, essa tradutora das memórias e conhecimentos, que Eliane reestabelece as ligações não apenas com a aldeia e as pessoas de seu povo, com a ancestralidade, então muito distantes, mas que ajuda na construção de lugares de afeto, como passa a ser a escrita e que por isso mesmo reivindica em nome desses mesmos afetos melhores condições, direitos e justiça social, o que dá a urdidura de todo o seu trabalho junto com o Grumin (Grupo de Mulheres Indígenas).

Talvez seja, justamente, por percorrer esses lugares de afeto que em *Metade cara, metade máscara* (2018), atravessando tempos e espaços, num possível questionamento de que nada mais são que construtos e imposições dos colonizadores, em seu constante desejo de reduzir e separar tudo, que surge a voz de Cunhataí. No terceiro capítulo de sua obra, Heliene aponta que é o afeto a linha invisível que conduz a tanto à saga de Cunhataí que transmuta-se pássaro de olho direito roxo esperado desde sempre pelo seu povo e que também surge em outras narrativas como "O Pássaro Encantado" (2014). É o afeto, ou melhor a afetividade, que busca comunicar à humanidade das pessoas acerca da crueza e crueldade vivida em decorrência da colonização. Destarte, nesse capítulo são perscrutadas as estratégias de Potiguara enquanto uma exímia contadora de histórias e escritora, que entretece de poesia, textos documentais, narrativas ancestrais, histórias (auto)biográficas *Metade cara, metade máscara*. Ainda nesse capítulo, a autora discute como a afetividade também envolve o lugar e o transforma em território, em especial, os habitados pelos povos indígenas, cujas cosmovisões admitem que a Terra não é apenas um espaço geográfico, os rios, recursos naturais, mas parentes com os quais desenvolvem-se relações constantemente.

E finalizando, perscrutando a identidade feminina da/na qual se manifesta a escrita de Eliane Potiguara, a autora, no quarto capítulo, pontua que ainda que nascendo duplamente obliterada pelo fato de pertencer ao gênero feminino e a um povo indígena, busca potencializar as vozes na luta pela emancipação humana, que passa inevitavelmente pela política, manifestando-se também na gestualidade seja ela realizada numa performance como a de Ailton Krenak durante uma das constituintes e que foi decisiva para a promulgação da Constituição Federal de 1988, chamada de cidadã, seja da própria escrita em que narrando a saga de Cunhataí, narra-se a si mesma, numa tecelagem em que ela-eu, eu-nós tornam-se um gesto feito em nome da liberdade e da justiça.

A obra de Heliene é dessas que conseguem trazer toda a potencialidade da palavra que resulta em escrita, gesto, práxis, evidenciando aquilo que Jaider Esbell certa feita disse em uma postagem de Facebook, em um diálogo com Devair Fiorotti, dois nomes preciosos para as artes indígenas: o encantamento de que tudo dá outra coisa em si. E quando esse tudo parte das vozes, palavras, mãos de mulheres, esses gestos parecem ampliar-se em constelações, nessa grande roda que faz girar o mundo e a vida aconchegados no colo de uma avó, alimentados em torno do seu fogão que mais do que fogo gera calor, que aquece a memória e o espírito. Que essas palavras, também nossas a partir de agora, possam levar todas essas outras palavras e vozes para a seara da academia, fazendo lembrar que nunca estamos sozinhas desde que lembremos que por nossas vozes e letras sempre são atravessadas pelas palavras e vozes daquelas e daqueles que vieram antes, daquelas/es que estão junto conosco e daquelas/daqueles que virão.

Para o encantamento, então!

Sony Ferseck, Wei Paasi
Descendente do povo Makuxi. Doutoranda em Estudos de Literatura. Desde as Terras de Wei, a Grande Avó, estado de Roraima, sob seus calorosos raios, janeiro de 2022.

SUMÁRIO

INTRODUÇÃO 17

CAPÍTULO I
AS ESCRITORAS INDÍGENAS BRASILEIRAS CONTEMPORÂNEAS... 25
    1.1 Graça Graúna 37
    1.2 Márcia Kambeba 53
    1.3 Lia Minápoty.. 68
    1.4 Auritha Tabajara.. 82

CAPÍTULO II
ELIANE POTIGUARA 95
    2.1 Aspectos da biografia de Eliane Potiguara 100
    2.2 Sobre a produção literária de Eliane Potiguara 122
    2.3 Outros escritos de Eliane Potiguara 153

CAPÍTULO III
***METADE CARA, METADE MÁSCARA:* IDENTIDADES INDÍGENAS EM TRÂNSITO E O RESGATE DA SABEDORIA ANCESTRAL** 157
    3.1 A saga ancestral de Cunhataí e Jurupiranga...................168
    3.2 Os textos documentais 173
    3.3 Ancestralidade...180
    3.4 Diásporas indígenas 194
    3.5 Cosmovisões Indígenas..202

CAPÍTULO IV
IDENTIDADE FEMININA NA POÉTICA DE POTIGUARA.............207
    4.1 Protagonismo das mulheres indígenas..........................207
    4.2 Memória e traumas dos deslocamentos 214
    4.3 Oralidades, Performances e Transgressões 221
    4.4 As dores das mulheres indígenas 226
    4.5 Vozes sagradas 239
    4.6 Silenciamento e ruptura: espaços de ocupação da mulher indígena na literatura e na sociedade 244
    4.7 A Palavra Feminina: transbordamento dos sentidos e erotismo na poética de Eliane Potiguara..252

CONSIDERAÇÕES FINAIS 255

REFERÊNCIAS 259

INTRODUÇÃO

A literatura indígena contemporânea no Brasil é um fenômeno relativamente recente no cenário da produção de autoras e autores brasileiros. Embora a tradição literária dos povos indígenas do Brasil seja milenar e muita rica em textualidades, temas e modos de expressão; seus intelectuais começaram a produzir livros em língua portuguesa, de forma mais pontual, há aproximadamente quatro décadas. O processo foi gestado a partir da implantação da educação escolar indígena nas aldeias, - conquista da luta do Movimento Indígena organizado e da participação pontual das lideranças, de diversas etnias, na elaboração do texto da *Constituição Federativa do Brasil*, promulgada em 1989.

Assim, a partir da década de 1970, os professores passaram a receber formação para atuar nas comunidades indígenas. Outro fator que estimulou a produção escrita dessa vertente da literatura brasileira foi a aprovação da Lei 11.645/2008 que instituiu a obrigatoriedade do estudo das culturas dos povos originários do Brasil em escolas da Educação Básica, situadas em território nacional. A partir da promulgação dessa lei, criou-se, efetivamente, uma demanda pelas obras de autores indígenas, para a educação formal em escolas — indígenas e não indígenas —, em universidades, mais notadamente nos cursos de licenciaturas, em formação de professores e também nas secretarias que coordenam a formação continuada e a atualização de conhecimentos dos profissionais em exercício da função.

No âmbito não institucional, o interesse pela produção artística dos intelectuais indígenas vem crescendo, por causa da divulgação que é feita, principalmente em redes sociais, pelos próprios indígenas: escritores, poetas, músicos, cantores, cineastas, contadores de histórias, pintores, *happers*, entre outros. Há também eventos, nacionais e internacionais, divulgados pelas mídias, que, de certa forma, contribuem para dar visibilidade aos indígenas e suas produções.

Movida pelo amor à literatura e preocupada com a melhoria da qualidade da educação, decidi me embrenhar pelos caminhos instigantes e surpreendentes dessa literatura. Essa produção colorida, múltipla e plural que foi forjada na verve dos guerreiros e guerreiras indígenas, na luta diária por direitos, contra as violências e preconceitos e pela preservação da natureza. Essa literatura se edifica, cotidianamente, ancorada nas tradições, nos conhecimentos ancestrais, nas vozes dos anciãos e das anciãs e na multiplicidade das culturas desses povos. A leitura incentiva as crianças a amar e a cuidar da natureza, com respeito por todos os seres vivos e pela Mãe-Terra.

Os textos encantam crianças e adultos e pedem reflexão sobre o lugar que cada indivíduo ocupa, na família, na comunidade e no planeta. Mas, acima de tudo, alertam sobre a urgência de conter os desmatamentos, as queimadas, as contaminações do solo, das águas e da atmosfera. Alertam também para a necessidade de uma tomada de posição a respeito da responsabilidade de cada um, no cuidado com o planeta. Afinal, ele é a casa de todos nós.

As análises das produções de autoria feminina revelam que há preocupação com a harmonização das relações de gênero e com o combate às violências, principalmente, contra as mulheres e as crianças. Enfim, trata-se de uma literatura que requer postura ética e responsável no trato com o outro e com o meio ambiente.

Discorrer a respeito da literatura feminina de autoria indígena contemporânea no Brasil requer, tanto de leitores como de pesquisadores, uma postura de reconhecimento da alteridade constitutiva dessa vertente literária. Por outro lado, é preciso compreender essa relação triádica: leitor — texto — autor, nessa mesma perspectiva, pois a aceitação do outro é obrigatória nessa interação. É preciso ter coragem para distanciar-se de preconceitos arraigados e desapegar-se daquela velha e tão humana tendência aos pré-julgamentos.

Em outras palavras, é preciso aceitar a diferença como parte da diversidade, encarando-a como possibilidade para o enriquecimento do próprio repertório cultural e simbólico. É preciso se afastar da zona de conforto das noções previamente assimiladas e aceitar o desafio de reeducar a percepção, aceitar e vibrar com a descoberta do novo, celebrar o encontro para a construção de novos saberes.

Necessário ressaltar também que muitos consideram ideal o encontro da colonização, como um esforço de reinvenção, talvez para relativizar o trauma originado a partir do mau encontro: o primeiro, o histórico, a invasão de cinco séculos. Em outra perspectiva, neste livro, tratamos de algumas questões pertinentes à literatura contemporânea de autoria indígena no Brasil, sobretudo na escrita poética e transgressora de Eliane Potiguara que traz a temática feminina para a cena do debate literário contemporâneo.

Diante disso, abordamos os diferentes modos de constituição dessas identidades femininas presentes no discurso da escritora, que se constitui na complexidade do entrelugar e é marcado pela multiplicidade cultural e identitária. Cultura e identidade são questões da diversidade enquanto objeto epistemológico, analisado na perspectiva da desestabilização do discurso colonial.

O pensador indo-britânico Homi K. Bhabha também discute essa questão com foco na compreensão do hibridismo presente no contexto dessa produção literária. Ele aborda essa temática a partir do entendimento do caráter fluído e movediço da constituição das múltiplas identidades. Bhabha reitera a relevância da ocupação do entrelugar pelos indivíduos culturalmente híbridos, como indígenas e afrodescendentes brasileiros.

Nesse aspecto, Bhabha (1998) define entrelugar como espaço intersticial ocupado e não demarcado, cujo desconforto pode ser exemplificado pela presença das lágrimas da avó, na narrativa de Eliane Potiguara. Maria de Lourdes, a anciã desaldeada inspirou a concretização do pertinente projeto literário da autora, que culminou com sua constituição identitária híbrida de intelectual militante, ambas concatenadas na trajetória autoral da neta.

Esse hibridismo cultural e identitário, na poética de Eliane Potiguara, se manifesta de forma reiterada na obra *Metade Cara, Metade Máscara*, não apenas na tessitura textual, mas como parte da trajetória da autora, conforme esclarece o professor Pedro Mandagará (2018), em artigo a respeito da escrita das mulheres indígenas brasileiras:

> A reiteração dessa identidade – ser potiguara, ser indígena – perpassa toda a poética da autora. Lendo as memórias que pontuam o texto em prosa de *Metade Cara, Metade Máscara*, percebe-se o conflito de crescer e viver no Rio de Janeiro e se descobrir indígena desaldeada. Em certo momento, a indianidade da autora causa polêmica com outros potiguaras, que não lhe querem reconhecer o direito à ancestralidade [...]. Seu pertencimento acaba sendo reconhecido judicialmente por meio de documentos e testemunhas, mas as marcas do conflito ressurgem em diversos poemas do livro (MANDAGARÁ, 2018, s/p.).

Fica esclarecida a questão do duplo pertencimento da escritora que vivencia realidades conflitantes por estar inserida, concomitantemente, na cultura indígena potiguara, seu lar ancestral; e na cultura não indígena urbana, moderna e cosmopolita, por nascimento e por formação e atuação intelectual e profissional. Ela é professora com formação acadêmica e atua profissionalmente em um dos maiores e mais importantes centros urbanos do país — a cidade do Rio de Janeiro. Os desdobramentos desse hibridismo cultural são retomados nos capítulos subsequentes.

A complexidade do tema não é apenas aparente, porque repousa também sobre outros aspectos dicotômicos relevantes e subjacentes à compreensão dessa vertente da literatura brasileira. Entre outros fatores, por instaurar, na contemporaneidade, o exercício da voz e a retomada do protagonismo na expressão das subjetividades. O escopo são as manifestações artísticas e literárias de autoria dos intelectuais indígenas que se utilizam da língua portuguesa. Tais obras inscrevem-se no campo das noções dicotomizadas e antagônicas: tempo x espaço; campo x cidade; culturas ágrafas x culturas letradas; escrita x oralidade, entre diversas outras.

Em suma, para o estudo da literatura de autoria indígena, é imperativo refletir sobre os diferentes modos de vida assumidos pelas comunidades de indígenas, por força das contingências típicas da contemporaneidade. Assim, a pesquisadora Milena Costa Pinto lembra que a literatura indígena consiste em:

> [...] uma produção que se institui no seio das sociedades aldeadas, elaborada por nativos, de acordo com códigos e características específicas da cultura de cada comunidade, tendo um caráter coletivo e parcialmente etnoeducacional. No contexto urbano, as literaturas são urdidas por escritores em situação transitória. Suas vivências se realizam tanto em territórios tradicionais, quanto no *locus* urbano (PINTO, 2017, p. 12).

Aqui os escritores indígenas são observados em "situação transitória". Essa transitoriedade é marca de escritores que participam de duplas vivências: indígenas desaldeados ou indígenas-descendentes, como é o caso tanto das escritoras Eliane Potiguara e Márcia Wayna Kambeba.

Buscamos compreender os lastros de ancestralidade e identidade na poética feminina e libertária de Eliane Potiguara. Para tanto, interessa compreender de que maneiras a expressão das subjetividades femininas indígenas pode contribuir para a compreensão de fenômenos da literatura brasileira na contemporaneidade. O projeto literário da escritora, alicerçado na tradição e na sabedoria ancestral, rompe com o silenciamento secular dos povos originários e se apresenta como alternativa para a construção de uma narrativa plural e não estigmatizante da pátria brasileira, a partir de uma cosmovisão indígena feminina.

Assim, a análise dessa produção literária insere-se em um projeto maior de revitalização do cânone literário brasileiro. O intuito desse empreendimento é resgatar escritores e escritoras que, por diversas razões, tiveram suas vozes silenciadas na constituição do *index* canônico da literatura brasileira.

Diante disso, ganham destaque escritoras que, apesar do valor estético de suas obras, não foram assimiladas pelo estreito funil da categorização canônica oficial, como por exemplo, a escritora brasileira oitocentista Francisca Júlia[1]. Assim como Eliane Potiguara, a poeta oitocentista está vinculada ao projeto de revisão da historiografia literária brasileira, que tem como propósito trazer à luz escritores (as) e obras relevantes que foram esquecidos e esquecidas pelas listagens canônicas excludentes.

Visando facilitar a imersão do leitor no universo da produção literária em análise, a apresentação do tema, a discussão dos conceitos e as análises dos poemas foram dispostos do seguinte modo:

No primeiro capítulo, buscamos apresentar e contextualizar a produção das escritoras indígenas brasileiras contemporâneas, de forma a esboçar, levemente, um panorama da produção literária feminina, na atualidade. Abordamos obras das escritoras: Graça Graúna, Márcia Wayna Kambeba, Lia Minapoty e Auritha Tabajara com o objetivo de situar o leitor no contexto dessa vertente literária.

Com a poesia de Graça Graúna, respiramos a atmosfera das culturas distantes, nos encantamos com os diálogos constantes desta grande mestra da palavra que trabalha temas e formas da literatura universal. Sentimos, na pele, o arrepio dos ventos orientais que trazem a emoção e os aromas da poesia viva, feminina, potente, em surpreendentes haicais. Usufruímos da beleza das flores, ora na florada dos ipês, no cerrado; ora no ritmo e na magia do Toré nordestino, cantando e dançando, na roda indígena, para levantar o céu.

Nas aldeias, ouvimos histórias de seres encantados, habitantes de um passado mítico, atemporal e recebemos o legado do amor e do respeito, pelas culturas dos povos da mata. Indignamo-nos contra a destruição das florestas, pelo fogo impiedoso devorador. Fugimos do mar de lama

---

[1] De acordo com a pesquisadora Jaqueline Ferreira Borges (2018), em sua dissertação de mestrado, vinculada ao Programa de Pós-Graduação em Estudos Literários da Universidade Federal de Uberlândia, Francisca Julia foi uma das precursoras da literatura feminina no Brasil. Nas palavras dela: " Francisca Julia ultrapassou as demarcações femininas daquele período e habitou em um universo intelectual onde a figura masculina era predominante. Vale destacar que a escritora conquistou respeito e admiração de diversos poetas e críticos literários no cenário patriarcal e misógino do século XIX, o qual oferecia às mulheres, principalmente, o espaço doméstico" (BORGES, 2018, p. 11).

de rejeitos da barragem, em Minas, na exploração criminosa, violenta e predatória. E, por fim, procuramos o fio capaz de bordar as rotas para o caminho da paz, nas mãos das mulheres fiandeiras, tecelãs da palavra e de mundos poéticos e ficcionais.

Em seguida, encontramo-nos com o povo das águas e conhecemos histórias, os costumes e a cultura, pela palavra da poeta e geógrafa Kambeba. Tudo isso expresso na voz e nas expressões artísticas e nas lutas pelas tradições ancestrais empreendidas pelas mulheres e pelas crianças. Mulheres que cantam as músicas dos pássaros, dançam sob as águas doces do rio ou, ainda, navegam nos mares da internet, surfando nas ondas do ciberespaço.

Depois conhecemos a Amazônia, deslizamos de canoa sobre as águas meninas do rio Abacaxis e penetramos na poesia da mata, nas histórias de uma antiga civilização tapajônica e na cultura do povo Maraguá, em narrativas de arrepiar. Desembarcamos no Ceará e, pelos versos do cordel feminino, conhecemos a história da princesa do Nordeste, a poeta indígena tabajara que enfrenta qualquer desafio para realizar seus sonhos. A cordelista indígena que usa seu verso cortante e traz consigo a nação Tabajara, mas também resgata as vozes das mulheres cordelistas do interior nordestino, que cantaram a vida e a memória do povo do sertão.

No segundo capítulo, apresentamos a vida e a obra de Eliane Potiguara, de forma a evidenciar a sua trajetória como precursora na literatura de autoria indígena feminina no Brasil. E discorremos sobre a relevância dessa produção escrita para a compreensão de aspectos pertinentes da teoria da literatura brasileira na contemporaneidade. É nessa perspectiva que a leitura da obra da autora nos revela uma escrita híbrida, performática, inovadora e conectada com as novas tecnologias. Por outro lado, há a intensa militância da intelectual pelos direitos dos povos originários — sobretudo das mulheres —, atuação engajada que acontece profundamente atrelada à sua produção literária.

As aventuras da menina que venceu dificuldades, ingressou na universidade, se formou professora e, como grande lutadora, fez o retorno ao lar, no litoral paraibano, onde foi tentar reconstruir a sua história e a de sua família, na luta contra o preconceito e por todos os direitos indígenas. Ingressou no Movimento Indígena para concretizar essa militância.

Em relação a esse aspecto, salientamos sua atuação na elaboração do texto da Carta Constitucional de 1988, as contribuições significativas no processo de formalização da educação nas aldeias e na organização da formação de professores indígenas. Tudo isso e mais uma intensa agenda de atividades como escritora, contadora de histórias, professora e ativista indígena.

O líder e articulador indígena Ailton Krenak ressaltou a presença de Eliane Potiguara no Movimento Indígena. O escritor enfatizou sua profunda visão feminina: "[...] foi essa voz *mulher* extemporânea, marcando a diferente visão de gênero, que nós seus irmãos de luta, todos formados no mundo masculino, tínhamos dificuldade de entender" (KRENAK, 2018, p. 11).

Cabe ressaltar que Potiguara não dissocia o fazer literário de sua militância, pois ambos integram o constructo de sua produção escrita que culmina com a defesa do direito à propriedade intelectual indígena. Essa defesa está diretamente relacionada com a apropriação que a escritora sempre fez das mídias interativas, por meio das tecnologias da informação. Potiguara se utiliza de diferentes estratégias para superar as dificuldades impostas pelo mercado editorial e potencializar a divulgação e a circulação das obras da literatura dos indígenas, valendo-se dos ambientes virtuais.

O terceiro capítulo é dedicado à obra *Metade Cara, Metade Máscara*, um projeto representativo do conjunto de sua produção. Esse capítulo, em razão da complexidade de seu objeto, está organizado em tópicos, para dinamizar a compreensão do tema. Essa complexidade está relacionada, entre outros fatores, à abordagem de temas como a presença de gêneros textuais híbridos, de identidades múltiplas, de linguagens e de textualidades presentes em sua estruturação discursiva.

É vasta a tarefa de esquadrinhar uma obra literária que mescla narrativa documental e poética, contação de histórias, escrita de si e metalinguagem na recuperação de uma saga ancestral que se desdobra nos planos individual e coletivo. Além de evocar, com lirismo profético, a memória e a sabedoria ancestral dos primeiros habitantes das terras brasileiras.

Em *Metade Cara, Metade Máscara*, obra síntese de um projeto literário transformador, vozes secularmente silenciadas encontram lugar de expressão, pela força da poética feminina transgressora de Eliane Potiguara. Na sequência, as considerações finais, com a apresentação de um esboço do trabalho de pesquisa, bem como conclusões da análise empreendida.

CAPÍTULO I

AS ESCRITORAS INDÍGENAS BRASILEIRAS CONTEMPORÂNEAS

A escrita[2] das mulheres apresenta potencialidades para ampliação de diferentes visões de mundo, uma vez que subverte a dinâmica do pensamento patriarcal, cujas práticas costumam se concretizar a partir da tentativa de dominação e de silenciamento das expressões femininas no contexto das interações sociais, políticas e familiares. No escopo da literatura contemporânea de autoria indígena no Brasil, a expressão das subjetividades femininas é, particularmente reveladora de uma cosmovisão calcada em profunda conexão com as forças da natureza e com a espiritualidade indígena.

Aos leitores e leitoras desvela-se, em contornos muito sutis, a realidade de povos cujas culturas ancoram-se, normalmente, na construção da paz, na busca da harmonia com o meio e na relação simbiótica com a natureza.

Nesse contexto, a apresentação das escritoras indígenas com suas respectivas obras traz a vantagem de contextualizar a produção feminina na atualidade, no interior dessa vertente literária, de modo a facilitar a compreensão da importância da escrita precursora da poeta e militante Eliane Potiguara. Trata-se de oportunizar uma necessária revisão do arcabouço teórico da literatura brasileira, em face do apagamento secular das vozes indígenas, sobretudo femininas, a partir do ponto de vista tradicional canônico.

Na história da literatura, percebe-se claramente o apagamento das produções das escritoras nos espaços de reconhecimento institucional pelas mais diversas instâncias de legitimação literária. Esse fato comprova que: "A conquista do território da escrita, da carreira de letras, foi longa e difícil para as mulheres no Brasil" (TELLES, 2004, p. 342).

---

[2] A opção pelo termo escrita, nessa tese, não se relaciona com a escrita teorizada por Barthes, no par "Escrita X Escritura", conforme esclarece Perrone-Moisés (2012, p. 69-70). O termo pode ser compreendido, outrossim, como o conjunto da obra dessas autoras, seja com publicação em meio impresso ou virtual, na acepção de uma "*escrita-práxis*: a escritura tomada como um espaço político de resistência e de autorreconstrução ontológica e antropológica", postulada por Olivieri-Godet (2017, p. 104).

Entretanto, Margareth Rago (2013) assevera que os estudos feministas trouxeram relevantes contribuições para a compreensão de diversos fenômenos constitutivos da cena cultural da modernidade tardia, como por exemplo, a ascensão de teorias que consideram e dão aporte aos atores e suas respectivas subjetividades, normalmente, escamoteadas pelos estudos eurocentrados:

> [...] se num primeiro momento o corpo foi negado ou negligenciado como estratégia dessa recusa das normatizações burguesas, desde os anos 1980 percebem-se uma mutação nessas atitudes e uma busca de ressignificação do feminino. De um lugar estigmatizado e inferiorizado, destituído de historicidade e excluído para o mundo da natureza, associado à ingenuidade, ao romantismo e à pureza, o feminino foi recriado social, cultural e historicamente pelas próprias mulheres. A cultura feminina, nessa direção, foi pensada em sua importância, redescoberta em sua novidade, revalorizada em suas possibilidades de contribuição, antes ignoradas e subestimadas (RAGO, 2013, p. 25).

Essa noção de descentramento do sujeito foi condicionada por diversos fatores, entre eles o pensamento feminista colocado em evidência pela presença das mulheres no cenário intelectual (HALL, 2005, p. 36-46). Em primeiro lugar, Hall cita a rejeição ao modelo essencialista de pensar o indivíduo a partir da reinterpretação dos escritos marxistas em que o ser é transformado em produto como um reflexo do meio social. Em segundo lugar, aponta a descoberta do inconsciente por Sigmund Freud e seus postulados sobre os processos psíquicos simbólicos envolvidos na compreensão da identidade, da sexualidade e dos desejos humanos.

Como terceiro fator, são apresentadas as teorizações de Ferdinand Saussure a respeito da língua como sistema social preexistente ao ser humano e as conclusões de que nós não somos a fonte do nosso dizer, portanto, não podemos ser autores das afirmações que fazemos. Em seguida, são relacionados os escritos de Michel Foucault sobre o poder disciplinar conduzido pelo arcabouço das ciências sociais para controle e vigilância do sujeito individual — produção do corpo dócil.

Após elencar esse eixo temporal, Hall enquadra o feminismo na perspectiva da crítica teórica — de oposição à política liberal e o apelo ao universo feminino com as temáticas que lhe são constitutivas —, como molas propulsoras para o descentramento da noção "do sujeito cartesiano e sociológico". Nas palavras do teórico:

> Mas o feminismo teve também uma relação mais direta com o descentramento conceitual do sujeito cartesiano e sociológico: ele questionou a clássica distinção entre o "dentro" e o "fora", entre o "clássico" e o "público". O *slogan* do feminismo era: "o pessoal é político". Ele abriu, portanto, para a contestação política, arenas inteiramente novas de vida social: a família, a sexualidade, o trabalho doméstico, a divisão doméstica do trabalho, o cuidado com as crianças, etc. (HALL, 2006, p. 45).

A forma como a escrita feminina[3] e a atuação política das mulheres fragilizam as barreiras distintivas entre conceitos até então estanques — por exemplo, público e privado, coletivo e doméstico —, desencadeou transformações e abriu caminhos para a inclusão das identidades sexuais e de gênero na cena do debate teórico, de forma a ampliar o campo para outras expressões de subjetividades, como as escritas transformadoras das mulheres.

Os desafios que as mulheres enfrentam para superar essa condição de silenciamento imposta pela subalternidade são inumeráveis. Para Gayatri Chakravorty Spivak:

> Com respeito à "imagem" da mulher, a relação entre a mulher e o silêncio pode ser assinalada pelas próprias mulheres; as diferenças de raça e de classe estão incluídas nessa acusação. A historiografia subalterna deve confrontar a impossibilidade de tais gestos. A restrita violência epistêmica do imperialismo nos dá uma alegoria imperfeita da violência geral que é a possibilidade de uma episteme. No contexto do itinerário obliterado do sujeito subalterno, o caminho da diferença sexual é duplamente obliterado. A questão não é a da participação feminina na insurgência ou das regras básicas da divisão sexual do trabalho, pois em ambos os casos há "evidência". É mais uma questão de que, apesar de ambos serem objetos da historiografia colonialista e sujeitos da insurgência, a construção ideológica de gênero mantém a dominação masculina. Se, no contexto da produção colonial, o sujeito subalterno não tem história e não pode falar, o sujeito subalterno feminino está ainda mais profundamente na obscuridade (SPIVAK, 2010, p. 84-85).

Nesse sentido, a resistência das mulheres por meio da escrita literária representa uma possibilidade de superação do apagamento de suas memórias e suas subjetividades. A escrita literária permite a elas se projetarem para

---

[3] A escrita feminina é utilizada aqui na acepção das obras das escritoras, como o produto da escrita das mulheres que é disponibilizado ao público leitor.

fora desse modelo duplamente subalternizado ao qual se refere Spivak. É a literatura contemporânea de autoria indígena que lhes fornece mecanismos para esse avanço intelectual, munindo-as de amplo arsenal simbólico para que possam ressignificar, a si e aos seus povos, de forma a subverter a visão estereotipada até então predominante na sociedade não indígena.

As lutas para garantir e efetivar os direitos das mulheres indígenas vêm sendo travadas por essas guerreiras, dentro e fora das aldeias. A escrita das mulheres traz constantes referências ao tema. Assim, a obra *Metade Cara, Metade Máscara* (2018b, p. 49-55), traz um documento redigido, pelo Grumin, em 1991, a partir de discussões das mulheres indígenas em torno das pautas femininas, como exemplo, as violências, os direitos à saúde integral, os direitos reprodutivos e o direito ao exercício da espiritualidade, entre outros temas.

Da mesma forma, as palavras de Sônia Guajajara, liderança indígena feminina, dimensionam a complexidade dos desafios enfrentados por essas mulheres, na atualidade:

> Existe também uma pauta específica. A saúde da mulher, por exemplo. A luta contra a violência doméstica, que acontece muito fora, mas também acontece dentro dos povos indígenas, e que muitas vezes é confundida com cultura. Mas a gente sabe que tem um machismo forte dentro das aldeias, em alguns povos indígenas. Há um preconceito até de ver a mulher como inferior. Em muitos casos a violência doméstica é confundida como cultura e não é. Posso garantir que não é. A gente não pode aceitar a violência de uma forma assim natural. É um tema que as mulheres têm trazido para o debate, que é complexo, polêmico (GUAJAJARA, 2019, p. 19-20).

Embora haja forte tendência pela indistinção das pautas femininas, diluídas em meio à prevalência de temas como a luta e a defesa dos territórios, a necessidade de preservação dos recursos naturais e a luta contra o genocídio das lideranças indígenas, que vem sendo acirrado, nos últimos dias, por questões econômicas e políticas. Sonia Guajajara reflete sobre a realidade de luta dessas mulheres e reitera: "As mulheres estão assumindo a responsabilidade e a liderança" (GUAJAJARA, 2019, p. 20).

No escopo da teoria literária, os esforços para caracterizar essa escrita feminina são corroborados pelos estudos de Lucia Castello Branco (1991), que remetem a uma teorização importante acerca do que se convencionou chamar de feminino na literatura. Para a autora, a questão vai muito além de uma abordagem puramente terminológica ou temática, em sua metodologia de pesquisa o "feminino" como caracterizador da escrita comporta uma semântica mais abrangente que aquela fornecida pelo aspecto sexual. Assim, segundo ela, há uma modalização de escrita que pode ser perceptível também em textos de alguns escritores como Guimarães Rosa, James Joyce e Marcel Proust, descrita como uma inflexão ou uma respiração, algo como um ritmo específico e muito singular.

A autora ressalta, ainda, que tal modalização constitui um incômodo. Nas palavras dela:

> O que é curioso é que o feminino, de uma forma ou de outra, acaba por incomodar, por se fazer questão, por produzir polêmica. Ou por calar, por se fazer silêncio, por insistir, como num diálogo de surdos, a nada dizer que faça sentido. Ou simplesmente: a nada dizer. E, ainda aí (ou especialmente aí), ele incomoda. [...] Sabendo que esse incômodo nos fala de uma outra voz, de um outro tom, de um outro lugar. Paradoxalmente distante e próximo, absurdamente estranho e familiar. O lugar de uma vida outra, uma língua que se compõe sobretudo de sussurros, gemidos e balbucios: a língua da mãe (CASTELLO BRANCO, 1991, p. 18).

A forma como a autora pontua a questão revela-se bastante produtiva no que tange ao escopo de nossa pesquisa, pois a produção literária das mulheres indígenas é carregada de vozes outras: vozes ancestrais e contemporâneas de mulheres e de homens que se mesclam na construção do tecido polifônico característico da escrita dessas mulheres. Em seus escritos há, acima de tudo, uma voz magistral identificada com a Terra-Mãe, o ventre gerador da humanidade.

No campo teórico, o impacto desse movimento intelectual e político das mulheres com os seus respectivos desdobramentos e implicações sobre as noções de subjetividade e de identidade desempenharam papel importante para o acolhimento de temas que dizem respeito às subjetividades historicamente silenciadas no interior do sistema. Esse apagamento das vozes femininas vem sendo denunciado em diversos trabalhos de pesquisa e crítica literária. Conforme Zinani:

> Os estudos de gênero têm mostrado à exaustão a questão da marginalidade feminina em todos os segmentos da sociedade, especialmente, na produção intelectual. Diversas autoras travestiram-se de homens a fim de possibilitar a edição e

> a circulação de suas obras, como também que seus escritos fossem encarados seriamente; nesse sentido, são emblemáticos os casos de George Sand, pseudônimo da parisiense Amandine Aurore Lucile Dupin, e da escritora inglesa Mary Anne Evans, conhecida por George Eliot. No Brasil, um escritor respeitável como Graciliano Ramos atribuiu "O Quinze", de Rachel de Queiroz, a um "barbado" que teria usado pseudônimo feminino. Além do mais, escritoras oitocentistas que tiveram obras editadas esgotadas em sucessivas edições, simplesmente caíram no ostracismo, e hoje são objeto de pesquisas que, num trabalho quase arqueológico, procuram resgatá-las e reinseri-las no universo literário, por meio de edições críticas, dicionários biobibliográficos, dissertações e teses (ZINANI, 2014, p. 185).

Nesse cenário, tornam-se parte integrante de uma teorização necessária as produções: da literatura feminina, da literatura negra, da literatura de autoria indígena, da literatura homoerótica, entre outras produções artísticas e literárias oriundas de segmentos considerados minoritários no contexto social. Um esforço necessário para resgatar as vozes historicamente marginalizadas na constituição canônica da literatura brasileira.

Do ponto de vista da superação da invisibilidade literária, as escritoras engendraram diferentes formas de resistência, desenvolvendo estratégias. Nesse aspecto, Zinani reitera:

> A conquista de um novo espaço começou a tornar-se viável, quando aquelas vozes silenciadas passaram a reivindicar educação, cidadania e expressão. Falando a partir de seu mundo, de suas experiências, as mulheres adentraram no fazer literário. Tornando-se presença relevante, mas ainda com pouca densidade, uma vez que o reconhecimento e a validação acadêmica não estão consolidados (ZINANI, 2014, p. 193).

Nesse sentido, os intelectuais indígenas apropriaram-se da escrita, desenvolveram habilidades necessárias para se expressar na escrita, utilizando-se da língua portuguesa, para levar, por meio das suas manifestações literárias, as vozes e as subjetividades de seus povos, ao público leitor. Nesse panorama, esses escritores nativos lançaram mão da escrita literária como arma para combater a invisibilidade e o apagamento da subjetividade dos povos indígenas. Da mesma forma, as mulheres, escritoras indígenas, requisitam seu espaço e fazem ecoar por meio das narrativas e da poética, as suas experiências, suas vivências, suas vozes e suas subjetividades.

Nesse ínterim, a escritora Eliane Potiguara relata suas experiências na formação como militante pelos direitos indígenas, ao lado de grandes mulheres indígenas e negras. A relevância dessas atividades para o conjunto de sua obra é bastante significativa, pois grande parte dos seus escritos tem esse teor engajado oriundo dos temas que envolvem as lutas das mulheres indígenas em prol dos seus povos e dos direitos femininos. Nas palavras dela:

> O Programa de Combate ao Racismo era um programa que apoiava o Nelson Mandela, que estava na cadeia ainda. Nessa época eu fui convidada para esse programa e fui participar de um encontro sobre como escrever projeto, lá em Cuba. Fui escutar, participar lá de um coletivo de mulheres. Estava lá a mulher negra mais importante aqui do Brasil, a Lélia Gonzalez. Eu dormi no mesmo quarto que ela. Ela me falou tanta coisa! Passamos uma semana lá em Cuba, juntas, eu, a Lélia e o coletivo de mulheres de Honduras e de outros países. Eram mulheres de todo lado. De mulher indígena fui eu. Daí fiz o curso. Sei que fui fazer quatro atividades por lá, não só os encontros com esse coletivo. Foi criado o coletivo de mulheres afroindígenas, fui fazer o curso, fui estudar com Fidel Castro e fui conhecer a primeira deputada indígena, Nina Pacari, do povo Kichwa do Equador. Conheci as mulheres indígenas do Equador, dos Estados Unidos e do México. Eu fiquei num deslumbre total de conhecer essa mulherada toda. Puxa, a mulherada falava forte! (POTIGUARA, 2019, p. 42-43).

A formação da autora como militante é relatada sempre em presença de outras mulheres, normalmente, negras e indígenas ameríndias. A abertura que sua militância e sua obra literária revelam para o apoio às lutas de outras mulheres e de outros segmentos estigmatizados — no interior da estrutura da sociedade patriarcal, e igualmente oprimidos —, parece ser estimulada de um lado, por esse fator e, de outro, pelas idiossincrasias de suas múltiplas identidades. Nessa perspectiva, a importância da presença dos sujeitos femininos nesses espaços para garantir transformações no âmbito da literatura e da história é ressaltada por diversos teóricos. Nas palavras de Lobo:

> Assim, essa presença/ausência no espaço historiográfico e literário, através da voz narrativa feminina e testemunhal, traz à cena a possibilidade de uma escrita da história, da literatura, voltada à inserção de um sujeito enquanto mulher e testemunha nesse espaço. Para tanto, o desvelamento de transformações significativas no cenário literário e histórico pressupõe a inserção de experiências sob diferentes perspectivas, o que permite a organização de uma historiografia literária, entre outras

possibilidades, voltada para obras que presentificam o sujeito feminino, na condição de testemunha ausente/silenciada frente a eventos históricos que dialogam através da memória e do testemunho. Essa possibilidade caracteriza um levantamento baseado em relações conectadas, inevitavelmente, ao plano individual e coletivo em favor de representações identitárias heterogêneas e em construção (LOBO, 2016, p. 162-163).

A autora ressalta a necessidade de uma construção pluralizada da historiografia literária brasileira a partir da inserção de diferentes experiências. Nesse prisma, podemos pensar, por exemplo, nas vivências, nas memórias e nas histórias das mulheres indígenas, das mulheres negras e das mulheres trans para compor uma relação mais equilibrada entre a sociedade brasileira e as representações artístico-literárias que encampam os registros históricos da nossa literatura.

De acordo com a pesquisadora: "As mulheres escritoras representam as correntes mais vivas e mais críticas do pensamento feminino. A libertação das mulheres, representada na escrita literária, defende a necessidade de uma nova referência do seu próprio ser [...]" (LOBO, 2016, p. 163). Assim, o estudo da forma como o movimento feminino tem rompido com algumas posturas epistemológicas tradicionalmente sedimentadas nos faz refletir sobre a necessidade de questionar continuamente as fontes de pesquisa.

Esta metodologia mostra-se ainda mais salutar, considerando como especificidade da literatura contemporânea de autoria indígena no Brasil ser produto da resistência à opressão e ao apagamento das vozes e das subjetividades dos povos originários. No contexto das opressões sofridas por esses povos e da resistência protagonizada por eles, Eliane Potiguara revela:

> O que eu faço com a minha cara de índia? Escrevo isso e mando para todo mundo. Por exemplo, "mulheres, organizem-se, mesmo que seja dentro das suas casas". O que é isso? Isso é um pensamento do passado, dos nossos avós, dos nossos bisavós, dizendo o seguinte: vamos conservar a nossa identidade indígena. Como vamos fazer isso se o mundo lá fora faz de tudo para nos destruir? Se o mundo lá fora vem com toda tecnologia, com todas as estratégias para destruir a identidade indígena? Então, a gente tem que pensar como manter a identidade indígena, ao lado das crianças, ao lado dos velhos. E a literatura é uma estratégia para isso (POTIGUARA, 2019, p. 57).

As palavras da escritora trazem importantes revelações sobre as maneiras como o culto à ancestralidade atua para o fortalecimento das subjetividades indígenas, ao ponto de reforçar, nos indivíduos autóctones, o desejo pela recuperação da identidade indígena, como força de coesão interna para essas comunidades. Além disso, o conteúdo expresso reitera o protagonismo das mulheres, escritoras indígenas que criam condições para as manifestações dessas vozes ancestrais e, por meio dos seus escritos, estabelecem coesão para as lutas e para a resistência.

Nesse sentido, buscamos conectar o trabalho de pesquisa ao conceito de decolonialidade, cuja teorização fundante pressupõe superar a opressão e a exploração perpetuadas nas relações de poder pautadas no modelo eurocêntrico. Como parte dessa sistematização teórica, a crítica decolonial surge: "trazendo a necessidade de decolonizar a epistemologia latino-americana e os seus cânones, na maior parte de origem ocidental" (ROSEVICS, 2017, p. 187).

A compreensão dessa perspectiva teórica, no contexto de nossa pesquisa, passa pela constatação da existência e da relevância de profundas rupturas entre o modelo epistemológico de bases ocidentais e a cosmovisão dos povos indígenas. Trata-se da existência de percepções do mundo— e de modos de relacionar-se com ele —, diametralmente opostos. No âmbito das vivências dos povos originários, Krenak explica:

> As experiências, a trajetória, a história do povo indígena remonta a 20 mil anos, a 10 mil anos. Alguns grupos étnicos têm uma viva memória – e transmitem isso oralmente – da sua origem, da sua criação, em regiões do mundo, mas nunca se colocando na América do Sul, ou na América do Norte, ou na Ásia, ou na China. Colocam-se num determinado lugar que se relaciona com o universo, é daquele lugar onde estão para o universo. É uma concepção muito sagrada da existência, é uma concepção profundamente espiritual da existência. Não se limita a uma geografia política, ideológica, moderna, estratégica, mas ela se estabelece a partir de um pensamento, de uma concepção profundamente religiosa da existência do próprio indivíduo e de todas as coisas (KRENAK, 2015, p. 152-153).

Essa concepção sagrada implica em conexão profunda com a terra, não apenas como território, mas como parte integrante de cada indivíduo em sua constituição material, psíquica e espiritual.

A produção intelectual das mulheres indígenas encontra-se em posição ainda mais periférica que as produções das intelectuais não indígenas. Trata-se de um conjunto marcado pela ruptura e pela busca de garantias para a expressão da voz e das lutas dos povos originários. Uma estratégia de resistência — pelo direito de existência e de dignidade para as diversas e plurais comunidades indígenas, tanto no campo como nas cidades. É nessa perspectiva que a escrita é uma arma de luta para essas guerreiras da palavra, duplamente oprimidas: por serem mulheres e por serem indígenas.

O trabalho de leitura e análise da produção literária das escritoras indígenas esbarra em questões que remontam à exiguidade dessa produção, no cenário da produção literária brasileira. Entretanto, as vozes das mulheres indígenas brasileiras fazem ressonância com vozes de outras escritoras originárias da América. Como exemplo, a poeta mapuche Graciela Huinao: "Primeira mulher indígena a ingressar na academia de letras do Chile [...] onde ocupa uma cadeira desde 2014, ela comenta também como este reconhecimento a seu trabalho pode ampliar a visibilidade de seu povo, em especial a das mulheres Mapuche [...]" (MANÇANO; NOGUEIRA, 2019, s/p.).

Conforme atestam as palavras de Moraga, a respeito da escrita poética de Huinao:

> Dentro deste contexto de perspectiva de mundo mapuche, a voz anunciadora dos poemas se torna uma força para que a história de seu povo, que é a da poeta, permaneça presente e não se extinga a pegada que queima no interior cultural da comunidade. A escrita, para Graciela Huinao, torna-se um ritual de iniciação, onde o primeiro passo é (re)encontrar(se) a si mesma em sua outra manifestação. No entanto, esse (re)encontro não é totalmente recuperável para a poeta. Admite-se uma ruptura que se encontra depositada na distância entre o que está longe e o que está perto. A divisão dela mesma é a fragmentação de sua «raça». Em um interstício dessa separação, encontra-se um território perdido: Em mistério/ converteu-se esta busca/ de cavar nos sentidos./ Será azar/ a besta atravessada no seu caminho?/ Refino a memória [...] à queima roupa/ o invasor a matou na minha aldeia...» Nesse caso a iniciação é brusca, porque se denuncia o choque violento com a cultura ocidental invasora (MORAGA, 2001, p. 31 – tradução livre).[4]

---

[4] Dentro de este contexto de cosmovisión mapuche, la voz anunciante de los poemas se convierte en fuerza para que la historia de su pueblo, que es la de la poeta, permanezca presente y no se extinga la huella que arde en el interior cultural de la comunidad. La escritura, para Graciela Huinao, se convierte en ritual de iniciación, donde el paso inicial es (re)encontrar(se) a sí misma en su otra manifestación. Sin embargo, este (re)encuentro no es del todo recuperable para la poeta. Reconoce una escisión que se encuentra depositada en la distancia, entre lo lejano y lo cercano. La división de ella misma es la partición de su «raza». En un intersticio de esa separación encuentra un territorio perdido: «En misterio/ se ha convertido esta búsqueda/ de escarbar en los sentidos./ ¿Será de mala suerte/ la alimaña atravesada en tu camino?/ Afino la memoria [...] /A quemarropa/ El invasor la mató en mi pueblo...». En este caso la iniciación es brusca, porque se denuncia el choque violento con la cultura occidental invasora (MORAGA, 2001, p. 31).

Assim, de forma correlata, enquanto Huinao resgata, em seus versos, a história e as memórias de seus ancestrais, o povo mapuche, Eliane Potiguara projeta, no plano individual e coletivo, a saga de sua família "espoliada", com o intuito de recuperarem a dignidade e brilharem no palco da história.

Nessa perspectiva, Liane Shneider faz uma leitura do poema "I Lost my Talk" da poeta indígena norte-americana Rita Joe, aproximando-o ao poema "A Denúncia" de Eliane Potiguara. De acordo com Schneider: "Como venho lendo literatura indígena de forma comparativa, acredito que aproximar Rita Joe de Eliane Potiguara, a fim de mostrar como seus lugares de fala se assemelham, é algo interessante e bastante produtivo" (SCHNEIDER *apud* POTIGUARA, 2008, p. 14).

Exemplo de outra poeta Mapuche em cuja escrita são reconhecidos fortes nexos com a poética de Eliane Potiguara é Rayen Kvyeh que, exilada na Alemanha após ter sido presa pela ditadura militar em seu país, alcançou sucesso internacional com sua poesia focada nas memórias do povo Mapuche. Graúna comenta a respeito da leitura comparada dessas duas poetas:

> A relação entre a poesia mapuche e a poesia potiguara sugere um cruzamento poético no eixo da transversalidade, ou seja, as noções de indianidade, identidade, alteridade, direitos humanos, memória, auto-história e outros aspectos-chaves que imprimem um tom de verossimilhança, se quisermos falar de arte engajada, ou mais precisamente do caráter social da poesia indígena contemporânea no Brasil. [...] A noção de ancestralidade, a representação de filha da terra, a visão do colonizador como representante do mal e a reiteração do saber sagrado, os conselhos dos antepassados são alguns dos pontos coincidentes entre a poesia de Potiguara e a poesia de Kvyeh (GRAÚNA, 2013, p. 112).

Assim, há diversos pontos comuns entre as poéticas das mulheres ameríndias e brasileiras: aqui ilustrados na leitura dos escritos de Graciela Huinao e Rayen Kvych e de Eliane Potiguara, conforme estudos de Graça Graúna e Liane Schneider.

A contextualização da produção das escritoras indígenas brasileiras, nesse capítulo, tem como objetivo situar a obra de Eliane Potiguara nesse universo literário, de forma a traçar um breve panorama da produção feminina no interior da literatura contemporânea de autoria indígena no Brasil hoje.

Nesse sentido, a poeta e escritora Graça Graúna trabalha, poética e academicamente, sobre o tear da palavra indígena, tecendo a resistência desses povos e o arcabouço teórico de sua literatura na contemporaneidade.

Da mesma forma, Márcia Wayna kambeba abre o baú das memórias ancestrais de seu povo e leva-as ao público em seus poemas, cantos, danças, pinturas e ornamentação corporal. Lia Minápoty recupera as lendas e as histórias contadas nas aldeias e compartilha essa sabedoria ancestral com crianças e adultos, indígenas e não indígenas, por meio dos seus livros. Enquanto Auritha Tabajara dialoga com a cultura popular nordestina— pela inspiração dos poemas de cordel —, ao se autoexpressar fazendo das suas rimas instrumento de luta e de valorização das tradições ancestrais.

Sobre a temática, Liane Schneider enfatiza que:

> A experiência das mulheres de grupos não-hegemônicos certamente não é a mesma das mulheres brancas, heterossexuais, de "primeiro mundo", de elite, e, portanto, elas não conseguem acreditar que suas identidades e seus objetivos políticos possam ser exatamente os mesmos. Para algumas mulheres seria muito mais importante lutar contra a exploração econômica e o preconceito racial e étnico-cultural do que única e exclusivamente atacar a discriminação sexual. Estes novos pontos de vista complicam as bases da política de identidades, estremecendo alguns de seus fundamentos ou, pelo menos, submetendo alguns deles a possíveis mudanças (SCHNEIDER, 2008, p. 23).

A literatura indígena de autoria feminina no Brasil traz implícita a complexidade das relações sociais e dos embates históricos ao longo da constituição da sociedade brasileira. A voz e a subjetividade dos povos indígenas encontram lugar de expressão nesses textos que materializam memórias, ancestralidades, identidades, histórias, sensibilidades e esperanças.

A relação intrínseca entre terra e mulheres indígenas aparece na produção dessas literatas que, com as suas subjetividades, contribuem para ampliar a visão de mundo dos leitores, engendrando uma percepção das diferentes formas de conviver com o meio ambiente e de perceber a vida.

Nesse contexto, essas escritoras buscam recuperar essa cosmovisão e resgatar sua identidade indígena por meio de suas memórias e de seus ancestrais. Com exceção de Lia Minapoty que se manteve em território indígena, mudando apenas de aldeia em função do casamento, todas partilham essa dupla identidade e convivem em ambientes urbanos. Para Schneider (2008, p. 47), esses povos "também poderiam reforçar algumas ligações, alguns vínculos atualmente quase imperceptíveis, mas ainda existentes entre diferentes culturas ao longo das Américas". Dessa forma, a lição ensinada pelos indígenas, a partir de sua literatura, pode contribuir com o fortalecimento da identidade do povo brasileiro, de forma ampla.

1.1 Graça Graúna

> Sou uma devoradora de livros e profunda admiradora daqueles(as) que lutam pela igualdade, pelo respeito às diferenças e pela paz no mundo.
> (Graúna em LIMA, 2015, p. 142).

Nascida Maria das Graças Ferreira, Graça Graúna é uma escritora engajada no movimento de resistência da Literatura Indígena no Brasil contemporâneo. Descendente do povo Potiguara e natural da pequena cidade de São José do Campestre, no Rio Grande do Norte, Graúna construiu uma carreira acadêmica e artística bastante consolidada. Como muitos outros escritores indígenas brasileiros, valeu-se das mídias digitais para divulgar sua produção intelectual e artística e, também, para manter contato direto com o público. A escritora mantém um blog pessoal[5] para comunicar-se com os seus leitores e divulgar a sua obra poética.

Graça Graúna possui diversas publicações, entre elas: *Canto Mestizo*, livro de poesias publicado pela Editora Bloco no ano de 1999, na cidade do Rio de Janeiro; *Tessituras da Terra* saiu pela Editora M.E Tânia Diniz, na cidade de Belo Horizonte, em 2000; *Tear da Palavra*, livro de poemas também editado na capital mineira e lançado em 2007 pela mesma casa editorial; *Criaturas de Ñanderu*, obra infanto-juvenil publicada em 2010, pela Edições Amarylis 'Selo Manole', na cidade de Barueri, São Paulo; *Contrapontos da literatura indígena contemporânea no Brasil*, lançado em 2013, na cidade de Belo Horizonte pela Mazza Edições; *Flor da Mata*, de 2014, saiu pela Peninha Edições (BH).

Ela publicou diversos artigos em periódicos científicos e concedeu entrevistas a diversos jornais e revistas. Pesquisadora e professora da Universidade Federal de Pernambuco, UFPE, atua na área da Educação e dos Direitos Humanos. No auge de sua carreira acadêmica e com um pós-doutorado em Direitos Humanos, Graça Graúna se estabeleceu no cenário da literatura de autoria indígena brasileira como uma das precursoras no cenário da produção poética e intelectual da literatura de autoria indígena contemporânea.

---

[5] Link do blog: http://ggrauna.blogspot.com

Roland Walter tece sobre o valor da produção da referida autora:

> A valiosa obra de Graça Graúna se insere nesta essência ética por, pelo menos, duas razões fundamentais. Primeiro, o enfoque analítico é a literatura/cultura ameríndia brasileira e, segundo, implícito nesse processo descolonizador, a contribuição para a constituição de um *corpus* crítico crescente sobre esta literatura/cultura num país onde os indígenas constituem a margem interior da diferença cultural (GRAÚNA, 2013, p. 12).

O livro pioneiro *Contrapontos da Literatura Indígena Contemporânea no Brasil* (2013) é uma relevante contribuição para os estudos da literatura brasileira, com foco na produção literária de autoria dos intelectuais indígenas contemporâneos no Brasil. O livro apresenta, em forma de breve análise, as obras dos principais escritores indígenas da atualidade. E, paralelamente, discute conceitos relevantes para a compreensão da complexidade dessa produção, tais como: diáspora indígena, identidades, pajelança, diálogo multiétnico, entre outros.

Esse aporte teórico busca contextualizar e elucidar aspectos concernentes ao universo indígena e às produções desses escritores. De acordo com Graça Graúna:

> As teorias que procuramos interpretar ao longo deste trabalho remetem a situações híbridas vivenciadas pelos autores e, ao mesmo tempo, permitem ilustrar um ângulo da questão identitária relacionada ao deslocamento e ao lugar, por exemplo (GRAÚNA, 2013, p. 82).

Com perspicácia, a autora reafirma a negação, na literatura, das vozes indígenas na cena social brasileira desde o período de exploração colonial. Nesse aspecto, ela trata da importância da expressão das vozes e das subjetividades desses povos, de sua relação intrínseca com a oralidade e com a memória em um diálogo profícuo com a produção de alguns autores não indígenas. Ela também faz a defesa do direito ao reconhecimento da propriedade intelectual indígena e enfatiza o caráter transgressor da literatura indígena contemporânea: "[...] uma literatura que expande o seu grito que é dos mais excluídos e que ao mesmo tempo tece a esperança de que todos possam refletir as necessidades dos povos indígenas e seus descendentes [...]" (GRAÚNA, 2013, p. 171).

Com lucidez e maturidade teórica, Graça Graúna discute ainda a relação dessa produção literária com conceitos basilares para a contextualização dos leitores em relação ao tema abordado, como por exemplo: política, identidades, alteridade, ética e pluralidade cultural. Nas palavras dela:

> Nessa perspectiva, o texto literário convoca a uma leitura interdisciplinar e, ao mesmo tempo, permite observar a relação entre identidade, auto-história, deslocamento e alteridade entre outras questões que se depreendem da poesia e da narrativa. Essa relação suscita uma leitura entre real e imaginário, oralidade e escrita, ficção e história, tempo e espaço, individual e coletivo e de outros encadeamentos imprescindíveis à apreensão da autonomia do discurso e da cumplicidade multiétnica (diálogo) que emanam dos textos literários (poemas, contos, crônicas) e da ecocrítica nos depoimentos, nas entrevistas, nos artigos e outros textos de autoria indígena (GRAÚNA, 2013, p. 16).

Ao ressaltar a importância de uma leitura interdisciplinar como pressuposto necessário para a compreensão dos textos da produção contemporânea de autoria literária indígena, a autora reforça a complexidade e a heterogeneidade desse conjunto. Tais atributos ancoram-se na perspectiva da diversidade cultural dos muitos povos indígenas, cujos intelectuais contribuem para a constituição dessa literatura. Para além desse aspecto, há uma pluralidade de gêneros textuais, entre os quais a escritora ressalta a importância da ecocrítica, compreendida como as contribuições de pensadores indígenas para a compreensão e o aprofundamento das especificidades da literatura indígena.

Nessa obra, a escritora também problematiza a representação dos indígenas e dos negros no contexto da literatura tradicional brasileira. Ela apresenta uma síntese bibliográfica dos escritores indígenas contemporâneos e discute teorias e metodologias do ponto de vista da filosofia, da antropologia, da história e da literatura, de forma a favorecer a compreensão dos fenômenos desencadeadores da expressão escrita dos intelectuais indígenas na atualidade. Por essa razão, sua obra crítica tornou-se importante para a construção de um arcabouço teórico fundador da literatura indígena contemporânea, ainda pouco conhecida no escopo dos estudos da literatura produzida no Brasil.

No certame de sua produção poética, destaca-se a delicada obra *Flor da Mata* (2014), livro revelador da relação próxima e intensa dos povos indígenas com a natureza. Produto do encantamento da escritora com o fenômeno da floração dos Ipês durante visita à região do cerrado brasileiro, *Flor da Mata* é um belo livro de haicais, forma cultivada pela poeta, desde o início de sua trajetória autoral no campo da produção literária.

A preferência de Graúna por compor pela forma do haicai revela abertura para o diálogo com a tradição poética e, parece estar associada à presença, na temática do poema, de elementos da natureza em flagrante poético. Entretanto, para efeito dessa análise, torna-se importante considerar questões que vão além de conceitos puramente estéticos.

Assim, Franchetti (2008) ressalta a relação entre o cultivo do haicai japonês, no Brasil, com o emprego do padrão coloquial em uma tentativa de registrar diretamente a sensação e o sentimento ligados ao tempo presente. Além disso, conforme o autor, em suas variadas vertentes, o haicai manteve uma identificação de ruptura com a expressão literária europeia, adquiriu contornos de ordenação alheios à lógica ocidental e inspirou poetas concretistas, ao mesmo tempo em que viu florescer movimentos de resgate da sua forma tradicional. Nas palavras dele:

> Esse novo momento, por isso mesmo, permite imaginar que o poema de origem japonesa poderá continuar a ter, na literatura brasileira, um papel interessante de contraponto - por conta da sua singular reivindicação simultânea de impessoalidade de linguagem e redução do poema à experiência sensível concreta - às tendências dominantes na poesia brasileira de hoje, que também se combinam entre si de maneira variada: a administração da herança minimalista concreto-cabralina, a sempre-viva eflorescência confessional e o persistente beletrismo acadêmico (FRANCHETTI, 2008, p. 269).

A experiência sensível de ser parte do espetáculo majestoso da natureza: enfeitar a vestimenta com flores para o encontro com o sagrado, no movimento da dança ritual ou presenciar a floração do ipê anunciando a renovação da vida pelo nascimento de uma criança. Esse parece ser o contraponto do fazer poético em *Flor da Mata* (2014), contaminar a palavra poética com a energia vital da Terra projetada para a criação e a renovação da vida, em movimentos cíclicos, uterinos, maternais.

Para assinalar a notabilidade dessa forma poética bem como do resgate da cultura oriental, Leyla Perrone-Moisés nos informa, em seus escritos, sobre o interesse de Roland Barthes pela cultura japonesa e, particularmente, pelos haicais, em um momento considerado de crise para a literatura. Nas palavras da pesquisadora:

> De fato, além de ter escrito um livro magnífico sobre o Japão (O Império dos Signos, 1970), naquele ano ele estava ministrando sobre o haicai japonês, forma de anotação breve, con-

creta e definitiva que ele via com admiração. Como resposta ao entrevistador, Barthes diz: "O que consigo perceber, por reflexos muito distantes, do pensamento oriental, me permite respirar". Porque o pensamento oriental, que ele não pretendia conhecer em profundidade, fornecia-lhe "fantasias pessoais de suavidade, repouso, pás, ausência de agressividade" (PERRONE-MOISÉS, 2012, p. 147-148).

Ainda a respeito do cultivo do haicai, como forma poética, encontramos no prefácio do próprio livro *Flor da Mata*, algumas palavras do ensaísta Antônio Fernando Viana, de quem Graça fora aluna, na Universidade Federal de Pernambuco (UFPE): "[...] Vemos a autora mostrando-se como um haijin (poeta de haicai), unindo simplicidade, sensibilidade e sabedoria [...] cristaliza a instantaneidade do momento, a transitoriedade do sentimento, assim como a fugacidade do tempo através das imagens do dia [...]" (GRAÚNA, 2014, p. 8-9).

Nessa obra, Graúna reafirma o compromisso da literatura indígena com o diálogo intercultural e com as formas da poesia clássica em que o haicai sugere liberdade em relação ao fazer poético e favorece um mergulho na natureza, numa ordenação temática que remete ao universo dos povos indígenas. A intelectual potiguara realça o seu respeito à Mãe-Terra ao produzir o livro, em momento particularmente sensível de sua vida de mulher — prestes a se tornar avó. Decidiu poetizar sobre o ato da criação a partir da exuberância e da fertilidade da natureza. Ela ressalta ainda, na apresentação da obra, a moderna inclusão da flor nas vestimentas das mulheres indígenas para o Toré — importante dança ritual dos indígenas do Nordeste do Brasil. Nas palavras dela:

> Entre os Xukuru de Ororubá (Pesqueira/PE), por exemplo, o toré ganhou novos significados a partir da liderança do cacique "Xicão". Novos significados ou um toque mais moderno que algumas mulheres do povo Xucuru revelam ao enfeitar os seus trajes e adereços com flores artificiais, de maneira que isso não as impede de usar vestimentas de palha de milho, da palha de coco e das penas de aves, pois este é um costume que vem dos antepassados. Minha intuição diz que a flor – entre os adereços agora presentes no tore – sugere ao mesmo tempo a força e a leveza que vem da Mãe-Terra; a leveza e força que o "haijin" (fazedor de haicai) também necessita para o haicai acontecer. Pensando assim, espero que este livro seja também veículo de comunicação entre os amantes da poesia, pois, enquanto houver poesia, existirá comunicação entre os "encantados" e os participantes do Toré (GRAÚNA, 2014, p. 7-8).

A força e a leveza da Mãe-Terra estão materializadas na obra, de forma intensa e abundante, como atestam os versos abaixo:

> Tarde novembreira:
> o ipê-rosa anuncia
> a chegada de Nina (GRAÚNA, 2014, p. 21).

A arte de converter a sabedoria da natureza em poesia na composição criativa e intensa do haicai, a floração do ipê-rosa, prenuncia a chegada da garotinha Nina ao mundo. A natureza se enfeita de flores para acolher o fenômeno da gestação de uma nova vida e dar as boas-vindas à menina. De forma análoga, as mulheres se enfeitam de flores para a dança ritual, para reverenciar a natureza e a vida, em movimentos sincronizados no encontro com o sagrado.

Em *Flor da Mata*, a poética da escritora também se constrói a partir do choque entre realidades conflitantes, nas quais se pode perceber a sobreposição dos espaços do campo e da cidade, como nos versos:

> Bem-te-vi não vê
> o arranha-céu espelhado:
> estilhaços voam (GRAÚNA, 2014, p. 31).

O processo acelerado de urbanização das cidades e, consequentemente, o impacto dessas ações nas paisagens naturais do país aparecem com mais força neste haicai, cuja essência parece repousar num certo descompasso do mundo. Aqui, os símbolos do progresso e do crescimento desenfreados das cidades se impõem na rota do voo do pássaro — um arranha-céu de paredes espelhadas —, provocando colisão. Os estilhaços revelam o saldo dessa relação desigual: a interrupção do voo e a destruição do pássaro.

A força da palavra poética é intensificada pela imagem do edifício, cujas vidraças se estilhaçam na explosão, diante do voo do pássaro em liberdade. Em um refinamento das operações estéticas para a construção do poema, a escritora concatena redes de significados disponíveis ao evocar, poeticamente, a tensão do (des) encontro historicamente marcado pela exclusão dos povos indígenas frente ao aparato globalizante das sociedades urbanas. A esse respeito, Bosi (1977) corrobora:

> Em tempos de aguda autoconsciência, a poesia mutua com o seu meio uma lucidez nova que adelgaça a sua carne e deixa transparecer uma armação óssea. Ela se dispõe, então, ao lado de um pensamento que analisa enquanto imagina, abstrai enquanto forma, depura enquanto cria (BOSI, 1977, p. 211).

Em um perceptível esforço de reinvenção da linguagem poética a partir da forma clássica do haicai, o referido poema de Graça Graúna parece ser capaz de assimilar o que poderia constituir uma metáfora da dicotomia campo x cidade, expressa nas tensas relações entre o indivíduo indígena e a sociedade não indígena nos espaços urbanos. Tal dicotomia aciona elementos da realidade imediata, como, por exemplo, a expropriação material, linguística, espiritual, cultural e simbólica — com as desterritorializações, contaminações da água dos rios e lagos, genocídios, diásporas, imposição/dominação cultural e religiosa, além de preconceitos e segregação social — até a eliminação dos corpos pela violência, pela fome, pelo suicídio e pelo alcoolismo, entre outras violências sofridas pelos povos indígenas, nas relações assimétricas com as sociedades ocidentalizadas.

A respeito dessas tensões advindas do contato, De Melo e Guimarães (2018, p. 197) concluem que como escritora, Graça Graúna "sugere o "entrelugar", o espaço para os sonhos, as criações, os teares e tessituras diante do eu e do outro, dos afastamentos e aproximações entre a cultura indígena e a cultura ocidental e capitalista". Assim, a poesia de Graça Graúna se vale da palavra como denúncia, em conexão imediata com a realidade, sua poética se levanta como forma de enfrentamento diante das agressões sofridas pelo meio ambiente ou por seus parentes indígenas. Ela utiliza as mídias digitais para lançar sua palavra-poema como seta certeira, cujo alvo, normalmente, são as incongruências do sistema.

Nesse ínterim, o blog pessoal da autora registra acontecimentos recentes da história do país, quando ela publica para os seus leitores, textos em forma de denúncia, como por exemplo, o poema: "Até quando o exílio", publicado em janeiro do ano de 2019, que lamenta a tragédia, decorrente do crime ambiental que vitimou a população e o meio ambiente nas cidades de Mariana e Brumadinho, em Minas Gerais, como efeito da mineração irresponsável e predatória:

> [...] de Minas, a música me faz pensar
> que não haverá mais exílio;
> porém
> que tempo infeliz é este
> em que os podres poderes
> despejam veneno sobre a Terra?
> Alguém ouviu a sirene?
> O céu chora!
> A Terra treme!
> No tsunami de lama

a humanidade é soterrada.
Ligo o rádio, a TV e custo a crer:
meus olhos, meus ouvidos
quase perdem os sentidos.
Custo a crer:
a tragédia parece não ter fim
e mais uma vez
o silêncio da sirene
revela o já visto:
"quem cala consente"
e tudo que fica é o deslugar:
de Bento Rodrigues
a Brumadinho,
mais um triste retrato na parede.
Até quando o exílio?

A expressão desses versos revela uma aguda consciência da crise entre o sistema de produção capitalista que norteia as sociedades modernas e a necessidade de proteger o meio ambiente como parte integrante da materialidade física do próprio ser humano, não apenas como sua morada. Nas cosmovisões indígenas, não há atenuantes para os crimes ambientais, para esses povos, a montanha, o rio, a árvore, os animais são parentes, são irmãos.

O primeiro verso do poema é iniciado por reticências: a contextualização é parte da vivência partilhada entre poeta e leitores, é uma experiência localizada no real imediato. A tragédia encontra-se estampada nas manchetes dos jornais e o sujeito lírico manifesta sua incredulidade ("Ligo o rádio, a TV e custo a crer"), as referências espaciais são abundantes na cena narrada: "Minas"; "Bento Rodrigues"; "Brumadinho" é a marcação do local da tragédia. O tempo é adjetivado, em estrutura interrogativa, ("que tempo infeliz é esse?"). As categorias sintáticas de interrogação e de afirmação se sucedem em um jorro de indignação, lamento e dor: "Alguém ouviu a sirene?" / "O céu chora!" / "A terra treme!" [...] "A tragédia parece não ter fim" / "E mais uma vez" / "O silêncio da sirene".

O eu poético denuncia o descaso de quem deveria ser competente para evitar a tragédia. A população não foi avisada, a área não foi previamente evacuada: "O silêncio da sirene" pesa como grave acusação contra a conduta criminosa da mineradora que, tendo provocado a catástrofe, não tomou as providências necessárias para proteger a população do tsunami de lama. Sequer avisou, acionando o sinal sonoro, em tempo hábil, para que fosse feita a evacuação, da população, do local afetado. Os verbos em tempo presente desenham o contorno dessa tragédia e acompanham a devastação ambiental pela lama tóxica de rejeitos oriundos da mineração que inundam casas, rios, plantações, ruas, deixando um rastro de destruição e morte.

A voz que fala no poema se coloca ao lado das vítimas do mar de lama: o outro é localizado na esfera do poder: "[...] os podres poderes despejam veneno sobre a Terra". Sorrateiramente, silenciosamente: "Alguém ouviu a sirene?" [...] / "Mais uma vez / o silêncio da sirene". A sensação de incredulidade parece ser constante ao longo do poema: "meus olhos, meus ouvidos / quase perdem os sentidos. /Custo a crer:/ a tragédia parece não ter fim". A dor e a sensibilidade do eu-lírico aflorada diante da amplidão da tragédia dão ao leitor a dimensão do sofrimento que se instala, inexorável e ecoa entre as vozes exiladas, esquecidas, arrastadas pela lama, pelo descaso político e pela ambição daqueles que "despejam veneno sobre a Terra", os que exercem os "podres poderes".

Os noticiários confirmam a gravidade da tragédia provocada pela mineradora em Brumadinho, região metropolitana de Belo Horizonte, em Minas Gerais e reiteram que o fato de o alarme não ter sido acionado, razão de críticas, não só pela voz que fala no poema, mas também por moradores, juristas e especialistas no assunto, conforme matéria publicada: "A vale informou que as sirenes de alerta da mina Córrego do Fundão, em Brumadinho (MG) não puderem ser acionadas após o rompimento da barragem principal, na sexta-feira 'devido à velocidade com que ocorreu o evento'" (ROSSI, 2019, s/p). De acordo com a matéria, esse argumento foi criticado por especialistas e pela população:

> Segundo especialistas ouvidos pela **BBC News Brasil**, existe tecnologia para que alertas sonoros de emergência sejam acionados em qualquer circunstância, seja qual for a velocidade do evento. 'Falar que a sirene não tocou porque o evento foi muito rápido é brincadeira', critica Sergio Médici de Eston, professor de Engenharia de Minas da Universidade de São Paulo (USP). 'A sirene não é para tocar só quando a barragem cai. A sirene pode tocar quando a coisa começa a ficar crítica, às vezes, semanas antes, para as pessoas ficarem em alerta. É como um teatro: antes do início da peça, há um primeiro alarme, depois um segundo, até chegar o alarme final. E, na última hora, quando a barragem rompe, é preciso ter um sistema que toque na hora. Não existe isso de dizer que foi muito rápido', completa Eston (ROSSI, 2019, s/p., grifos do autor).

A aguda consciência crítica da mulher indígena se materializa nos versos interrogativos, curtos, incisivos onde está presente a denúncia do descaso com a vida ("a humanidade é soterrada") e com a terra ("A terra treme!"). Assim, a produção poética da autora reflete esse descompasso entre o "desenvolvimento", como tentativa fracassada de progresso, nos moldes do capitalismo selvagem e a defesa da vida sustentável na terra, - ao mesmo tempo, casa e mãe da humanidade.

Como reflexo da tendência instintiva da mulher indígena de proteger a floresta, como quem protege o próprio corpo — o ventre e os seios. No mês de agosto de 2019, a escritora publicou, no mesmo blog: texto de sua autoria, intitulado "Um olhar sobre a Amazônia em chamas", acompanhado do poema: *Mata*, composto pelo poeta e escritor brasileiro Devair Fiorotti que, assim como Graúna, também é pesquisador das culturas indígenas e professor universitário com intenso trabalho sobre comunidades autóctones. Conforme atesta a entrevista publicada no Suplemento Cultural do Diário Oficial do Estado de Pernambuco, em junho de 2017:

> O trabalho do pesquisador Devair Fiorotti (UERR) segue por uma via diferente das publicações mais acessíveis. Há cerca de 10 anos, ele dialoga com comunidades indígenas em Roraima para coletar suas narrativas e entender como eles vêm reconfigurando as histórias recebidas de seus ancestrais. Muitas vezes, mesclam essa herança com o repertório cultural da sociedade branca – o que nos permite desmistificar ideias pré-concebidas e vislumbrar parte da complexidade dessas populações. Com base nessa convivência, Fiorotti preparou quatro volumes sobre a produção dos povos Macuxi e Taurepangue (RR) – três livros de entrevistas com esses artistas, e o quarto, que deve sair em breve, registra cantos em língua original e português, com partituras (FIOROTTI, 2017, s/n).

A presença do poema de Fiorotti, no blog da autora, acentua o fato de que a produção dele assemelha-se em diversos aspectos ao trabalho de Graúna: em ambos a concretização se dá por meio de escrituras poéticas e produções científicas que visam resgatar as culturas e as vivências indígenas, tudo isso aliado à docência universitária. A preocupação com a manutenção do ecossistema para garantir possibilidade de vida saudável a todos os povos e a indignação diante da postura descuidada de segmentos da sociedade e, particularmente, dos governos são marcas indeléveis de suas produções poéticas. Conforme atestam os versos do poema *Mata*:

largue tudo
esqueça tudo
mate tudo

assole
dilapide
abata
acabe
aflija
alhane
aniquile
anule
o macaco na mata a maloca na mata a orquídea na mata
a sumaúma na mata o caminhar na mata o cocar
na mata o caiçara na mata o ribeirinho na mata
mata mata mata mata mata

arrase
arruíne
aterre
bombardeie
atire
ceife
cerceie
consuma
deprede
o olhar da mata o silêncio da mata o cheiro da mata
o verde da mata a beleza da mata a alegria e viso da mata
o canto da mata o respirar da mata o gosto da mata
mata mata mata mata mata

queime tudo
lasque tudo
foda-se tudo

metáforas, vida pra quê?

Os versos, contundentes, incisivos, curtos, imperativos remetem ao caos conjuntural instaurado pela inoperância dos órgãos de proteção à floresta e aos povos da Amazônia, num momento em que o aumento do número dos focos de queimadas na região atinge níveis alarmantes e colocam em risco a sobrevivência de muitas comunidades indígenas amazônicas. Os versos assimétricos lembram o desenho das labaredas — línguas de fogo que se projetam em sanha destrutiva lambendo e destruindo tudo ao seu redor. Embora a presença e a função das metáforas e até mesmo da vida sejam interrogadas ao final do poema, o texto se constitui em poema metáfora da destruição vergonhosa do meio, em profunda e imediata conexão com a realidade vivida pela população brasileira, na atualidade.

A justaposição dos verbos no imperativo (assole, dilapide, abata, acabe, aflija, aniquile, anule, entre outros) constitui uma ironia mordaz contra o instinto destruidor diante de um contexto criminoso de queimadas em favorecimento do lucro exorbitante para setores do agronegócio. Poetas como Graça Graúna e Devair Fiorotti costumam manifestar, em seus versos, uma consciência profunda das intermitências da razão humana em tempos de crise, a experiência do genocídio histórico contra os povos indígenas brasileiros, a construção diária da resistência e o fortalecimento das lutas desses povos. Assim, o poema se compõe de versos diretos, concisos, interrogativos e, na maioria das vezes, irônicos.

A leitura da obra de Graça Graúna revela ao leitor uma escritora que mantém constante diálogo com a tradição artístico-literária brasileira e universal. Assim, não há surpresa em se deparar com produções poéticas da autora, adaptados à estética preconizada pelo movimento concretista brasileiro, como o poema abaixo, cujo *layout* compõe a imagem de uma árvore de natal, em consonância com o tema e inequívoco aproveitamento dos recursos extra linguísticos utilizados na tessitura do poema:

    Yes,
    natal
    que é natal
    tem que ter estrela
    bem no topo da árvore,
    de preferência, banhada
    de purpurina. Enfeites, efeitos
    grifes, beijinhos, velas, guardanapos,
    CDs, framboesas, cartões de crédito, postais
    e poemas que não falem do absurdo presépio
    sob o viaduto
    em construção
    (GRAÇA GRAÚNA, 2007).

Os versos revelam uma opção dentro da literatura de autoria indígena contemporânea no Brasil por focalizar, na cena poética, os excluídos do sistema, os marginalizados, os despossuídos, os sem "natal". Sinalizando para a complexidade que envolve os povos indígenas na atualidade, Graúna ressalta as consequências devastadoras das invasões territoriais e da consequente diáspora interna dos povos indígenas brasileiros que, desalojados de seus territórios tradicionais e empobrecidos material e espiritualmente passam a compor os cenários de miséria, nos centros urbanos.

Além disso, as opções lexicais e sintáticas revelam despojamento e capacidade de diálogo com culturas, linguagens e registros diferentes. O primeiro verso é o topo do poema/pirâmide: "Yes" retoma a subserviência cultural a qual está submetida, passivamente, grande parte da sociedade brasileira. Na base, está aquilo que precisa ser silenciado: os que compõem o "absurdo presépio", os despossuídos das condições materiais e simbólicas de existência, precariamente ancorados sob um "viaduto em construção".

Dessa forma, o olhar feminino denuncia, sutilmente, o arranjo frágil que tenta escamotear injustiças presentes no jogo do discurso pretensamente neutro das relações de consumo estimuladas pelo capital. O a voz poética desnuda as fragilidades desse discurso eurocentrado, excludente, ocidental e masculino que se disfarça nas camadas do poder instituído. Nas palavras da autora:

> Uma leitura das diferenças possibilita compreender uma literatura que expande o seu grito que é dos mais excluídos e que ao mesmo tempo tece a esperança de que todos possam refletir as necessidades dos povos indígenas e seus descendentes; uma delas toca diretamente a questão da diáspora indígena. Ao contrário do que se pensa, essa diáspora existe e vem se estendendo à medida que as terras indígenas são invadidas por missionários duvidosos, madeireiras, posseiros, ALCAs e outras indesejáveis companhias que vêm deslocando os povos indígenas e seus descendentes, jogando-os na marginalidade e negando-lhes o papel de sujeitos da própria história (GRAÚNA, 2013, p. 171-172).

Graça Graúna realça o papel da auto-história no escopo da produção literária contemporânea de autoria indígena no Brasil. Em relação aos indígenas desaldeados, ou seja, aqueles vitimados pelos processos violentos de desterritorialização, há um tensionamento das questões identitárias e a autora ressalta o papel do entrelugar na realidade dos indivíduos indígenas desaldeados que lutam pela sobrevivência nos espaços urbanos. A autora reafirma a existência da diáspora e denuncia sua continuidade, em proporção correspondente às invasões aos territórios desses povos.

Na poética da autora, há um olhar feminino imerso no mundo que denuncia poeticamente o caos, para apontar que algo está errado, fora do lugar. Suas lentes focalizam as tragédias coletivas e individuais, a transitoriedade humana e as injustiças. Seus textos desmascaram a sanha predatória contra a Mãe-Terra, em forma de denúncias, de lamentos e de inconformismo. Esse olhar profundamente subversivo revelado em poesia desestabiliza as estruturas do discurso estabelecido para manutenção do status quo.

Nesse diapasão, Graúna apresenta ao público leitor infantil a obra Criaturas de Ñanderu, lançada em 2010, pela editora Amarylis. A trama, fortemente adensada no universo feminino e permeada pela ancestralidade, dialoga com as forças misteriosas e instintivas da natureza. A história se passa em uma aldeia, no finalzinho da tarde, a narradora leva o leitor a se aconchegar em torno de uma anciã, para ouvir histórias, ao lado está a neta: "A índia mais velha, contadora de histórias, olhava o céu e dizia que o tanto de estrelas que a gente vê no firmamento corresponde ao tanto de histórias que os índios têm para contar" (GRAÚNA, 2010, p. 3).

Essa ponte, levantada pela avó, entre a terra e o céu, se manifesta também no próximo plano da narrativa: o espaço mítico da história contada, onde uma criança indígena, de grande beleza, recebe uma missão dos deuses. A narrativa é introduzida pela afirmação: "É verdade. Ouvi de meu pai, um caboclo velho, muitas histórias de uma bonita cunhã [...]" (GRAÚNA, 2010, p. 6).

Na sequência da narrativa, a menina foi instruída pelo Grande Espírito sobre os cuidados necessários para proteger o seu povo e a necessidade de estar atenta para não se deixar seduzir pelo mundo fora da aldeia. Ela ganhou nome de pássaro e:

> À medida que a filha de Ñanderu foi crescendo interiormente, uma plumagem negra foi tomando conta dos seus ombros e dela surgiram belas asas! Essa transformação acontecia apenas quando ela conversava com os encantados. Os parentes e os pássaros eram os únicos a vê-la assim: uma mulher alada, filha do sol, morena (GRAÚNA, 2010, p. 16).

> A lenda revela a proximidade entre deuses, pássaros e mulheres de forma a criar entre eles um estatuto comum. Viveiros de Castro ressalta essa relação dos pássaros com espíritos que habitam as regiões superiores, em algumas culturas indígenas: "As aves (*kutipíra-mína*) habitam aldeias celestes [...] Alguns mitos contam como pássaros defuntos ajudam viajantes ao céu, em retribuição aos cuidados que receberam na terra. A relação persiste, assim, após a morte, visto que o céu é dos pássaros e das almas" (VIVEIROS DE CASTRO, 2014, p. 34).

Assim, a missão de cuidar da tradição, do povo e da natureza aparece partilhada, de certa forma, entre esses seres míticos: Por ordenação divina, o pai da menina deu nome de pássaro a ela. Em algumas culturas, o nome exerce grande influência sobre o ser. A esse respeito, ouvimos as palavras do escritor Kaká Werá:

> Para o tupy-guarany, "ser" e "linguagem" é uma coisa só. A palavra que designa "ser" é a mesma que designa "palavra": NHEENG. Alma e som. A própria palavra tupy significa "som em pé". Nosso povo enxerga o ser como um tom de uma grande música cósmica, regida por um grande espírito criador; o qual chamou de Nhamandu-ru-etê, ou Tupã, que significa "o som que se expande". É a partir daí que começa a relação do tupy-guarany com a palavra. Um dos nomes de "alma" é nheeng. Que também significa "fala". [...] porque fala e alma é uma coisa só. Você é o que você fala (WERÁ, 2019, p. 37).

Dessa forma, iniciou-se a transformação da menina, ave e mulher. Ao mesmo tempo em que foi enviada à cidade grande para adquirir conhecimentos e partilhá-los, depois, com o seu povo. Entretanto, de acordo com a história, ela não pôde resistir às tentações desse novo universo: "[...] ela foi muitas vezes atraída pelas belas mentiras da cidade grande. Por isso, essa criatura às vezes aparece com seu canto engaiolado" (GRAÚNA, 2010, p. 23).

Nos dois planos da narrativa o universo feminino é predominante. No primeiro plano, a autora nos leva à presença da avó, contadora de histórias, e da neta que a ouve atentamente, à espera de reconhecer o legado de seu povo. E, no segundo, a saga da mulher pássaro, cujo canto foi aprisionado. Para não morrer de tristeza, ela retorna, em pensamento, à água, para embebedar-se no poder de sua essência feminina: "[...] ela mergulha nos rios e gralha forte um canto que tem a força da flecha que atinge certeira o coração dos malfeitores" (GRAÚNA, 2010, p. 23).

Além desse canto flecha, capaz de desestabilizar os princípios da hegemonia masculina, a mulher pássaro mistura-se à paisagem, tingindo o céu com nuvens escuras para que o mundo não esquecesse sua dor, para que a humanidade ouvisse o seu canto e para que as mulheres lutassem por sua liberdade e pelos seus direitos. Assim, os efeitos dessas lutas poderiam beneficiar o conjunto das mulheres, que convivem com o silenciamento de suas vozes e que se encontram engaioladas, em quaisquer tipos de prisões pelo mundo afora.

A esse canto junta-se a saudação de Graça Graúna que, colaborativamente, une sua voz às vozes das demais mulheres oprimidas, conclamando-as a trabalharem no tear da palavra, tecendo os fios que, a partir da união dessas mulheres guardiãs da sabedoria ancestral, irmãs unidas nas lutas e no movimento feminino pelos direitos de seus povos (com suor, papel e tinta) possam fortalecer a resistência desses povos, metaforicamente costurando, bordando, com palavras, uma nova consciência, um futuro possível, um outro tempo de paz e sabedoria entre todos os povos. Eis os versos:

> Saúdo as minhas irmãs
> de suor papel e tinta
> fiandeiras
> guardiãs,
> ao tecer o embalo
> da rede rubra ou lilás
> no mar da palavra
> escrita voraz.
>
> Saúdo as minhas irmãs
> de suor papel e tinta
> fiandeiras
> tecelãs
> retratos do que sonhamos
> retratos do que plantamos
> no tempo em que nossa
> voz era só silêncio.
>
> (GRAÚNA, 2007, p. 24).

Assim, Graúna revela o segredo das guerreiras indígenas na contemporaneidade: a palavra poética é o fio a ser tecido por essas mulheres, na luta - contra as opressões históricas, contra o silenciamento secular, - para libertar o canto feminino engaiolado, enjaulado na garganta durante séculos. Conforme atestam De Melo e Guimarães, na busca deliberada pelo propósito social de sua poesia: "A escritora acredita na força de suas palavras, as quais podem fazer com que seu leitor escape das armadilhas do preconceito, da falta de solidariedade, da violência e do isolamento, em tempos difíceis, por meio de sua poética" (DE MELO; GUIMARÃES, 2018, p. 186).

Nessa perspectiva, a literatura é a força de coesão dessas mulheres, é a força capaz de promover a ruptura com o tempo do apagamento das vozes originárias. A força da palavra feminina, em Graça Graúna, é capaz de cimentar a construção da paz e do respeito entre indígenas e não indígenas.

1.2 Márcia Kambeba

> *Foi nesse contexto que encontrei e conheci Márcia Wayna Kambeba, um ser humano, um ser indígena, um ser Omágua/Kambeba. Suas poesias reúnem a força do rio Amazonas, o encanto da floresta, o sabor do açaí, a voz dos ancestrais, o silêncio guerreiro, o poder originário da água, a alma sagrada da samaumeira: árvore da vida e resistência da terra, mãe que amamenta os filhos das águas do Solimões e demais filhos existentes neste país (D'AMORIM JUNIOR em KAMBEBA, 2018, p. 17).*

Filha do povo Omágua/Kambeba, Márcia Vieira da Silva nasceu na aldeia tikuna Belém do Solimões, em 1979. Aos oito anos de idade, mudou-se para a cidade de São Paulo de Olivença, no município do Alto Solimões que, segundo a autora, no passado já foi uma grande aldeia do seu povo Kambeba. A escritora indígena brasileira, Márcia Kambeba, é uma jovem artista com muitas habilidades e atuação nas áreas de Ciências Humanas, Educação, linguística e Artes: geógrafa, fotógrafa, escritora, poeta, compositora, cantora e ativista.

Márcia Kambeba concluiu o curso de graduação em Geografia, na Universidade Federal do Amazonas, em 2006, desenvolvendo estudos na área da Antropologia Cultural e investigando impactos ambientais no Estado do Amazonas. Depois disso, decidiu penetrar mais profundamente na história de seu povo e desenvolveu pesquisas em nível de pós-graduação. Assim, em 2012, defendeu sua dissertação de mestrado intitulada: *Reterritorialização e Identidade do Povo Omágua/Kambeba na aldeia Tururucari-Uka-AM*, fazendo jus ao título de mestra em Geografia.

O empenho na construção de conhecimentos a respeito de seu povo fez dela autoridade no assunto. Assim, além de sua sensibilidade poética e artística, Kambeba contribui com a disseminação dos saberes indígenas, com esclarecimentos e correções de eventuais distorções. Nas palavras dela:

> Os Omágua /Kambeba hoje estão territorializados em toda calha do rio Solimões, no Amazonas. Existem famílias em aldeia perto do município de Manacapuru, no rio Cueiras, adentrando o rio Negro. Os municípios onde há presença do povo de São Paulo de Olivença, Amaturá, Tefé, Coari, Alvarães e Manaus, capital do Amazonas. São aproximadamente 50 mil indígenas, ou mais, do povo Omágua/Kambeba, falantes do tronco Tupi. Alguns blogs e literaturas ainda com informações erradas apontam 780 no total, mas nossas pesquisas *in loco* mostram que só no Alto Solimões, segundo

> dados da OKAS (Organização do povo Kambeba no Alto Solimões), em São Paulo de Olivença, se tem registrado em ata 15 mil indígenas entre aldeados e moradores da cidade. No município de Amaturá há mais mil pessoas. Em Manaus, trabalhamos com um dado aproximado de 20 mil pessoas afirmando a identidade Kambeba. Ainda falta computar os dados de Tefé, Alvarães, Coari, das aldeias próximas ao rio Negro, entre outras. Esses dados mostram que estamos presentes e não fomos dizimados (KAMBEBA, 2018, p. 9).

À argumentação precisa, estatisticamente fundamentada e com teor documental soma-se a poesia de afirmação da identidade indígena da autora: "Sou Kambeba e existo sim" (KAMBEBA, 2018, p. 26). Assim, sua escrita poética se realiza como um prolongamento do esforço para compreensão da cultura e da re/existência de seu povo.

Ela é uma guerreira da palavra que leva adiante a luta das mulheres indígenas empunhando o seu verso, contando histórias, cantando músicas ancestrais em idiomas indígenas e executando suas performances visuais[6] que incluem ornamentação corporal, dança e música. O uso das mídias digitais na trajetória da autora constitui, ao mesmo tempo, uma marca do seu trabalho e um meio para divulgação de sua produção artística.

A respeito da presença das mídias tecnológicas na realidade dos escritores indígenas, a escritora ressalta:

> Mas, hoje, temos indígenas que se utilizam das redes sociais, blogs e páginas de cunho literário que são visualizadas todos os dias. Nasce outra ferramenta, se bem usada, de divulgação do pensamento indígena. Aos poucos vai-se ganhando um público leitor nas redes virtuais para uma literatura virtual, com o mesmo peso que a literatura publicada em papel (KAMBEBA, 2018, p. 42).

Márcia Kambeba faz questão de reafirmar a sua identidade indígena e o faz tanto pela literatura quanto pela militância, canto, e nas demais manifestações artísticas. Ela reitera que viver na cidade não faz com que o indígena perca a sua identidade ancestral e ressalta os ensinamentos que trouxe da aldeia, da família e que orientam sua identidade indígena. Nas palavras da autora:

> Esses ensinamentos ainda mantidos hoje, contribuem para constituição de identidade, da noção de pessoa, dos valores e crenças, do coletivo social, da relação com a natureza, do

---
[6] Ver: https://www.youtube.com/watch?v=FFPC61NRN-8 (Acesso em fevereiro de 2023).

> respeito ao outro, do entendimento de partilha, da percepção de cada indivíduo dentro da sociedade indígena e da responsabilidade que cada pessoa carrega consigo. O cacique sabe que a ele foi dado a responsabilidade de conduzir e zelar pelo bem viver do povo. Ao pajé cabe a responsabilidade de ser o médico da nação e proceder com a cura física e espiritual. As mulheres são as guardiãs dos saberes ancestrais e educadoras, os jovens tornam-se guerreiros, as crianças se esforçam na aprendizagem do cotidiano e a vida segue sem pressa e sem tempo de relógio sempre obedecendo o rio e sua ciência. Assim cresci e aprendi ouvindo o silêncio que em mim habita nesse Amazônico chão (KAMBEBA, 2018a, p. 14).

Essa força que vem da tradição e da conexão com os costumes da aldeia orienta a produção artística e a militância da autora. Assim, Dorrico assevera que:

> Os versos de Kambeba mostram que a tradição faz parte da identidade, do modo de vida, de práticas adotadas no cotidiano dos indígenas que habitam os centros urbanos. Apesar de os costumes terem mudado, e por extensão terem mudado de espaço, da floresta para a cidade, a identificação com a ancestralidade persiste na memória, na língua, nos cantos, na exaltação à sua etnia (DORRICO, 2018, p. 27).

Nos versos do seu poema "Ay Kakyri Tama (Eu moro na cidade)" que também é o título de seu primeiro livro lançado, em primeira edição, em 2013 pela editora Grafisa Gráfica e, a segunda edição em 2018, pela Editora Pólen:

> *Ay kakyri tama.*
> *Ynua tama verano y tana rytama.*
> *Ruaia manuta tana cultura ymimiua,*
> *Sany may-tini, iapã iapuraxi tanu ritual.*
>
> **Tradução:**
> Eu moro na cidade
> Esta cidade também é nossa aldeia,
> Não apagamos nossa cultura ancestral,
> Vem homem branco, vamos dançar nosso ritual.
>
> Nasci na *Uka* sagrada,
> Na mata por tempos vivi,
> Na terra dos povos indígenas,
> Sou *Wayna*, filha da mãe *Aracy*.

> Minha casa era feita de palha,
> Simples, na aldeia cresci
> Na lembrança que trago agora,
> De um lugar que eu nunca esqueci.
>
> Meu canto era bem diferente,
> Cantava na língua *Tupi*,
> Hoje, meu canto guerreiro,
> Se une aos Kambeba,
> aos Tembé, aos Guarani.
>
> Hoje, no mundo em que vivo,
> Minha selva, em pedra se tornou,
> Não tenho a calma de outrora,
> Minha rotina também já mudou.
>
> Em convívio com a sociedade,
> Minha cara de *"índia"* não se transformou,
> Posso ser quem tu és,
> Sem perder quem sou,
>
> Mantenho meu ser indígena,
> Na minha Identidade,
> Falando da importância do meu povo,
> Mesmo vivendo na cidade.
> (KAMBEBA, 2018, p. 24).

A poeta indígena se apropria dos espaços da cidade; "Esta cidade também é nossa aldeia", mas não abandona a identidade dos povos nativos: "Na terra dos povos indígenas, /Sou *Wayna*, filha da mãe *Aracy*" e reafirma essa identidade reiteradas vezes: "Minha cara de 'índia' não se transformou", [...] "Mantenho meu ser indígena".

No poema, a voz poética individual aparece acompanhada da voz coletiva: "Hoje, meu canto guerreiro, /Se une aos Kambeba, aos Tembé, aos Guarani". Nos versos, a autora ressalta a oralidade dos povos indígenas:

> Na cultura indígena mantemos nossa narrativa oral, mesmo que a escrita tenha uma importância fundamental na transmissão de saberes. Nas rodas de conversas ouvem-se narrativas contadas e recontadas pelos mais velhos com direito à repetição, para melhor assimilação e entendimento (KAMBEBA, 2018, p. 10).

Nas comunidades indígenas, a educação das crianças se dá pela oralidade, nas histórias contadas que fazem parte do imenso patrimônio cultural desses povos nativos que, segundo registros históricos, habitam em terras americanas há mais de 10 mil anos. Além disso, Kambeba celebra em seus versos o culto à ancestralidade, intrínseco às comunidades indígenas de forma geral.

Ela agradece a avó, dedicando-lhe sua grande vitória; "À minha avó, Assunta, em memória, dedico toda a minha conquista" (KAMBEBA, 2018, p. 5). A autora relata que a avó Assunta foi a responsável pelo seu gosto por poesia, desde muito cedo. Quando era menina, recitava os poemas que a avó escrevia, na aldeia. Mais tarde, no início da adolescência, começou a compor os seus próprios poemas. Da relação próxima e salutar com a avó, Kambeba herdou o amor pela literatura e a força para lutar em favor das mulheres do seu povo e demais etnias.

Ela defende a literatura como um meio para combater o preconceito contra as mulheres, minimizando-o. Alerta para a importância desse trabalho e realça o papel da mulher indígena como mãe, defensora dos territórios e guardiã da sabedoria ancestral.

Preocupada com o lugar que o indivíduo indígena ocupa, hoje, na sociedade brasileira, Márcia Kambeba desenvolveu pesquisas em nível de mestrado acadêmico, na Universidade Federal do Amazonas (UFAM), onde defendeu a dissertação intitulada: *Reterritorialização e Identidade do Povo Omágua/Kambeba na aldeia Tururucari-Uka-AM*. O tema de sua pesquisa revela que a trajetória acadêmica da escritora se tornou parte integrante de sua luta por direitos, visibilidade e reconhecimento para o seu povo Omágua/Kambeba. Nesse sentido, ela afirma:

> Reterritorialização e Identidade do povo Omágua/Kambeba é um estudo que pretende contribuir com a discussão de território, não propriamente só com os conceitos clássicos da Geografia, mas, sobretudo, com a conceituação a partir de uma luta política vivenciada por indígenas Omágua/Kambeba aldeados na aldeia Tururucari-Uka no município de Manacapuru – AM e que reivindicam seus direitos a terra para viver e rememorar seus costumes e tradições, imprimindo no território sua identidade étnica que é manifestada na territorialidade, onde os mitos, os cantos, as danças, a língua, são revividos e transmitidos evitando que a cultura e a identidade Omágua/Kambeba se perca (KAMBEBA, 2012, p. 10).

A autora ressalta que além das questões acadêmicas e epistemológicas da área dos conhecimentos geográficos, há um forte vínculo de sua pesquisa com a luta política vivenciada pelo povo Omágua/Kambeba de Manacapuru, da aldeia onde coletou dados para análise. Conclui-se, portanto, que, na condição de militante indígena e guardiã da sabedoria ancestral, a autora se vale de sua escrita acadêmica e literária como mecanismos para o fortalecimento de sua luta.

Alguns poemas de seu livro, como exemplo, o texto abaixo transcrito, foram compostos a partir dessas reflexões sistemáticas. A aldeia Tururucari-uka foi o local da coleta de dados para os seus estudos. Eis o poema:

    Aldeia Tururucari-uka
    [A casa de Tururucari]

    Euaracy quando desperta
    Seus raios vêm nos saudar
    Mostrando que o dia começa
    É hora de trabalhar.

    A aldeia do povo Kambeba
    Não é construída em qualquer lugar
    O rio é determinante
    Para se poder habitar
    Imprimindo nesse espaço
    Nossa cara, nosso olhar.

    Diz o Tuxaua maior
    O Kambeba é povo agricultor
    Não se pode deixar de plantar
    Escolheu São Tomé como protetor
    Para que tivesse boa colheita
    Nesse santo se apegou.

    Na aldeia Tururucari-Uka,
    As casas representam união
    Ordenadas em forma de círculo
    Facilitam a comunicação
    Feitas de madeira e palha
    Mantendo a antiga tradição.

    Á noite Yacy se aproxima
    Chamando o povo para ensinar
    O que os mais velhos deixaram
    Manifestado na forma de cantar
    Nas danças que representam
    A cultura imaterial, nossa herança milenar.

    O som do maraká anuncia
    A dança vai começar
    No sopro do meu cariçu
    O som começo a tirar
    Do canto que vem trazer
    O curupira para dançar.

> Contam os mais velhos com sabedoria,
> Que o Kambeba tem um exemplo a seguir,
> De um líder que lutou pelo povo
> Para não os ver sucumbir
> Pelas armas dos may-tini
> Tururucari, não deixou a etnia se extinguir.
>
> Hoje, Tururucari representa,
> União, força, luta e coragem
> Não se sabe como ele era
> Mas se faz uma ideia de sua imagem
> Retratado no desenho do indígena Uruma
> Marcando essa nova linhagem.
> (KAMBEBA, 2018, p. 34-35).

A obra de Márcia Kambeba chama o leitor para o envolvimento com o texto literário, *"Euaracy"* introduz o verso inicial do poema, é o nascer do dia que traz ao leitor as revelações sobre a vida na aldeia, a força poética dessa imagem — Tururucari-Uka vestida com os primeiros raios solares para se mostrar majestosa — a é capaz de, por si só, hipnotizar o leitor. A poesia de Márcia Kambeba pede isenção de julgamento e disposição para aceitação do outro enquanto exercício de alteridade. Seus versos simples, de rimas claras e fáceis sugerem a necessidade da aceitação da diferença e da partilha cultural, sem a imposição de um ponto de vista sobre o outro. Os versos do poema descrevem a aldeia e narram os costumes dos seus moradores, retratando as práticas dessa comunidade, com simplicidade e transparência, no ritmo calmo das águas do rio, dos ciclos da Mãe-Terra.

Outro aspecto recorrente da escrita literária da autora é a riqueza linguística de seus poemas, em que a língua nativa é sempre trazida a partir de palavras e expressões que emergem, no texto, em meio às expressões da língua oficial. Essa estratégia de escrita poética é fruto da preocupação da autora com o futuro da língua de seu povo, patrimônio simbólico de valor incalculável não só para os indígenas, mas para a cultura da humanidade, de forma geral.

A autora demonstra grande consciência a respeito da necessidade de manter viva a língua do seu povo e se utiliza da poesia para essa finalidade também. Assim, seus escritos trazem muitos termos e expressões da língua nativa e alguns poemas se apresentam em forma bilíngue, como é o caso do texto que dá nome ao seu livro de poemas: *Ay Kakyri Tama (Eu Moro na Cidade)*. De acordo com ela, manter viva a língua materna também faz parte da luta dos povos originários:

> A luta do povo Omágua/Kambeba e dos demais povos não se resume apenas a defender seus limites territoriais. Lutam também por uma forma de existência presente no modo diferente de viver, ver, sentir, pensar e agir e de seguirem construindo sua história, exigindo seus direitos, tendo como um dos objetivos o ensino da língua materna. A língua Omágua/Kambeba, durante anos vem apresentando sinais de declínio, mas se mantém viva pelos ensinamentos às crianças e aos adultos (KAMBEBA, 2018, p. 8).

A escrita bilíngue ou mesclada com termos e expressões das línguas nativas representam estratégias de resistência na poética de Márcia Kambeba e encontram ressonância: nas escritas ameríndias, com as poetas Mapuche e na escrita dos intelectuais na comunidade lusófona, principalmente em países da África e Timor Leste, em Língua Portuguesa. Como exemplo, o poema *Em que língua escrever*, da poeta guineense Odete Semedo, cujos versos foram transcritos a seguir:

> Em que língua escrever
> As declarações de amor?
> Em que língua cantar
> As histórias que ouvi contar?
>
> Em que língua escrever
> Contando os feitos das mulheres
> E dos homens do meu chão?
> Como falar dos velhos
> Das passadas e cantigas?
> Falarei em crioulo?
> Falarei em crioulo!
> Mas que sinais deixar
> Aos netos deste século?
>
> Ou terei que falar
> Nesta língua lusa
> E eu sem arte nem musa
> Mas assim terei palavras para deixar
> Aos herdeiros do nosso século?
> Em crioulo gritarei
> A minha mensagem
> Que de boca em boca
> Fará sua viagem
>
> Deixarei o recado
> Num pergaminho
> Nesta língua lusa

> Que mal entendo
> No caminho da vida
> Os netos e herdeiros
> Saberão quem fomos.
> (CAMPATO JR., 2016, p. 297).

A voz poética tensiona questões relativas ao pertencimento cultural e à identidade, diante da imposição do idioma luso, a partir do processo de colonização em Guiné Bissau. Há um claro dilema expresso na superfície textual: "Falarei em crioulo?". O crioulo é uma importante língua falada em Guiné-Bissau. A consciência de que há termos intraduzíveis, bem como traduções inadequadas leva o sujeito lírico a um paradoxo.

Na poesia de autoria indígena contemporânea brasileira, a resistência se impõe de diversas maneiras, entre elas, por meio do emprego dessa linguagem híbrida, em que, diante de algumas circunstâncias, o léxico das línguas nativas é empregado para suprir lacunas e reafirmar a identidade indígena. Constitui-se, portanto, importante estratégia de resistência e existência, como Márcia Kambeba pretende reafirmar: "Sou Kambeba e existo sim!".

Alguns pesquisadores reiteram a força de coesão que as línguas indígenas desempenham no interior dessas comunidades. Nas palavras de Machado (2019, p. 14):

> As línguas indígenas ligam as crianças à Mãe Terra. Essa relação é forte e merece ser respeitada. Consideramos que a educação escolar no Brasil está míope porque oculta os valores que as culturas, literaturas e línguas indígenas transmitem. O conhecimento das línguas indígenas reitera os conselhos dos antepassados.

A literatura produzida pelos intelectuais indígenas pode contribuir para o debate necessário acerca dessas questões, em escolas e demais instâncias de produção do conhecimento. Para isso, é necessário que haja ampla divulgação desses escritos na sociedade, principalmente, nos espaços de atuação de professores, estudantes e profissionais do ensino em diferentes níveis e segmentos.

Cada língua falada carrega um sistema simbólico e conceitual rico, diverso e único. O valor cultural dessas línguas faz parte do patrimônio da humanidade. A partir desse reconhecimento, o líder e articulador Ailton Krenak reitera: "Para a Unesco, 2019 é o ano internacional das línguas indígenas. Todos nós sabemos que a cada ano ou a cada semestre uma dessas línguas maternas, um desses idiomas originais de pequenos grupos que estão na periferia da humanidade, é deletada" (KRENAK, 2019, p. 23).

Assim, a escrita produzida pelas mulheres indígenas cumpre esse importante papel de contribuir também para a manutenção e fixação dos idiomas originários. Por meio da leitura de suas obras literárias, nos espaços da educação escolar nas aldeias ou em outras localidades que podem estar vinculadas ou não à produção formal do conhecimento. Vale ressaltar que a literatura de autoria indígena tem suas potencialidades de consumo alargadas pela ampla divulgação de sua produção em ambientes virtuais.

Desenvolvendo suas próprias regras, a poética da literatura contemporânea de autoria indígena rejeita a clássica inclinação para a ausência do mundo. Ao contrário, são versos carregados de sabedoria empírica, a fim de garantir a sobrevivência desses povos com a dignidade de poderem se desenvolver em seus territórios sagrados e serem respeitados em suas culturas e modos de vida, tanto pela sociedade quanto pelo Estado. Os versos do poema *Silêncio Guerreiro* são reveladores dessas estratégias:

> No território indígena,
> O silêncio é sabedoria milenar,
> Aprendemos com os mais velhos
> A ouvir, mais que falar.
> No silêncio da minha flecha,
> Resisti, não fui vencido,
> Fiz do silêncio a minha arma
> Pra lutar contra o inimigo.
> Silenciar é preciso,
> Para ouvir com o coração,
> A voz da natureza,
> O choro do nosso chão,
> O canto da mãe d'água
> Que na dança com o vento,
> Pede que a respeite,
> Pois é fonte de sustento.
> É preciso silenciar,
> Para pensar na solução,
> De frear o homem branco,
> Defendendo nosso lar,
> Fonte de vida e beleza,
> Para nós, para a nação!
> (KAMBEBA, 2018, p. 29).

Percebe-se que o silêncio tem função estratégica e o conhecimento, a pragmática. Os versos do poema ressaltam o aprendizado, com os sábios e as sábias ancestrais, sobre a importância de ouvir, compreender e refletir sobre as formas mais adequadas de lutar pelas transformações necessárias: "Ouvir com o coração". Assim é a poeta guerreira indígena Márcia Kambeba que faz do seu verso arma na luta pelo reconhecimento do valor da cultura ancestral indígena, sem se esquecer de que partilha também de uma identidade urbana, conforme os versos do poema Tucum:

> Na fibra que vem da natureza
> Vou tecendo fio a fio
> Cultura, identidade e beleza
> Arte que a realeza ensinou.
>
> Minha linha vem do mato
> Minha agulha é o espinho
> Vou costurando meu caminho
> Sou a pena do amanhã.
>
> Nessa pena eu insisto
> Porque sei seu valor
> Eu uso como roupa
> Como enfeite e no cocar.
> Aqui vergonha não tem lugar.
>
> Com o tucum vou tecer
> Respeito, afirmação
> Informação, proteção
> Sem esquecer a serenidade
> Porque sou aldeia sou cidade.
> (KAMBEBA, 2018, p. 60).

  O tucum é uma palmeira utilizada pelos povos indígenas para a arte da cestaria. No poema, transferem-se as propriedades do tecido vegetal para o plano da linguagem poética, ao construí-la a partir da necessidade de arregimentar os valores positivos das culturas indígenas para equilibrar as vivências múltiplas dos indivíduos nativos em espaços urbanos e os seus desdobramentos. Conforme ressalta a autora:

> É importante dizer que os povos indígenas hoje, e em particular o povo Omágua/Kambeba, mesmo aldeados, não deixam de ter uma relação com a cidade, manifestada no cotidiano na utilização de aparelhos eletrônicos que facilitam a comunicação, na busca de saberes na escola do "branco", não com intenção de apagar nossa língua-mãe, mas de modo a contribuir com a nossa luta em prol da manutenção do nosso tesouro ancestral, uma vez que a flecha deu lugar a luta política, com argumentos bem consistentes por nossos

> direitos à conservação do patrimônio material e imaterial, e à interculturalidade, respeitando nossa forma de ser (KAMBEBA, 2018, p. 9-10).

Os versos, metafóricos, extrapolam a funcionalidade da linha e da agulha, em uma espécie de autorreferenciação do verbo tecer, em que aquilo que é tecido poderia ser: o caminho, os valores, a vestimenta ou o próprio poema. Nesse último caso, desvela hábitos singulares do povo Kambeba, revelando o *modus vivendi* dele por meio da experiência poética. A respeito do hábito de tecer as próprias vestimentas no contexto das comunidades indígenas, a autora esclarece:

> É importante repetir que os Kambeba não andavam nus. Plantavam algodão, teciam suas vestimentas e ainda comercializavam com outros povos. As mulheres usavam longas mantas, e as meninas, saias e blusas; os homens, calças até o joelho e blusas de mangas compridas. A moda Kambeba ganhou aceitação de vários povos, que passavam a comprar as peças. O mesmo se dava com a produção das botas, feitas com o látex extraído da seringueira. As mulheres usavam botinas curtas, e os homens, de cano longo (KAMBEBA, 2018, p. 10-11).

A autora se apropria do aparato formal da escrita para levar as mensagens dos ancestrais às gerações mais jovens. Nos versos do poema: *Minha Memória, Meu Legado*, a voz de dona Teca, cacica da aldeia Tururucari-Uka:

> Sou Tuxaua Kambeba e quero falar
> Antes que a idade não me permita lembrar
> Da vivência da minha infância
> Das lembranças do meu povo
> Servindo de alguma forma
> Para o recomeçar de um tempo novo.
>
> Da vida que tive, lembro como agora
> Das lutas pela terra, pela vida que foi embora
> Para muitos de meus parentes
> Que morreram na batalha
> Por um lugar para viver
> E pela continuidade de um legado
> De uma história.
>
> As terras que foram de meus ancestrais
> Hoje, não as tenho mais
> Na luta para recuperá-las
> Esperamos dos governantes
> A iniciativa para demarcá-las
> E continuarmos a vida
> Em convívio com a Natureza e os animais.

> Filhos da água somos os Omágua
> Temos sabedoria milenar
> Valentes guerreiros
> Estamos firmes na marcha
> Aprendemos com os pajés
> Os saberes da Natureza
> Extraindo da seringueira
> O leite que virou borracha.
>
> Vi os mais velhos prepararem o látex
> E com eles a bota vi nascer
> Na dor dos meus irmãos que nos pés iam fazer
> O molde dessa peça que usavam para calçar
> Na busca de uma caça para a fome saciar.
>
> Hoje, para a nova geração, deixo uma mensagem
> Que mantenham essa cultura
> Com a fé e a coragem
> De serem bravos guerreiros
> Divulgando a memória
> Do povo cabeça-chata que fez parte da história
> Desse Brasil miscigenado, povo de fé
> De muitas vitórias.
> (KAMBEBA, 2018, p. 42-43).

O primeiro verso do poema condensa a essência da poética da autora: identidade ("Sou Tuxaua Kambeba") e afirmação da voz indígena ("e quero falar"). Assim, o poema abre espaço para a voz feminina, da anciã que, além de resgatar valores e a vida na comunidade trazendo a história desse povo para conhecimento dos mais jovens, traz uma importante mensagem para as novas gerações.

Ela relembra as lutas passadas, os guerreiros valentes que ficaram pelo caminho, sempre na defesa da terra e da cultura: "Das lutas pela terra, pela vida que foi embora / Para muitos de meus parentes / Que morreram na batalha". Ao reforçar a identidade comum de seu povo, retoma a cosmogonia: "Filhos da água somos os Omágua" e apresenta, aos jovens, o legado ancestral do povo Kambeba: "Que mantenham essa cultura / Com a fé e a coragem / De serem bravos guerreiros / Divulgando a memória / Do povo cabeça-chata que fez parte da história / Desse Brasil miscigenado [...]".

Assim, o poema deixa transparecer a estética da poesia indígena feminina: é polifônico, dá voz à anciã indígena, resgata a cultura a memória e a sabedoria ancestral, veicula a subjetividade do povo Omágua/Kambeba e compõe o arsenal da guerreira Márcia Kambeba para a luta pelos direitos e por respeito e visibilidade para o seu povo. A poeta se vale da linguagem poética, demonstrando suas habilidades com o manejo da linguagem e dos recursos sonoros, sintáticos e semânticos da poesia para expressar sua subjetividade de mulher indígena em constante luta pelos direitos do seu povo.

Nesse contexto, a revelação da origem é um chamado a assumir o legado cultural:

> O povo Kambeba, segundo os sábios, nasceu de uma gota d'água que cai, topa numa folha de samaumeira, chega ao igarapé e daí nasce o homem e a mulher. Para muitos, isso parece "lenda" ou "mito", mas para o povo Kambeba essa explicação de como nasceu faz parte da construção do ser-pessoa, da sua cosmologia, da sua existência no planeta. É uma verdade que se mantém por séculos, vai sendo repassada, e precisa ser perpetuada nas crianças em forma dessa força de ser um povo das águas, nascido de uma gota, que veio com a chuva, enviado por *Tana Kanata Ayetú* (nossa luz radiante) (KAMBEBA, 2018, p. 10).

Assim, o poema se constitui como um lugar de materialização das vozes ancestrais. A tradição, a ancestralidade e a memória são trazidas à tona para o fortalecimento da identidade das novas gerações pela sabedoria feminina, na voz de uma matriarca ancestral. Ancestralidade, história e memória reveladas e disponíveis pelo verso de uma mulher indígena, – a escritora Omágua/Kambeba que assume, por meio da palavra poética, a sua função feminina de guardiã da sabedoria ancestral para a revitalização dos laços sanguíneos e espirituais no seio da grande família indígena.

Talvez a marca mais explícita da escrita das mulheres indígenas, especialmente perceptível na obra da escritora Kambeba, seja uma inscrição subjetiva em um passado histórico que pode ser, ao mesmo tempo, coletivo e individual. A respeito desse fato, o teórico francês Jacques Derridá enfatiza:

> Em sua experiência de escrita como tal, senão numa atividade de pesquisa, um escritor não pode deixar de estar envolvido, interessado, inquieto com relação ao passado, seja o da literatura, da história ou da filosofia, da cultura em geral. Ele não pode deixar de levar isso em consideração de alguma forma, nem tampouco deixar de se sentir um herdeiro responsável, inscrito numa genealogia, quaisquer que sejam as rupturas ou as denegações a esse respeito. E quanto mais severa for a ruptura, mais vital é a responsabilidade genealógica. Não se pode deixar de levar em consideração, quer se queira ou não, o passado (DERRIDÁ, 2014, p. 83-84).

Assim, é na perspectiva de uma herdeira, responsável por manter viva uma tradição, que a autora, lançando mão da escrita poética ou mesmo da escrita acadêmica, penetra consciente e profundamente no passado do seu povo para resgatar as memórias e a sabedoria ancestrais, de forma a alimentar a identidade indígena e fortalecer laços de pertencimento e estima entre os indivíduos originários.

A respeito desses traços na poética da autora, Mandagará (2017, s/p.) corrobora: "A ancestralidade, condição de herdeiro de um passado, marca a identidade indígena na poesia de Márcia Kambeba. Se a vida agora é na cidade, a cidade é também aldeia — mas, por outro lado, não é como se tudo fosse o mesmo, já que a dor do passado ("contato fatal") continua presente". Nesse contexto, a escrita das mulheres indígenas, ancorada na ancestralidade, estabelece uma ponte entre a tradição e a contemporaneidade ao romper com o silenciamento histórico e secular, ao fazer emergir, na superfície de seus textos, as vozes e a subjetividade desses povos.

O segundo livro da autora, *O Lugar do Saber* (2018), lançado pela Casa Leiria editora, tem na capa uma imagem típica do chão amazônico com canoas ancoradas ao lado de uma palafita, em cenário onde predomina a vista ampla de um rio, cujas águas brilham tocadas pelo sol. O miolo traz um conjunto de poemas reveladores da subjetividade, da espiritualidade, das profundas ligações com natureza e do caráter sinestésico que a poética da autora adquire, talvez pela interdisciplinaridade do conjunto de sua obra, que ganha uma sonoridade singular ancorada na mata, nas águas e nos seres sobrenaturais que, nas cosmovisões indígenas, habitam esses lugares.

São 42 poemas de resgate da cultura, das memórias e da história do povo Omágua/Kambeba, em que a autora derrama seu lirismo profundamente feminino. Seus versos revelam uma poeta marcada pela ancestralidade, sensível aos apelos da Mãe-Terra e com um olhar itinerante que pousa, concomitantemente, sobre vários sentidos transformando sentimentos e sensações em poesia. Intuitiva, Kambeba constrói versos com a simplicidade de quem canta, dança, compõe e se encanta com a vida, numa transversalidade inerente e fundante de seu talento artístico.

Assim, a poeta, que também é cantora e compositora, evidencia a musicalidade presente nos elementos da natureza, ao referir-se aos cânticos da terra, em tempos imemoriais, como nos versos do poema "Sons da Mata":

Quando a vida era vida
As árvores falavam,
Sabiam cantar
E com seu som
As ondas se balançavam.

Mas o homem sem amor
Seu caule um dia cortou
Dela caiu lágrimas de dor,
A mata então se calou.

Por amor a humanidade
As árvores não conservaram maldade,
De seus olhos sementes brotaram
E trabalhadas em sons ecoaram.

Chocalhos de seringas,
Canções de amor e paz,
Levadas pelo vento
Num movimento diz:
Afaste de mim o machado voraz.
Socorro e proteção a mãe dos ancestrais
(KAMBEBA, 2018, p. 57).

A personificação das árvores, no poema, vai além do emprego de recursos de linguagem ou de recursos sonoros para a construção do tecido poético. A revelação da memória ancestral situa a árvore como co-partícipe na vivência do real pela comunidade. Assim, a árvore, da mesma forma como as pessoas, é parte constitutiva do corpo da Mãe-Terra e partilha com os humanos o dom da fala.

No contexto poético, o silenciar da mata foi uma resposta à agressão materializada na exploração predatória dos recursos da natureza: "Mas o homem sem amor/ Seu caule um dia cortou/ [...] A mata então se calou/". Entretanto, o corte no caule não tirou o poder regenerador da vida e a árvore fez brotar dos seus olhos sementes que foram lançadas ao vento, como canções de amor, recheadas com o poder de renascimento da vida da floresta. Assim são as árvores da floresta, assim são as filhas da terra, as mulheres indígenas que não calam a sua voz. Assim é a poeta Márcia Wayna Kambeba.

1.3 Lia Minápoty

A escritora indígena brasileira Lia Minápoty nasceu, em 1989, na aldeia Yãbetue'y, área indígena Maraguapajy (país dos Maraguás), que abrange as cidades de Nova Olinda do Norte e Borba, no rio Abacaxis. O povo Maraguá conta hoje com aproximadamente duzentas pessoas, distribuídas em quatro aldeias e seis clãs: Piraguáguá, Aripuñaguá, Çukuyeguá, Pirakeguá, Tawatoguá e Yaguareteguá. Lia nasceu no clã Çukuyêguá e foi integrada ao clã Aripunãguá após seu casamento com o professor, geógrafo e escritor Yaguarê Yamã. O povo Maraguá já foi considerado extinto e seus integrantes eram tidos como parte dos Sateré-Mawé, povo com quem os maraguás têm uma história comum, mas se diferenciam bastante do ponto de vista étnico, linguístico e cultural.

Lia Minápoty cursou o Ensino Fundamental na mesma aldeia onde nasceu e para cursar o Ensino Médio, morou na cidade de Nova Olinda do Norte, no Amazonas. Hoje, a escritora reside com a família na aldeia Yaguawajar, onde trabalha como professora, ensinando crianças que cursam os primeiros anos do Ensino Fundamental. Ela é uma das jovens lideranças do povo Maraguá e trabalha em prol da educação das crianças que, normalmente, chegam de barco à escola. Além de professora, Minápoty atua como secretária da Associação de Mulheres Maraguá (AMIMA) e integra o NEARIN (Núcleo de Escritores e Artistas Indígenas). Artista plástica especializada em grafismos indígenas, a escritora maraguá também trabalha com coleções de plantas e de borboletas. Outra atividade que ela afirma desempenhar com prazer é cuidar de sua família — ser dona de casa.

O seu trabalho como militante pelos direitos dos povos indígenas e em especial das mulheres ganhou visibilidade e tem sido valorizado pela comunidade internacional. Na condição de jovem liderança, a escritora tem papel ativo nas ações em prol da demarcação do território e da reafirmação étnica e cultural da nação Maraguá. Em entrevista à edição londrina da *Revista Marie Claire*, de agosto de 2009, a escritora foi questionada a respeito de alguns dos problemas que os povos indígenas enfrentam no Brasil, hoje, como por exemplo, os ataques frequentes aos seus territórios, assassinatos de lideranças e diversas ameaças de morte, endereçadas aos militantes e aos defensores das causas dos povos indígenas.

Uma parcela importante da sociedade e da imprensa brasileira associa esse tipo de violência contra os indígenas à prática de políticas de desrespeito pela gestão presidencial da equipe de Jair Bolsonaro, que feriu direitos constitucionais desses povos e se materializou, por meio de discursos de ódio, promessas de liberação da mineração e do extrativismo em terras ocupadas por eles. E, principalmente, pelo desmonte das políticas públicas de proteção a esses povos e aos seus territórios.

Houve um acirramento das tensões que envolvem as lutas dos povos originários, conforme esclarece Krenak:

> Desde o Nordeste até o leste de Minas Gerais, onde fica o rio Doce e a reserva indígena das famílias Krenak, e também na Amazônia, na fronteira do Brasil com o Peru e a Bolívia, no alto Rio Negro, em todos esses lugares as nossas famílias estão passando por um momento de tensão nas relações políticas entre o Estado brasileiro e as sociedades indígenas. Essa tensão não é de agora, mas se agravou com as recentes mudanças políticas introduzidas na vida do povo brasileiro, que estão atingindo de forma intensa centenas de comunidades indígenas que nas últimas décadas vêm insistindo para que o governo cumpra o seu dever constitucional de assegurar os direitos desses grupos nos seus locais de origem, identificados no arranjo jurídico do país como terras indígenas (KRENAK, p. 37-38).

Diante de tais acontecimentos, a escritora afirma não temer ameaças e preferir tratar a respeito de assuntos referentes aos seus livros e ao trabalho docente que desenvolve na aldeia. De acordo com a entrevista:

> Ela prefere falar sobre o livro de história que escreveu, que apresenta para os alunos a cultura indígena. "As crianças aqui são ensinadas que o Brasil foi descoberto pelos portugueses, como se ninguém estivesse aqui antes deles", diz ela. "Mas essas pessoas são nossos ancestrais, os primeiros brasileiros". Em uma significativa retrospectiva para sua missão, em Janeiro do corrente ano, ela foi informada de que seu livro, que havia sido requisitado pelo Ministério da Educação, estava sendo distribuído pelas escolas públicas de todo o país (MINAPOTY, 2019, p. 20)[7].

Lia Minápoty se ressente de que a história oficial, contada para as crianças nas escolas tradicionais, provoque o escamoteamento da realidade sobre os povos indígenas e subjugue-os, usurpando-lhes os direitos ao patrimônio simbólico, aos territórios ancestrais e à cidadania plena, com o indesejável efeito de projetar no imaginário coletivo um discurso de negação do direito à voz e à subjetividade que também compete aos povos indígenas.

---

[7] She would rather talk about the history book she's written, which exposes schoolchildren to indigenous culture. 'Children here are taught that Brazil was discovered by the Portuguese, as if no one was here before them,' she says. 'But these people are our ancestors, the first Brazilian nationals'. In a significant setback for her mission, this January, she was told that her book, which had previously been ordered by the ministry of education, was being withdrawn from schools across the country (MINAPOTY, 2019, p. 20).

Dessa forma, seu projeto literário é um projeto de vida aliado à intensa militância que a escritora desenvolve ao lado do marido. Da mesma forma, como professora do Ensino Fundamental, a autora se ressente de que as fontes oficiais do conhecimento histórico sejam disponibilizadas para as escolas com uma narrativa de mão única, que naturaliza e tenta legitimar a dominação europeia em terras brasileiras. Assim, suas crianças, estudantes indígenas, não têm a oportunidade de se reconhecerem como protagonistas nos manuais didáticos de história do Brasil.

Nesse aspecto, a obra literária da escritora ganha importância no âmbito da educação nas escolas indígenas por levar a cultura, as tradições e o modo de ser do povo Maraguá para as salas de aula. A se considerar a riqueza do trabalho de resgate do idioma tradicional a partir dessas narrativas, há uma avaliação bastante positiva do fato relatado por Lia Minápoty, a respeito da distribuição de seus livros, bem como de outros escritores indígenas, nas escolas brasileiras.

A literatura contemporânea de autoria indígena cumpre o relevante papel de contribuir para a recuperação da identidade indígena ancestral, por oportunizar o contato com as tradições antigas, histórias, costumes, mitos e lendas que revigoram a espiritualidade e a identidade primeira dos diversos povos indígenas. Além de favorecer o contato dos leitores com a língua originária das diferentes nações indígenas que compõem a sociedade brasileira.

Esse intenso trabalho de recuperação das línguas ancestrais, desenvolvido não só pelos escritores indígenas, mas também pelos professores nativos que atuam nas aldeias, representa um diferencial importante no contexto da educação escolar indígena que é oferecida nas aldeias. A narrativa dos autores indígenas constitui lugar privilegiado para a difusão do léxico das línguas nativas.

Assim, seus intelectuais, por meio da literatura, brindam os leitores com uma linguagem híbrida, que mescla termos das línguas autóctones aos textos em Lingua Portuguesa. Considerando-se que, para além do mercado editorial, essa produção literária tenha boa recepção nas práticas de leitura realizadas com as crianças, nas escolas indígenas, percebe-se um potencial para a ampliação do público leitor, bem como da produtividade das formas escritas dessa literatura.

A obra *Na Captura da Voz: as edições da narrativa oral no Brasil* registra intensa investigação a respeito da narrativa oral brasileira. No tocante aos registros da oralidade indígena e à produção de autoria indígena em línguas nativas em contextos escolares, as autoras explicam:

Ocorre que os índios, ao criarem seu sistema escolar, introduzindo fortemente a escrita em suas aldeias, alfabetizando as crianças nas suas próprias línguas, estão criando as condições para o desenvolvimento de novas formas literárias, suas poéticas de escrita (ALMEIDA; QUEIROZ, 2004, p. 277).

A importância do trabalho da escritora, tanto na alfabetização quanto em sua produção literária tem seu escopo ampliado a partir das possibilidades de criação estético-literárias referidas pelas pesquisadoras em relação à literatura indígena contemporânea. Por outro lado, Lia Minápoty e Yaguarê Yamã trabalham conjuntamente para a recuperação da memória ancestral de seu povo, por meio do reconto de lendas e mitos e do resgate das tradições milenares, a partir de sua produção literária.

Nesse sentido, o primeiro livro da autora, publicado em 2011, *Com a noite veio o sono*, recupera o modo de vida do povo Maraguá, em um passado remoto. Editado pelo grupo: Texto Editores Ltda, que faz parte da editora Leya, a obra tem a capa ornamentada com imagens em cores escuras e a lua em destaque, para reforçar a identificação com a temática noturna. A exuberância da natureza está presente na ilustração primorosa de Maurício Negro[8].

De acordo com a trama, os ancestrais não tinham casas, viviam em árvores ou cavernas: "Também não tinham noite. A noite ainda não era conhecida dos homens" (MINÁPOTY, 2011, p. 1). A narrativa se constrói de forma a permitir o acesso a um mundo primitivo eivado de magia, no qual deuses, demônios, pessoas comuns, animais e plantas aparecem amalgamados à natureza e tomam parte nas narrativas e nos atos de fala:

Certo dia, um velho *malyli*, desses que conhecem segredos do mundo e conversam com os espíritos das floresta, a quem se dá o nome de çakaka, lhes contou que próximo ao lago *Waruã*, havia dois *Kamuty* guardados pelo demônio *Bikoroti*. Esses *kamuty*, além de serem pintados com grafismos de origem, eram brilhosos por fora e estavam cheios de escuridão (MINAPOTY, 2011, p. 8, grifos da autora).

Malyli é o curandeiro, em Maraguá antigo, é o pajé, cujo nome é çakaka. Ele contou ao povo Maraguá que, nas proximidades do Waruã, o lago sagrado que — de acordo com a mitologia Maranguá — formou-se a

---

[8] Mauricio Negro é escritor, ilustrador e designer gráfico brasileiro e atua como colaborador de literatura indígena e de matrizes africanas. Membro do conselho gestor da Sociedade de Ilustradores do Brasil (SIB) e coordenador editorial da Coleção Muiraquitãs, que reúne obras de autores indígenas, participou de catálogos e exposições no Brasil, Argentina, Alemanha, Eslováquia, México, Itália, Coreia e Japão. Recebeu prêmios nacionais e internacionais, como o NOMA *Encouragement Prize* (2008).

partir de águas escuras do mundo submerso — a morada do deus do mal, Anhãga — havia dois potes. Eles haviam sido colocados ali por um demônio monstruoso chamado Bikoroti que rondava as aldeias abusando das meninas. Eram potes brilhantes, mas continham a escuridão.

Há, nesse texto, como em muitos outros de autoria indígena, uma fluidez narrativa que, descomprometida com as questões de purismo na linguagem ou obediência às regras ou aos modelos canônicos pré-estabelecidos da literatura brasileira e universal, está associada ao dinamismo das práticas da oralidade. Por outro lado, os mitos fundadores, na cosmologia dos povos indígenas, não são apenas historinhas. Para esses povos, eles fazem parte da constituição da sua identidade e reverberam no tempo e no espaço. A respeito da potência dos mitos, Mircea Eliade esclarece:

> O mito conta uma história sagrada, quer dizer, um acontecimento primordial que teve lugar no começo do tempo, *ab initio*. Mas contar uma história sagrada equivale a revelar um mistério, pois as personagens dos mitos não são seres humanos: são deuses ou Heróis civilizadores. Por esta razão suas gestas constituem mistérios: o homem não poderia conhecê-los se não lhe fossem revelados (ELIADE, 1992, p. 50).

Nessa perspectiva, na cosmologia do povo Maraguá, tanto o lago sagrado, como as suas aparições fazem parte de um sistema de crenças, uma tradição: "Quanto ao lago *Waruã*, ele também ainda existe e aparece e reaparece, sempre mudando de lugar, dia após dia. Ele é um lago sagrado e faz parte da mitologia indígena Maraguá" (MINAPOTY, 2011, p. 24).

Em 2012, Lia Minapoty e Yaguarê Yamã publicaram juntos *A Árvore de Carne*, pela editora Tordesilhinhas. A narrativa mítica é introduzida por um soneto amazônico, de autoria de Yamã:

> Sobre a água pitinga do Arawá
> Igaru desliza calmamente
> Entre galhos – caniços de araçá
> No reflexo dourado quase ausente.
>
> Do guarasy pirãga em seu ocaso
> Mariscamos, louvando ao criador
> Como o pirá a boiar – puro ornato
> Natureza ao pescar do pescador
>
> Tantos tantos pirás! Oh! Remador
> Vem pegar o pirá mariscador
> E jogar no pitinga paraná.

> E pegar nesses tempos mariscados
> Sobre a aratuba do guanãminaro
> Enquanto não perece o xamatá!
> (MINAPOTY; YAMÃ, 2012, p. 9).

A opção por cultivar um soneto, forma fixa da poesia clássica, revela a abertura da literatura indígena para o diálogo com a tradição. No contexto de uma literatura produzida no interior da floresta amazônica, por um poeta local, de origem autóctone, pode sugerir uma espécie de desejo de retorno ao período da inocência, possivelmente nostalgia de: "...um tempo sem rupturas nem contrastes, tempo da graça, anterior ao domínio da máquina sobre toda a natureza; ou tempo órfico, revivido, em que o domínio e o cálculo ficam suspensos enquanto dura o encanto" (BOSI, 1977, p. 155).

Nesse ínterim, a imagem construída no poema permite vislumbrar um nativo absorto na atividade da pesca com caniço, no igarapé. Os versos sugerem uma perfeita harmonia entre homem e natureza, o pôr do sol ilumina a cena com uma luz avermelhada: sobre as águas, o reflexo do ocaso assinala o final da pescaria. O mariscador só poderá buscar o alimento das águas enquanto houver a luz do sol.

As quatro aldeias que compõem a nação Maraguá estão ancoradas nas margens do rio Abacaxis. No soneto, o pescador e seu *ygaru* (canoa) deslizam sobre a superfície das águas, o berço da vida. Em *A Água e os Sonhos*, Gaston Bachelard define e caracteriza esses pequenos rios:

> Fresca e clara é também a canção do rio. Realmente, o rumor das águas assume com toda naturalidade as metáforas do frescor e da claridade. As águas risonhas, os riachos irônicos, as cascatas ruidosamente alegres encontram-se nas mais variadas paisagens literárias. Esses risos, esses chilreios são, ao que parece, a linguagem pueril da Natureza. No riacho quem fala é a Natureza criança (BACHELARD, 2018, p. 34-35).

O eu poético se imiscui na cena narrada e participa da alegre inocência de mariscar, deslizando entre os peixes "[...] tantos, tantos pirás [...]", ele chama o remador para pegar o peixe ornato e devolvê-lo às águas. Ambos integrados ao movimento e à canção das águas parecem brincar na rotina da vida na aldeia. "Feliz daquele que é despertado pela canção fresca do regato, por uma voz real da natureza viva. Cada novo dia tem para ele a dinâmica do nascimento" (BACHELARD, 2018, p. 35).

O poema flagra um momento em que a natureza se impõe para além de uma mera função figurativa. Mais que cenário, é ela que regula a vida na floresta, ela impõe o ritmo das atividades e a rotina dos moradores. O pescador só pode pegar os peixes enquanto há claridade.

Paradoxalmente, o momento de produção/publicação deste soneto é marcado por uma conjuntura de luta dos povos indígenas contra a devastação da floresta, contra os ataques aos seus territórios e contra os preconceitos e a violência. Em outras palavras, os escritores indígenas lutam pela sobrevivência do grupo, pela demarcação dos seus territórios, pelo fim da estigmatização e da violência contra os nativos das diversas etnias. Lutam, principalmente, contra os invasores de suas terras, contra a poluição dos rios e envenenamento das nascentes, contra o desmatamento e as queimadas.

Nesse contexto, são relevantes as conclusões de Bosi em suas análises: "Reinventar imagens da unidade perdida, eis o modo que a poesia do mito e do sonho encontrou para resistir à dor das contradições que a consciência vigilante não pode deixar de ver" (BOSI, 1977, p. 155).

A escrita de *A Árvore de Carne e outros Contos* é movida, de acordo com os autores, por um projeto, cuja meta é ampliar a voz e garantir visibilidade ao povo Maraguá e à sua cultura, para além dos espaços da aldeia. Assim, afirmam:

> Este é um livro que dá ênfase à cultura dos maraguás, um povo indígena que habita a região do rio Abacaxis, no Amazonas. Maraguá, em português, significa "gente do cacete". É um nome forte e adequado para um povo que descende da antiga civilização tapajônica, dos quais são os últimos a ainda praticar a arte da cerâmica decorada e a crença nos muiraquitãs e no uirapuru empalhado como amuletos mágicos. Como parte deles, nos sentimos felizes em elaborar histórias que desvendem a cultura de nossa gente (MINÁPOTY; YAMÃ, 2012, p. 8).

O culto à ancestralidade é traço marcante dessa produção escrita, conforme atestam os próprios autores, descendentes de uma antiga civilização, cuja existência é praticamente desconhecida da maioria dos brasileiros. A riqueza dessa literatura que traz à luz uma parte importante da história do Brasil, que foi intencionalmente apagada pelo discurso oficial, é de grande valor para a necessária reconstrução da identidade brasileira em consonância com a pluralidade étnica e cultural que a compõe.

Diferentemente daquilo que se acreditava a respeito dos primeiros habitantes da Amazônia, o historiador Nunes Filho (2011, p. 103), apresenta evidências da existência dessa civilização tapajônica, em meio às sociedades complexas que se desenvolveram na Amazônia pré-histórica: "Pesquisas mostram que há cerca de 12 mil anos começou a ocupação dessa região por populações caçadoras coletoras. Mas algumas delas se desenvolveram em sociedades complexas, que desapareceram deixando suas marcas enterradas no solo da Amazônia". O pesquisador prossegue realizando algumas inferências:

> Utilizando o conceito de modernidade de Jameson (2005) já é possível fazer inferências, a partir de dados arqueológicos, da existência de sociedades modernas em sociedades pré-coloniais da Amazônia a partir de complexos culturais arqueológicos, como: Marajoara, Tapajônica, Maracá, Aristé e Mazagão. Alguns grupos culturais pré-coloniais, de uma forma ou de outra, desenvolveram inovações culturais relevantes no passado e no presente. Para Gomes (2002) a maior parte das pesquisas arqueológicas atuais, desenvolvidas na Amazônia brasileira, tem mostrado a existência de sociedades complexas pré-coloniais (NUNES FILHO, 2011, p. 105-106).

Nesse sentido, a literatura contemporânea de autoria indígena no Brasil impulsiona um movimento de revisão da história oficial da nação brasileira, a partir das lacunas deixadas por uma opção excludente de narrativas supostamente representantes do conjunto de segmentos da sociedade brasileira. Alguns princípios norteadores desse movimento são discutidos pela historiadora Maria Regina Celestino de Almeida, em interessante artigo a respeito do tema: "Novas perspectivas teóricas e conceituais somadas à incorporação cada vez maior de diversos tipos de fontes e à contínua e crescente interlocução dos historiadores com demais especialistas das ciências sociais têm propiciado leituras inovadoras sobre o nosso passado" (ALMEIDA, 2017, p. 18). De acordo com as conclusões da pesquisadora:

> Ao revelarem as atuações dos índios na História do Brasil, restituindo-lhes a condição de sujeitos, as novas interpretações são essenciais para desconstruir ideias preconceituosas e racistas ainda muito presentes em nossas sociedades, sobretudo em regiões próximas às áreas indígenas. Para os índios, em especial, as novas narrativas têm o efeito de fortalecer sua autoestima, na medida em que se veem representados como agentes de suas próprias histórias. Histórias de imensas perdas, derrotas, mortes, explorações e deslocamentos forçados, porém histórias também suas, nas quais não deixaram de atuar, nem tampouco se anularam, enquanto grupos distintos (ALMEIDA, 2017, p. 34).

Esses deslocamentos, impulsionados pela leitura das obras de autoria dos intelectuais indígenas apontam para correções necessárias em distorções históricas como aquela apontada por Lia Minápoty na entrevista à revista londrina. Nesse aspecto, tornam-se bastante relevantes também os pressupostos divulgados pelo pensador uruguaio, Hugo Achugar, em sua tese — a respeito do equívoco na construção do conceito de nação — apresentada na obra *Planetas sem boca: escritos efêmeros sobre arte, cultura e literatura* (2006).

Para esse autor, a reivindicação da heterogeneidade, em vários países da América Latina, passou a ser percebida com maior intensidade, com a presença de vários grupos minoritários construindo as suas narrativas, por meio da música, do cinema, da literatura, enfim, valendo-se das artes na busca por reconhecimento. A luta de muitos intelectuais indígenas, como Lia Minápoty, Yaguarê Yamã, Eliane Potiguara, Ailton Krenak, Graça Graúna, Kaká Werá, Márcia Kambeba, Olívio Jekupé, Daniel Munduruku e Auritha Tabajara, dentre muitos outros, no Brasil e nas Américas, de forma geral, constitui uma faceta dessa heterogeneidade.

Eliane Potiguara acrescenta o seu ponto de vista a respeito dessa questão. A partir da subjetividade dos indivíduos que compõem os grupos considerados minoritários, ela afirma:

> Do mesmo jeito que não existem programas, coisas efetivas para a população brasileira, para o proletariado, para os camponeses, não existe para os indígenas pobres. Os governos não enxergam as necessidades da minoria. Mas a minoria é a maioria, porque nessa nossa minoria está quase todo mundo. Todo mundo. São os negros que sofrem nas favelas, são as crianças negras, são os indígenas, todos os brasileiros, todos os favelados, as mulheres pobres, os LGBTQ, as pessoas com deficiência física, todo tipo que está sofrendo uma discriminação social e racial há muito tempo. Isso já veio com a mentalidade de Pedro Álvares Cabral. Com ele já veio essa mentalidade de impor um sistema de vida em que eles ganham e quem trabalha não ganha, os operários, os trabalhadores, os escravos, não ganham nada diante dos donos do poder (POTIGUARA, 2019, p. 38).

O olhar feminino, maternal presente na obra de Potiguara consegue perceber os grupos desvalidos como um todo homogêneo que se constitui maioria da sociedade brasileira. É assim que o discurso das mulheres subverte a ordem dominante e fragiliza as barreiras impostas pelo poder constituído. A opção estratégica por um mundo intencionalmente fragmentado em que a maioria sofre, como a autora denuncia, ao citar Pedro Álvares Cabral, revela o choque de cosmovisões entre a cultura indígena e as culturas ocidentais dominadoras, falocêntricas e eurocentradas.

Esse mesmo olhar maternal permeia o conjunto da obra de Lia Minápoty que, no ano de 2014, lançou, pela editora Positivo, a sua obra bilíngue *Tainãly*: uma *menina Maraguá (Yepé Tainãe Maraguá)*, a história da menina — indicada para o público infantil entre 2 e 5 anos de idade — é contada em vinte e quatro páginas, com belíssimas ilustrações de Laurabeatriz[9]. De acordo com a autora, o livro é uma homenagem à sua filha Taynãly, que é retratada, na obra, por Laurabeatriz. Nesse universo literário, está presente o macaco Kalyli o bichinho de estimação da protagonista, a narrativa traz também outros animaizinhos, como por exemplo, o papagaio verde que repousa sobre o ombro da menininha, na ilustração da capa do livro.

A obra é reveladora da forte conexão de Minápoty com o universo feminino que se desdobra nos cuidados com a família e com o lar, atribuições desempenhadas com grande prazer pela jovem e bela intelectual maraguá. Outro aspecto fundamental ressaltado pela leitura de *Taynãly: uma menina Maraguá* é a preocupação com o ensino e a valorização do idioma nativo entre as crianças. Professora alfabetizadora, a autora ensina crianças dos anos iniciais do Ensino Fundamental e oportuniza, em suas aulas, o contato com o texto literário, em língua ancestral.

Nesse aspecto, a produção literária de Lia contribui com o processo de desenvolvimento da educação escolar indígena, em consonância com parâmetros de valorização da cultura ancestral. A esse respeito, Munduruku corrobora:

> Desde a constituição de 1988, as populações indígenas têm direito a uma educação diferenciada, que deve seguir os parâmetros das próprias comunidades. Os professores devem ser indígenas e ter formação superior. Além disso, é necessário materiais de acordo com essas populações, mas esse desenvolvimento está lento. Após quase 30 de promulgação da Constituição, não houve uma continuidade na política educacional para as populações indígenas. Houve um avanço

---

[9] Escritora e ilustradora, Laurabeatriz, carioca radicada em São Paulo, também é artista plástica, é apaixonada pela natureza. Participou de várias exposições com seus desenhos, xilogravuras e pinturas, foi redatora publicitária, crítica de cinema da *Folha da Tarde* e ilustradora de jornais e revistas. A artista é atuante e participa de várias campanhas pela proteção de animais, como as baleias, os tigres, os ursos, os tubarões, as focas, as onças, os cachorros que não têm dono e os bichinhos abandonados. Posiciona-se de forma contrária às touradas, à indústria das peles, aos rodeios e ao tráfico de animais.

> significativo na área, mas isso ainda não responde às demandas. Na prática, os indígenas precisam entrar em contato com a educação formal sem abrir mão dos conhecimentos tradicionais (MUNDURUKU, 2018, p. 93-94).

Assim, a produção das escritoras indígenas coloca-as na vanguarda das transformações necessárias para uma maior valorização dos conhecimentos tradicionais dos povos indígenas dentro e fora do espaço das aldeias. Lia Minápoty contribui, não apenas com as obras literárias, mas também com a prática pedagógica referenciada nos parâmetros da cultura de seu povo, a partir da produção de sua obra infantil bilíngue.

Baseada nas histórias que ouvia quando era criança, na aldeia, as histórias inesquecíveis que os mais velhos e as mais velhas contavam, como forma de transmitir os ensinamentos e os saberes de seu povo, Lia Minápoty, como boa guardiã da cultura ancestral, publicou *Lua Menina e Menino Onça*, pela Editora RHJ. Classificada como ficção infantil e juvenil, a obra é ricamente ilustrada por Suryara Bernardi. A trama se desenrola, em atmosfera de encantamento, a narrativa revela a magia existente entre os humanos e a natureza, nesta relação simbiótica e visceral em que as pessoas, os animais, a floresta e os minerais compõem um todo harmônico e indivisível.

A respeito dessas memórias que persistem a partir de eventos ocorridos na infância em que a ancestralidade esteja, de alguma forma, balizando as inter-relações, Halbwachs conclui:

> Em todo o caso, geralmente é na medida que a presença de um parente idoso está de algum modo impressa em tudo aquilo que nos revelou de um período ou de uma sociedade antiga, que ela se destaca em nossa memória não como uma aparência física um pouco apagada, mas com o relevo e a cor de uma personagem que está no centro de todo um quadro que resume e condensa (HALBWACHS, 1990, p. 66).

Assim, essa atmosfera de encantamento e a opção da memória por guardar a magia de tais momentos — de forma a eternizar tanto a figura do ancião ou da anciã ancestrais, as histórias contadas que, com o mesmo recurso da contação de histórias serão repassadas às próximas gerações —, é criada, de forma afetiva, na relação parental. Esse tipo de experiência vivida proporciona um recuo no tempo, que costuma alimentar a fantasia e a criatividade das crianças. No caso da autora, a literatura serviu de suporte para as suas memórias vivas que são, de certa forma, memórias do seu povo também. Os maraguás são também conhecidos como povo contador de histórias de fantasmas. O fato é que eles têm uma mitologia riquíssima, amplamente povoada por deuses, seres encantados, heróis e fantasmas.

Autêntica representante de seu povo, Lia Minápoty publicou, em 2018, o livro *Yara é vida*, em parceria com seu tio Elias Yaguakãg, escritor e contador de histórias nativas. A obra, lançada pela Editora Kazuá, narra a luta de Yara, a divindade das águas contra a poluição dos lagos, rios e oceanos. São 32 páginas, ilustradas por Osvaldo Piva, em que os autores enfatizam o valor que a deusa Yara tem para o povo Maraguá e o cuidado dela com o equilíbrio da natureza e o bem-estar das pessoas, por isso eles a cultuam com carinho, em meio a tantos outros seres sobrenaturais que povoam o universo mítico na cultura desse povo.

Segundo a narrativa que inspirou a obra, a bela Guayara, senhora das águas, é mulher de grande coração e beleza única. Conhecida como Yara, na mitologia tupi, ela vive nos rios e lagos da Amazônia. Quando sobe à superfície, dedica-se a cuidar da natureza e está sempre pronta a ajudar as pessoas. No diálogo com o guerreiro Maraguá, Guapêk, quando a procurou para pedi-la em casamento, ela explicou:

> – Corajoso guerreiro. – Disse Yara. – Vou explicar-lhe o que você não compreendeu. Eu já moro com você desde que nasceu. Quando você levanta pela manhã para purificar-se, eu o abraço. Ao meio dia, cansado do trabalho, você se lança em meus braços e eu o acolho. À tardezinha, antes de dormir, você deixa em mim toda a sua fadiga e eu o abençoo. Estou presente em sua vida todo o tempo. Eu vivo com você, sirvo a você. Durante o trabalho, se você está cansado, sou eu quem lhe dá novas forças saciando sua sede. Na verdade, somos inseparáveis. Sou espírito e na forma invisível estou na água. Eu e a água somos uma só. Por isso mesmo peço a você, não se decepcione, mas não sou mulher de carne e osso como imaginou, por isso mesmo não posso me casar com você (MINÁPOTY, 2018, p. 23).

Vaidosa, costuma debruçar-se nas praias fluviais para admirar a própria beleza. A rainha das águas tem uma irmã, fisicamente muito parecida com ela: Kunhaguera. Entretanto, a irmã é o oposto de Guayara, má e articulada, usa a beleza para atrair os homens e hipnotizá-los, levando-os até o fundo do rio para matá-los. A malvada é inimiga da irmã e aproveita-se da semelhança física para confundir as pessoas, fazendo com que suas maldades pareçam obras de Guayara. Assim, em noites de lua cheia, aparece, nos portos interioranos, nua e sedutora, cantando uma triste canção.

Na trama, Yara lança um desafio ao guerreiro maraguá, dando a ela a tarefa de protegê-la: "Partes importantes de meu corpo estão apodrecendo. Preciso que você atravesse o grande rio e avise a todo mundo que estou doente. Precisa avisar para que todos saibam que precisam cuidar melhor de mim para que eu possa ficar sã novamente" (MINÁPOTY, 2018, p. 23). Na narrativa, ela alerta ainda que, caso venha a morrer, a humanidade perecerá por falta dela. Uma linda história, como importante alerta sobre a necessidade de preservar os recursos hídricos para o futuro saudável da vida no planeta.

A escritora utiliza-se de sua escrita autoral para atuar de forma intensa nas lutas empreendidas pelos povos indígenas brasileiros, não só pelos seus direitos, mas também pela preservação da natureza. Assim, imersa nesse universo não utópico, cheio de enfrentamentos e com embates constantes, une-se a outros intelectuais, de diversas etnias para escrever sobre a vida e as demandas de seu povo. Dessa forma, surgiu a antologia *Nós*, organizada por Maurício Negro e lançada em 2009, pela Editora Companhia das Letrinhas. Nela, encontram-se textos de dez escritores indígenas: Yaguarê Yamã, Lia Minapoty Aripunãguá, Tiago Hakiy, Jaime Diakara, Rosi WAikhon, Cristino wapixana, Estêvão Carlos Taukane, Jera Poty mirim, Ariabo Kezo e Carlos Kayapó.

Um outro exemplo de antologia com a participação de Lia Minápoty é *Escritos Indígenas: uma antologia*, organizada em *e-book* pela Editora Cintra, como parte da coleção "O Amor pelas Palavras". Além da contribuição de Lia, a obra conta também com a participação dos escritores: Yaguarê Yamã, Graça Graúna, Olívio Jekupé, Nilson Karai, Giselda Jerá, Roni Wasyri Guará, Aldair Marauáh, Guaynê Maraguá, Tiago Hakiy e Jaime Diakara.

Embora muito jovem, Lia Minápoty desenvolve intensa militância junto às mulheres e aos povos indígenas. Em favor da qual concorre o conjunto de sua significativa obra literária, que desempenha um papel, inquestionavelmente relevante, para a difusão da cultura e da língua de seu povo, bem como, representa importante apoio para o desenvolvimento da educação escolar indígena, no sentido de reforçar os laços dos estudantes com a cultura, com a língua e com a subjetividade das diversas nações indígenas brasileiras.

1.4 Auritha Tabajara

A poesia de Francisca Aurilene Gomes, a Auritha Tabajara, fala por si, não necessita de apresentação. Seus versos têm inspiração na poesia de cordel e constituem flagrante diálogo da produção literária indígena com a cultura popular nordestina no Brasil. A poética contundente da escritora é assertiva e deslinda a tradição, os costumes e os valores indígenas, ao mesmo tempo em que narrativiza sua trajetória de mulher.

Nessa perspectiva, seus versos apresentam aos leitores uma mulher indígena que não se abate frente às adversidades, que não se dobra ao preconceito e que luta, cotidianamente, pela desconstrução dos estereótipos construídos em torno das mulheres indígenas, bem como pelo reconhecimento dos valores da cultura do seu povo.

A publicação da obra *Magistério Indígena em Versos e Poesia* aconteceu no ano de 2004, editada e adotada pela Secretaria de Educação do Estado do Ceará, de acordo com informação contida em artigo, publicado na Revista do Instituto Humanitas Unisinos, edição de agosto do ano de 2018. A composição dos versos foi inspirada, segundo a autora, nos conhecimentos que ela adquiriu durante o curso de magistério voltado para a atuação em escolas indígenas. Esse livro foi adotado pela Secretaria de Educação do Ceará e se tornou leitura indicada nas escolas indígenas cearenses.

> Fez magistério indígena
> Com muita dedicação.
> Escrevia bem cordel,
> Pesquisou com atenção.
> E o governo aprovou,
> A sua publicação.
>
> Na sua comunidade,
> Dispôs-se a alfabetizar
> As crianças e os adultos,
> Para assim minimizar
> Os limites que impediam
> O seu povo de lutar.
> (TABAJARA, 2018, p. 27).

O fato de essa obra ter sido indicada para leitura em escolas do Estado do Ceará pode favorecer a desconstrução de estereótipos negativos a respeito dos indígenas. Nessa perspectiva, De Melo (2015, p. 30) analisou manuais de retórica e poética, com finalidade didática, e concluiu que: "são veículos de saber institucionalizado, os quais, sob as égides escolar e estatal, constroem na mentalidade do indivíduo e do grupo – leitores dessas obras – um imaginado vínculo com a tradição clássica, europeia e erudita como afirmação de representação social [...]". De acordo com esse autor:

> O cultivo do pensamento de Aristóteles, Cícero e Quintiliano nos manuais, seja de forma direta ou adaptada, indica esse vínculo com a tradicional arte da linguagem rebuscada, pomposa e elegante. Nesse caso, essas circunstâncias possibilitaram o enraizamento forjado dos valores culturais na memória dos brasileiros, na qual se constituiu uma identidade nacional articulada a uma tradição retórica e literária da qual se apropriava o sujeito à época (DE MELO, 2015, p. 31).

Portanto, a inserção das obras dos intelectuais indígenas com temas da literatura indígena contemporânea no Brasil pode favorecer, conforme demonstra a análise supracitada, o desenvolvimento de uma mentalidade menos preconceituosa em relação a essas culturas e seus respectivos povos, pela identificação, a partir da leitura, no contexto da educação formal. Outro aspecto positivo relacionado à leitura dessas obras, nos espaços escolares, é a aquisição de conhecimentos a respeito da diversidade populacional, linguística e cultural do Brasil, de forma a subverter os princípios das práticas educacionais criticadas por Lia Minápoty Aripunãguá em sua, já citada, entrevista à Revista Marie Claire.

As reflexões a respeito das variadas formas de expressão artística e cultural, viabilizadas por meio da educação entre os indígenas, sempre culminam com o discurso da luta e da resistência. Tais evidências apontam para o fato de que: "Apesar da falta de seu reconhecimento na sociedade letrada, as vozes indígenas não se calam. O seu lugar está reservado na história de um outro mundo possível" (GRAÚNA, 2013, p. 55).

Assim, Auritha, igualmente guiada pela ancestralidade, compôs o poema *Grão*, em 2010, publicando-o em folheto, com o apoio da Secretaria de Cultura de Fortaleza. Em seguida, publicou-o em diversas antologias. Eis os versos do poema:

> Vou contar lhe um segredo
> Que aprendi como enredo
> Recitado em poesia
> De um grão que foi plantado
> Cultivado e germinado
> Que se pratica todo dia.
>
> Esse grão vem da memória
> Transformado em história
> Para nossa educação
> Um velho quem me contou
> Sobre o grão que ele plantou
> No despertar da tradição...

Eu fiquei imaginando
Na cabeça martelando
O que esse grão significa?
Será bom para comer?
Pra ninguém queria dizer
Vai que esse grão não fica!

Fui perguntar lá no rio
Mas ele estava com frio
E não quis me responder.
Volte até o curral
Mas não tinha um animal
Para algo me dizer...

Fui perguntar pra jandaia
Que se banhava na praia
Pro lado de Fortaleza,
Ela me mandou voltar
Os ancestrais escutar
Ouvir a mãe natureza...

Aí me veio a lembrança
No meu tempo de infância
Que os velhos me diziam
Que prestasse atenção
Na chamada educação
Não deixar cuca vazia...

Eu ouço história na aldeia
E para que outro leia
Escrevo aqui no papel.
É o grão que estou plantando
Outra geração deixando
Nesta forma de cordel...

Mesmo sendo na cidade
Se educar com humildade
Da raiz não esquecer,
Falar o suficiente
De tudo ser consciente
Não deixar se enlouquecer...

Esse grão é valioso
Para alguns misterioso
É preciso transformar
Plante na sua cabeça
Um grão que te esclareça
Te ajude a rememorar...

Na aldeia a gente dança
Aprendi desde criança
O maracá balançar,
Entendi o que é respeito
Porque sabe o efeito
Na hora de educar...

Na aldeia tudo é arte
Tudo também se reparte
É cultura festejar
Pinta o corpo de urucum
Veste com palha tucum
Em tudo vale alegrar...

Damos bom dia ao sol
Como flor de girassol
Tudo vive em harmonia
Na debulha de feijão
O cuidado com o grão
Que se tem a cada dia...

Tudo com habilidade
Firme na ancestralidade
Ou na dança do toré,
O vento é nosso irmão
Lá não há separação
Entre o homem e o igarapé...

Na aldeia tudo cresce
A cultura permanece
Tudo é lindo como um grão
Grão de arroz, de trigo, aveia
Milho, café na aldeia
Grandes roças de feijão...

Joga bola a criançada
Tudo em roda e animada
E contar quando crescer
Ser contador de história
Ter presente na memória
O canto ao anoitecer...

(TABAJARA, 2018, s/p.).

A relação com os velhos da aldeia, os ensinamentos dos sábios, os costumes são constantes nos versos da autora: "Um velho que me contou"; "Eu ouço história na aldeia". A força da ancestralidade presente no poema, pela contação de histórias, revela a sabedoria ancestral desse povo, expressada pela subjetividade da poeta indígena. Da mesma forma, a tradição, os costumes, a alimentação, as vestimentas, e a dança do Toré, são revelados, no poema, como memória e força de coesão dos indígenas. Além disso, os valores: "Aprendo o que é respeito"; "Tudo também se reparte"; "Tudo vive em harmonia" e a conexão com a natureza, até as brincadeiras das crianças são poetizadas e revelam o modo de vida desses povos.

O grão, imagem central do poema, é alimento e, ao mesmo tempo, semente. O grão é a promessa da continuidade da vida, é o símbolo da resistência dos povos indígenas que mantêm suas tradições, apesar do genocídio, do epistemicídio e das violências impostas pelo sistema. A poeta emprega a metáfora do grão para se referir ao conhecimento e ao esclarecimento indispensáveis para que os jovens não se deixem levar pela sedução da sociedade urbana não indígena, esquecendo-se de seus valores e de sua identidade ancestral: "Plante na sua cabeça / Um grão que te esclareça". Tudo isso expresso nos versos de uma mulher indígena, identificada com a Mãe-Terra, que é berço do grão e mãe da humanidade.

Os dois últimos versos remetem à memória ancestral, lembrar do canto ao anoitecer, no contexto, equivale a lembrar de uma tradição marcada pelas vivências, na aldeia e pelos ensinamentos dos sábios. Além disso, o canto e as danças fazem parte da cultura e do dia a dia desses povos, em suas práticas cotidianas, nas aldeias.

Dessas vivências com os avós, desde a infância, veio a inspiração para escrever versos:

> A autora de 38 anos é apaixonada pela escrita desde os seis, quando aprendeu a ler. "Meu avô tinha um rádio de pilha e todos os dias ouvia pessoas declamando Patativa do Assaré [poeta popular], e eu achava aquelas rimas lindas", conta. "A partir daí comecei a escrever as histórias da minha avó com rimas, virou uma grande brincadeira que depois passei a encarar como profissão" (TABAJARA, 2018, s/p.).

A identificação da autora, desde a infância, com os versos do poeta Patativa do Assaré nos remete à questão da oralidade, constitutiva da cultura popular no Brasil, bem como das culturas dos povos indígenas. Como consequência disso, estudos apontam para a subalternização do cordel como gênero literário entre os poetas brasileiros. De acordo com a pesquisa:

> Dessa forma, seja por ser considerado popular, seja por ser de bases orais, o cordel foi subalternizado. Foi justamente a mão pesada dos intelectuais, esforçados em classificar,

disciplinar, preservar e registrar essa poética movediça das vozes, tendo sempre como pano de fundo a constituição da nação e da importância do popular nesse processo, que a cerceou a uma posição marginal dentro dos estudos literários (LUCENA, 2010, p. 46).

A pesquisadora ressalta que a constituição de um cânone para essa produção poética, deixou de fora muitas vozes atuantes, como é o caso das mulheres cordelistas. A autora registra, ainda, o apagamento dessas vozes femininas nesse cenário: "[...] o estudo realizado por Francisca Pereira dos Santos, que aguarda publicação, catalogou 221 mulheres cordelistas. A despeito do véu que cobre os olhos dos pesquisadores e pesquisadoras que afirmam a inexistência de mulheres cordelistas" (LUCENA, 2010, p. 71).

Assim, a produção poética de Auritha Tabajara vem se somar ao coro das vozes dessas mulheres, cordelistas brasileiras que, na contramão do discurso conservador, preconceituoso e machista do cordel tradicional, inauguram poéticas que abrem espaço para outras subjetividades: "As vozes agora são de mulheres agentes, com diferentes espaços no mundo, com diversas orientações sexuais" (LUCENA, 2010, p. 73).

O caráter transgressor da poesia de Auritha encontra ressonância em outras vozes femininas silenciadas dentro da produção do cordel no Nordeste brasileiro. A presença da poeta indígena nesse cenário da produção literária feminina brasileira vem reiterar, de forma significativa, a disposição da literatura contemporânea de autoria indígena para estabelecer diálogo com outras manifestações artísticas e literárias, inseridas ou não na tradição. Esse fato ancora-se na cosmovisão dos povos indígenas que expressa valores intrínsecos como o cultivo da paz, do respeito e a predisposição para o diálogo e o acolhimento do outro.

A marca do feminino, na ancestralidade constitutiva da poética da autora, está evidenciada também no fato de que uma das principais referências da vida e da carreira dessa cordelista do povo tabajara, segundo relatos dela própria, sempre foi sua avó, que com mais de 90 anos, é parteira, benzedeira e contadora de histórias:

> A cordelista Tabajara tem como referência grandes líderes e mulheres que a inspiram diariamente a continuar na luta: "minha maior referência, sem dúvida nenhuma, é a minha vó, que hoje tem 90 anos e é parteira, benzedeira e uma das mais importantes contadoras de histórias lá da região. Essa é a minha base de tudo que eu sou hoje" (TABAJARA, 2018, s/p.).

A força da mulher que venceu obstáculos e se firmou como poeta e contadora de histórias com intensa atuação nos espaços da cidade grande, bem como o potencial artístico da escritora que reafirma, por meio de sua escrita, as suas identidades — feminina, indígena, lésbica, intelectual, entre outras —, vem da ancestralidade, conforme a própria autora reitera: "minha vó [...] é a base de tudo que sou [...]".

No livro *Coração na Aldeia, Pés no Mundo*, publicado no ano de 2018, pela UKA Casa Editorial, os versos poetizam a sua saga: suas lutas, seus feitos, seus receios e sonhos:

> Peço aqui, Mãe Natureza,
> Que me dê inspiração
> Pra versar essa história
> Com tamanha emoção
> Da princesa do Nordeste,
> Nascida lá no sertão.
>
> Quando se fala em princesa
> É de reino encantado
> Nunca, jamais, do Nordeste
> Ou do Ceará, o estado.
> Mas mudar de opinião
> Será bom aprendizado.
>
> Num distante interior,
> Tangido por vento norte,
> Do balanço de uma rede
> Ou como um sopro de sorte,
> Nasceu uma indiazinha,
> Chorando bem alto e forte.
> (TABAJARA, 2018, p. 6-7).

Seguindo a tradição indígena, a poeta saúda a Natureza, pedindo permissão e inspiração para contar a sua história. Em seguida, ela se apresenta e convida o leitor a desconstruir preconceitos e aceitar a história da princesa indígena que nasceu no sertão nordestino.

Haurélio, pesquisador da literatura de cordel e cordelista, situa a técnica composicional da autora no escopo da poesia de cordel, afirmando que Tabajara, em sua escrita, ora opta pela adesão aos modelos da tradição cordelista popular, ora opta pela contestação desses padrões:

> Auritha, mulher, indígena, nordestina, cearense, apreciadora de repentes e aboios, é a síntese do Nordeste que se enrola no couro e ostenta, com orgulho, sua tez morena,

> sua alma cangaceira e sua poesia que combina fazeres poéticos de origem diversa. Nesse livro com traços autobiográficos, ela, ao mesmo tempo, contesta e homenageia os cordéis clássicos, ao contar uma história de princesa, sem glamour, sem reino encantado e, mais importante ainda, sem príncipe salvador. Há, sim, muita pedra e espinho, pois a jornada da heroína é, sobretudo, a jornada da superação (HAURÉLIO, 2018, p. 5).

Prefaciador da obra de Auritha Tabajara, Marco Haurélio relata como foi o seu primeiro contato com o cordel, em seu livro *Literatura de Cordel: do sertão à sala de aula* (2013). Nas palavras dele:

> Nasci num lugarejo chamado Ponta da Serra, município de Riacho de Santana, no sertão Carrascoso da Bahia. Ao lado da casa de meu pai ficava a da minha avó, Luzia Josefina de Farias, uma das pessoas mais inteligentes que conheci, espécie de porta-voz de civilizações há muito defuntas. Não esqueci dos velhos romances ibéricos cantados por ela nem as histórias de Trancoso que, passados tantos anos, aos poucos, vou adaptando para o cordel (HAURÉLIO, 2013, p. 7).

O relato do pesquisador enfatiza o envolvimento das mulheres com a literatura de cordel, não apenas na produção e recepção dos textos, mas também como inspiradoras dos futuros leitores, numa função pedagógica atravessada pela afetividade e pelos laços sanguíneos. O autor, ao longo de seu livro, atesta a importância dessa influência em sua formação: "Aprendi a ler com seis anos e, nas noites iluminadas por candeeiros movidos a querosene, buscava nas gavetas de Dona Luzia as histórias de cordel que tanto me auxiliaram na decifração do código escrito" (HAURÉLIO, 2013, p. 7).

De forma correlata, da relação amorosa e profunda com a avó, a poeta Auritha busca forças para superar, no dia a dia, os preconceitos em torno de sua homossexualidade e de sua identidade indígena. Assim, em cordel, ela registra esse caleidoscópio de sentimentos:

> Auritha tinha um segredo
> Que não podia contar.
> Somente para sua avó
> Se encorajou a falar.
> Não gostava de meninos
> E não sabia lidar.

> Chorava à noite e pedia:
> "Oh, Tupã, meu criador,
> Forças estão me faltando,
> Devolva-me, por favor".
> Fazendo diminuir
> O grande fardo da dor.
> (TABAJARA, 2018, p. 27).

Assumidamente lésbica, a escritora precisa lutar, na aldeia e na cidade, contra variados estigmas. Embora não haja escritos abordando especificamente esse tema, ela relata o sofrimento por causa do preconceito:

> Apesar dos preconceitos já sofridos até mesmo dentro da própria comunidade quando se assumiu, acredita que primeiro precisa ganhar espaço como mulher e como contadora de histórias indígenas. "Lógico que sinto que comigo a discriminação é bem mais forte, principalmente dos homens. Já ouvi coisas como 'nossa, índia e sapatão é fim de mundo', mas acredito que não tenha muito diferença entre ser indígena ou não, as dificuldades e os preconceitos por ser lésbica são bem parecidos" (TABAJARA, 2018, s/p.).

No livro *Coração na Aldeia, Pés no Mundo*, a autora conta, em versos rimados, a história de sua vida. O trânsito entre aldeia e cidade, até conseguir se estabelecer na capital do estado de São Paulo. A maldade no coração das pessoas e as dificuldades, como exploração e fome, que enfrentou na cidade. O casamento, na aldeia, a dor pela perda dos filhos e o litígio com o ex-marido pela guarda das meninas sobreviventes. A fragmentação identitária compõe a complexidade dessa narradora/ personagem, cujo mosaico de pertencimentos está apenas parcialmente esboçado na dicotomia espacial presente no título da obra, em que os termos "Aldeia" e "Mundo" se configuram como um par antitético, semanticamente materializado, nas noções de campo e cidade.

Assim, é na perspectiva do atravessamento fronteiriço desses espaços culturalmente diferenciados, o da aldeia e o da cidade, que as identidades — em trânsito e multifacetadas, conforme a perspectiva de Stuart Hall[10] —, vão se delineando, à medida que a heroína supera os obstáculos, assimila a cultura urbana e cumpre a jornada que impôs para si mesma. E também as conquistas que logrou alcançar, a partir de sua escrita poética, os livros que conseguiu publicar.

---

[10] A respeito da noção de identidade, *cf.* Hall (2012, p. 13): "é definida historicamente, e não biologicamente. O sujeito assume identidades diferentes em diferentes momentos, identidades que não são unificadas em torno de um 'eu' coerente".

> Então saiu, dessa vez,
> Para São Paulo, sozinha.
> Deixou, com o pai na aldeia,
> As duas filhas que tinha.
> E no coração levou
> Consigo cada indiazinha.
>
> Rejeitado, o companheiro
> Recusou-se a aceitar.
> Foi bancar o pai-herói
> No conselho tutelar.
> Esperou ela sair
> E já foi denunciar.
> (TABAJARA, 2018, p. 28).

A forte presença da oralidade é característica comum nos textos da literatura contemporânea de autoria indígena e do cordel. Esse aspecto aproxima a linguagem das produções literárias em questão. Assim, o olhar feminino na construção da narrativa em versos populares revela figura e fundo. Esse é, ao mesmo tempo, o ponto de partida e o ponto de chegada da produção poética de Auritha Tabajara, conforme suas palavras:

> Escrevo para incentivar outras mulheres indígenas a contarem suas próprias histórias. Chega dos não-indígenas dizerem o que acham de nós, nossa existência precisa ser registrada, lida e contada por nós mesmos. Acredito que nós, mulheres indígenas, temos a necessidade de crescer dentro e fora da aldeia (TABAJARA, 2018, s/p.).

A força da escrita feminina indígena está ligada ao poder de criação. A fecundidade da palavra que, se bem cultivada pode engendrar novas e múltiplas possibilidades de compreensão e equacionamento de questões urgentes e pontuais que afetam a vida no planeta, seja pelo discurso acadêmico, poético, ficcional, documental, pela ecocrítica ou até mesmo pela poesia popular.

A respeito dessa potência viabilizada pelas vozes femininas, antes relegadas ao silenciamento histórico, Schneider conclui:

> Assim os discursos feministas contemporâneos que não procuram pôr formas singulares ou únicas de identidade, mas se sentem confortáveis com o "plural", bem como discursos pós-coloniais que ainda acreditam na existência de histórias que não foram contadas, que foram suprimidas, são percebidos como instrumentos importantes para a transformação social (SCHNEIDER, 2008, p. 51-52).

As histórias que ainda não foram contadas para a sociedade não indígena precisam desse canal viabilizado pelos intelectuais indígenas, a literatura contemporânea de autoria indígena, para saírem das aldeias e adentrarem as casas, as escolas, as universidades, as bibliotecas públicas. As vozes ancestrais, da tradição indígena dos povos das diversas etnias, precisam ecoar e serem ouvidas, conhecidas e compreendidas, de forma a combater os preconceitos e o obscurantismo.

Nessa perspectiva, Munduruku ressalta a importância desses saberes para a sociedade brasileira. Nas palavras dele:

> A cultura e os conhecimentos tradicionais indígenas são fundamentais para a identidade brasileira. Os cantos, os ritos de passagem, o jeito tradicional de transmissão de conhecimento, devem ser mantidos nas comunidades e, ao mesmo tempo, precisam ser valorizados nas escolas convencionais para que as crianças entendam que há diferentes maneiras de ensinar e de educar. O padrão da escola que temos não é o único, ele é apenas mais uma das formas de transmissão de conhecimento. Dar oportunidade para as crianças da cidade refletirem sobre os conhecimentos tradicionais indígenas vai criar nelas também um sentido de pertencimento. A sociedade brasileira não é apenas uma sociedade ocidental, ela é o resultado do acúmulo de diversos povos, conhecimentos e tradições (MUNDURUKU, 2018, p. 94).

Assim, o recorte feito neste livro a respeito da produção da literatura de autoria indígena feminina no Brasil é representativo da pluralidade: mulheres escritoras de diferentes etnias e com trajetórias diferentes pela vida e pela arte da escrita. Outrossim, a literatura delas se caracteriza por ser uma escrita de resistência e, em relação a esse aspecto, essas intelectuais têm em comum o pendor pela palavra que é arma na luta pela garantia de sobrevivência, para além do tempo, para todos os povos indígenas.

Em relação a esse papel importante que a literatura assume para as comunidades dos povos originários, Kaká Werá explica:

> Para nós a literatura indígena é uma maneira de usar a arte, a caneta, como uma estratégia de luta política. É uma ferramenta de luta. E por que uma luta política? Porque à medida que a gente chega na sociedade e a sociedade nos reconhece como fazedores de cultura, como portadores de saberes ancestrais e como intelectuais, ela vai reconhecendo também que existe uma cidadania indígena. E que dentro da cidada-

nia existem determinados direitos constitucionais que não ferem, que não desagregam a sociedade, seja indígena ou não-indígena. Ao contrário, que dão legitimidade, suporte e fortalecem em questões que hoje são cruciais para a sociedade humana como um todo. Entre elas está justamente a questão ecológica (WERÁ, 2019, p. 29).

Nessa perspectiva, as mulheres escritoras cujas obras e trajetórias encontram-se referenciadas nesse capítulo, são realmente guerreiras da palavra. Guerreiras indígenas que — em um tempo em que muitos preferem não assumir sua identidade indígena, para fugir do estigma social que os persegue —, assumem não apenas as suas identidades de mulheres indígenas, mas assumem também a missão de carregar toda a história coletiva de seu povo por meio da realização de suas obras, até mesmo no pseudônimo literário.

Assim, Graça Graúna, Márcia Wayna Kambeba, Lia Minápoty Aripunãguá e Auritha Tabajara unem-se à Eliane Potiguara, na representação da cultura de seus povos, reafirmando suas existências e dando visibilidade às suas memórias e aos seus ancestrais. Ao mesmo tempo, em que se colocam como vozes aguerridas na luta pelos direitos de todos os povos indígenas e revelam ao mundo a potência e a sabedoria dos conhecimentos ancestrais desses povos.

Com sua escrita, paradoxalmente, vigorosa e delicada desnuda, em suas obras, a essência dessas mulheres indígenas, guardiãs da sabedoria ancestral, profundamente conectadas com a espiritualidade indígena, protetoras da família, dos animais, das florestas e das águas.

CAPÍTULO II

ELIANE POTIGUARA

> *E vou escrevendo e cantando*
> *Pro cais desse tempo, ainda criança*
> *O tempo que jamais terei*
> *Porque não brinco com a esperança*
> *E vou vivendo a realidade*
> *Do passado e do presente*
> *Enquanto teu corpo ausente*
> *Chama pelo futuro verdade!*
> *Clama por uma vida crescente!*
> *(POTIGUARA, 2018, p. 78).*

As reflexões filosóficas engendradas pelo evento histórico do Pós-colonialismo solapam as bases tradicionais do conceito de identidade que – em razão dos deslocamentos de grandes contingentes humanos que culminaram com o convívio, muitas vezes conflituoso, entre grupos oriundos de culturas diferentes – torna-se múltiplo, plural, difuso e híbrido. Assim, conforme esclarecem alguns teóricos, entre eles Hall (2006), Canclini (2006), Gilroy (2012), Krenak (2015), Graúna (2013), Olivieri-Godet (2007) e Potiguara (2018) essa noção de identidade passa a ser tangenciada pelos deslocamentos humanos e pelas transformações acarretadas nesse processo. Ao refletir e teorizar a respeito da diáspora negra, também Gilroy (2012) percebe os profundos efeitos do deslocamento sobre a subjetividade dos indivíduos vitimados por esses deslocamentos involuntários e a intensidade com que esse fenômeno aparece representado na produção artística dessas pessoas, principalmente na música que constitui seu foco de análise. Nas palavras do historiador: "Parece haver grandes questões quanto a direção e o caráter da cultura e arte negras se levarmos em conta os poderosos efeitos mesmo de experiências temporárias de exílio, transferência e deslocamento" (GILROY, 2012, p. 63).

Krenak (2015) promove um alargamento, a partir do qual se percebe que, nessa questão identitária, há desdobramentos que encaminham para a ação política de reivindicação da posse dos territórios ancestrais pelos indígenas afetados pelas consequências desses deslocamentos involuntários. Assim, Krenak, no depoimento reunido na série "Encontros", organizada por Sérgio Cohn, em resposta à pergunta ("a partir dessa sensação de desterro, você foi buscar sua identidade?) tece reflexões a partir de sua experiência pessoal:

> Eu me agarrei a essa pergunta e fui fundo na busca dessa identidade. Eu sabia desde o começo, antes até de existir a ideia de Movimento Indígena, que a minha escolha pessoal de desvelar essa identidade abriria um *front* do cacete, porque identidade implica reconhecimento de direitos, invenção de novos direitos, criação de novas personas. A erupção de novas identidades significa novos direitos, outros parâmetros de relação. E quem está fazendo esse enunciado tem que se preparar também para comandar a guerrilha, a guerra, onde recua a retaguarda e avança a vanguarda, onde avança a retaguarda e recua a vanguarda. Acho que em todos os sentidos, quando os sem terra, quando os primeiros líderes atinaram para a ideia de que havia gente que não tinha acesso a lugar para plantar, uma terra, um lugar para si e começou um reclamo tímido por terra, ele resultou num movimento imenso no Brasil que foi o Movimento dos Trabalhadores Rurais sem Terra, tão imenso que gerou muitas crias. Algumas dessas expressões se traduzem depois em poder político, novas forças dentro da sociedade que a gente vive. No caso dos índios, o enunciado de uma identidade significa reivindicar o Brasil de volta (KRENAK, 2015, p. 241-242).

O pensador indígena acena para o poder revolucionário que a escrita dessas mulheres, bem como dos outros intelectuais indígenas, adquire, enquanto cria um lugar de manifestação e de reconhecimento dessas identidades. Dessa forma, a literatura indígena contemporânea registra, nas obras dos indígenas, a subjetividade dos seus povos, o desconforto gerado pela ocupação desse entre-lugar e os conflitos provocados pela luta por acesso e reconhecimento, constitucionais, aos seus territórios.

Essa noção das identidades múltiplas, em constante movimento, implica também no reconhecimento da alteridade, como marca dessa experiência forjada a partir dos deslocamentos, em nível individual ou coletivo. Assim, Olivieri-Godet esclarece:

> A experiência da alteridade não é a assimilação do Outro, mas a experiência da diferença que contribui para o conhecimento do ser, "o poder de se conceber outro". A problemática

> identitária torna-se mais densa e mais complexa nessas narrativas que ultrapassam a dimensão sócio-histórica, característica do questionamento identitário do espaço nacional, para se abrirem a uma interrogação existencial e metafísica projetada na busca de si e de um lugar para si, num tempo presente que acena para o indivíduo com a redução ao mesmo – sua dissolução na massa uniforme da homogeneização – ou o condena a se refugiar na sua diferença – sua desesperada solidão ou sua assimilação aos guetos (OLIVIERI-GODET, 2007, p. 237).

A pesquisadora reflete sobre o dilema constitutivo da experiência de indígenas desterritorializados que passam a viver em centros urbanos. As feridas emocionais e a insegurança na busca desse "lugar para si", referido por Olivieri-Godet são marcas das experiências vivenciadas pelos indígenas brasileiros que, em razão das diásporas forjadas pelas invasões aos seus territórios, sentem-se deslocados, ocupando uma espécie de entre-lugar, que não é nem "lá" e "nem aqui".

E em particular, no caso de Eliane Potiguara que, tendo nascido na capital do Rio de Janeiro, recebeu o legado ancestral da avó potiguara e assumiu a sua identidade indígena, de forma a partilhar de duas realidades culturais distintas. A sua poesia dá expressão à voz indígena que se reconhece deslocada e que luta contra a expropriação dos seus direitos fundamentais: "Banha o suor do mundo / Com tua luta / Junta líquidos, faz crescer / Nossa gente pobre / Nossa vida amarga / Nós – Decadentes! / Indígenas, não [...] / Indigentes" (POTIGUARA, 2018, p. 62).

No âmago dessas diásporas, no contexto da colonização e neocolonização europeia, manifesta-se a escrita dos intelectuais indígenas, cujo caráter híbrido está representado, de forma indelével, na poética feminina da literatura brasileira contemporânea, sendo seu primeiro marco a obra de Eliane Potiguara. Para Graça Graúna, o entendimento de que a diáspora interfere diretamente nas questões identitárias aparece com evidência nas obras de intelectuais indígenas, a partir mesmo das próprias autodenominações que permitem distinguir essa vinculação identitária. Nas palavras da autora:

> As teorias que procuramos interpretar ao longo deste trabalho remetem a situações híbridas vivenciadas pelos autores e, ao mesmo tempo, permitem ilustrar um ângulo da questão identitária relacionada ao deslocamento e ao lugar, por exemplo. Constatamos no paratexto das obras indígenas que alguns

autores se autodenominam índio-descendentes, outros se reconhecem índio-brasileiro, guarani-paraguaio, mestiço, nativo (a) (filho (a) da terra) (GRAÚNA, 2013, p. 82).

A escritora esclarece também que há uma série de questões emergentes dos textos de autoria indígena que merecem ser analisadas a partir de comparações com os textos de autores não indígenas para que, nessas contextualizações necessárias, possam ser mais bem compreendidas. Nesse contexto, ela reitera: "A questão do lugar e da identidade na literatura indígena não está dissociada da noção de deslocamento" (GRAÚNA, 2013, p. 56).

A escritora, consciente de seu protagonismo, demarca, nos versos em epígrafe, seu espaço de transgressão e ruptura: "E vou escrevendo e cantando / Pro cais desse tempo [...]" (POTIGUARA, 2018, p. 78). A partir do primeiro verso "escrevendo e cantando", percebe-se o intuito do eu-lírico de descortinar o tênue véu que encobre as complexidades do contato intercultural calcado, respectivamente, na escrita formal, de bases europeias, provenientes da herança colonial e na oralidade, fundamentada no mito da criação original, a qual permeia as vivências no seio das culturas ágrafas indígenas brasileiras. A respeito dessa complexidade inerente aos textos de autoria indígena:

> Sinestesia e interconexidade ajudam a entender os processos comunicativos que ocorrem no texto multimodal de autoria indígena. Isso se dá de duas formas: através dos dispositivos de oralidade inseridos na textualidade da escrita alfabética e através do desenho no texto visual, como parte do esforço de preencher a lacuna que o autor indígena percebe existir na escrita (THIAGO, 2005, p. 177).

A leitura das obras de Eliane Potiguara permite constatar o expediente de inserção desses dispositivos: de oralidade nos poemas e, de grafismos, nas narrativas direcionadas ao público infantil. Para além dessas considerações, é preciso ressaltar que essa escrita exerce um papel de resgate da memória: subjetividades historicamente silenciadas são trazidas à superfície na materialidade dos textos.

São vozes centenárias de guerreiros e guerreiras indígenas requisitando o reconhecimento de suas memórias — pelo registro escrito — na cena da narrativa literária pós-moderna. O sujeito lírico afirma viver, em uma mesma realidade, o passado e o presente, materializados no verso "teu corpo ausente", cuja expressão subjetiva caracteriza a ruptura do processo de silenciamento secular implícito pelo "futuro verdade", em contraposição ao discurso oficial de naturalização, ou seja, da ausência dessas vozes trazidas do passado para questionar o presente histórico e, de forma performática, transformar o futuro.

A obra de Eliane Potiguara é lugar de existência/resistência para as subjetividades dos povos originários de diferentes culturas e etnias, no macrocenário das manifestações literárias brasileiras na contemporaneidade. Como veremos, trata-se de uma escrita individual e, ao mesmo tempo, coletiva, bem como diversa, plural e atemporal, que se concretiza na complexidade de uma poética feminina indígena. A diversidade e a pluralidade características de sua escrita estão ligadas ao seu intenso envolvimento com o Movimento Indígena no Brasil, por meio do qual se tornou defensora das demandas de todos os povos indígenas e, principalmente, das mulheres indígenas. Por todas essas razões e por sua complexidade e pluralidade, podemos afirmar, com Rita Olivieri-Godet que:

> [...] escrita e deslocamento são inseparáveis na produção literária indígena, tanto pela conexão simbólica e ontológica que esta estabelece com as origens, buscando preencher as lacunas da memória, quanto pelas interações permanentes que é levada a operar com outras culturas e que configuram seu caráter híbrido. A escrita é vista, portanto, como lugar de reconstrução identitária sensível ao outro e, ao mesmo tempo, como resiliência; tanto relação quanto confronto, o lugar reservado ao escritor é aquele do entre-lugar: "De um lado/a palavra/do outro/o silêncio/estreando realidades conhecidas./A pá lavra o abismo/que vai de mim/ao outro" (OLIVIERI-GODET, 2017, p. 105).

Em artigo a respeito da poesia da escritora Graça Graúna, Godet aproximou a estética de Graúna à de Eliane Potiguara e concluiu que a escrita de ambas possui em comum algumas das características por ela explicitadas. Entre elas, o fato de as duas escritoras expressarem uma luta de resistência. Principalmente, por trazerem em sua escrita a potência da voz indígena para reafirmar a cultura ancestral, contornar o epistemicídio e lutar contra o preconceito estruturante da sociedade. Esse mesmo preconceito que insiste em negar, aos indígenas, o direito à voz e à identidade ancestral.

Os indígenas do Nordeste, por estarem em regiões costeiras, na linha de frente do enfrentamento aos invasores europeus, sofreram, desde o início do processo colonial, as consequências desse contato violento. De forma que tiveram grandes prejuízos em seu patrimônio cultural e espiritual e até hoje resistem ao epistemicídio, que é a destruição desse conhecimento milenar e das práticas constitutivas da vida das comunidades indígenas. Nos versos de Potiguara: "E os cânticos que outrora cantavam / Hoje são gritos de guerra / Contra o massacre imundo" (POTIGUARA, 2018b, p. 33).

2.1 Aspectos da biografia de Eliane Potiguara

De acordo com dados da Fundação Nacional de Apoio ao Índio (FUNAI/2012), o povo Potiguara vive concentrado numa área do litoral norte paraibano, situada entre os rios Camaratuba e Mamanguape; contam hoje com uma população de aproximadamente 19 mil indígenas. Nesse cômputo, há moradores das aldeias e das cidades de Baía da Traição, Marcação e Rio Tinto. Além disso, há ainda um número não contabilizado de pessoas vivendo em outras cidades como Mamanguape, João Pessoa, Rio Grande do Norte e, também, Rio de Janeiro.

Em consonância com estudos de etnomapeamento das populações indígenas brasileiras, os Potiguara, provavelmente, são os únicos dentre os diversos povos indígenas situados no Brasil a permanecer no mesmo lugar desde a invasão inicial dos colonizadores há 500 anos. A bibliografia e os documentos sobre a história do atual Estado da Paraíba revelam, desde as notícias mais remotas após o ano de 1500, a presença dos Potiguara no litoral paraibano e, de forma mais expressiva, na Baía da Traição. Esse fato só foi possível devido à grande resistência desse povo guerreiro às investidas de diversos invasores, ao longo do tempo.

No período compreendido entre o final da década de 1910 e o início da década de 1920, consta que:

> As terras dos Potiguara, em sua história mais recente, foram ocupadas por grandes proprietários, dentre eles a poderosa família Lundgren, donos da Companhia de Tecidos Rio Tinto (CTRT), conhecida no Brasil inteiro por meio da cadeia de lojas "Casas Pernambucanas", acelerando o processo de invasão do território indígena e de destruição dos ambientes. A fábrica de tecidos se instalou às margens do rio Mamanguape, limite sul do atual território indígena. Em 1918, iniciaram a drenagem e canalização das águas de uma lagoa ali existente, derrubaram a mata e abriram os primeiros caminhos. A Companhia Rio Tinto invadiu enormes extensões da área indígena, principalmente para cortar madeira de lei para a construção da fábrica, e de lenha para alimentar

suas máquinas. Grande parte da madeira das matas, hoje quase inexistentes, começou a ser sobre-explorada na época da Companhia. A época da chegada da fábrica de tecidos é lembrada como um período de muita violência e terror. Os índios eram expulsos de suas terras e os que resistiam eram reprimidos com violência pelos funcionários da empresa (CARDOSO; GUIMARÃES, 2012, p. 16).

Filha do povo Potiguara, Eliane nasceu na cidade do Rio de Janeiro, no ano de 1950, no seio de uma família desaldeada; sua avó e tias foram desalojadas das terras ancestrais paraibanas. A família da escritora foi forçada a migrar por causa do desaparecimento do patriarca, o bisavô da escritora, Francisco Sólon de Souza, Chico Salon[11], — envolvido em conflitos relacionados ao recrutamento de trabalho indígena semiescravo para o agronegócio, possivelmente assassinado, após a implantação de uma indústria algodoeira na região. Segundo a escritora:

> Meu bisavô foi essa pessoa que, junto a outros líderes guerreiros, lutou contra isso e acabou se tornando vítima. Alguns se viram às vezes obrigados a se esconderem ou acabando por serem mortos. O que se sabe é que esses líderes eram assassinados ou desaparecidos. E desapareciam por quê? Porque os colonizadores da época, os neocolonizadores, os novos brasileiros, amarravam pedras nos pés e os jogavam no mar. Então, muitos guerreiros anônimos sofreram esse tipo de violação dos seus direitos humanos. E com a família, o que acontecia? O que aconteceu com minha família, justamente: por volta de 1900, no início dessa primeira década, a minha família emigrou. Porque se o chefe da família foi assassinado, desaparecido, os outros tinham que, rapidinho, sair dali [...]. Essa é a história que a minha avó, Maria de Lourdes contava, (POTIGUARA, 2019, p. 13-14).

Assim, as mulheres de sua família deslocaram do litoral da Paraíba para Pernambuco, fugindo de perseguições e, logo depois, fixaram residência na capital carioca. Nessa trajetória de fuga, a família indígena passou pelo Estado de Pernambuco, e Maria de Lourdes, grávida aos doze anos, vítima de estupro em sua terra natal, deu à luz a Elza, a mãe da referida

---

[11] De acordo com Eliane Potiguara, em entrevista à *Revista Estudos Feministas*, no ano de 2002: "O índio Chico Solon, pai das meninas Maria de Lourdes, Maria Isabel e Maria Soledad, foi assassinado cruelmente por combater a invasão das terras tradicionais no Nordeste. Amarraram-lhe pedras aos pés, enfiaram-lhe a cabeça em um saco e o arremessaram ao fundo das águas do litoral paraibano" (POTIGUARA, 2002, p. 220). O poema Identidade Indígena, publicado inicialmente no Jornal do Grumin, em 1975, e, posteriormente no livro Metade Cara, Metade Máscara, 2004, foi composto em homenagem a Chico Solon, bisavô da autora.

escritora. Depois disso, as mulheres tomaram novos rumos, a bordo de um navio que carregava nordestinos para a capital carioca. Durante algum tempo, elas perambularam pelas ruas da cidade do Rio de Janeiro, vindo a se estabelecer, posteriormente, na zona do Mangue, nas proximidades da Estação Ferroviária Central do Brasil, bairro que, naquela época, abrigava moradores muito pobres e marginalizados.

A infância pobre no subúrbio do Rio de Janeiro e os cuidados da avó são lembrados pela escritora. De acordo com ela:

> A vila em que morávamos tinha um portão marrom. Nessa vila também morava uma negra, Julieta, que lavava roupa, e tinha os casais de portugueses nos fundos. Também tinha mais famílias italianas, japonesas e um grupo de imigrantes de judeus, que ajudavam minha avó a conseguir algumas coisas. [...] Na casa da minha avó, a gente tinha uma arara. Faziam muita festa do outro lado do muro. A minha avó um dia me levou para essa festa. Era um grupo de nordestinos e tinha zabumba, acordeão. Tocavam forró. A gente ia lá, de vez em quando, nessa festa, e depois a minha avó passou a não me deixar mais ir, porque eu já comecei a me tornar mocinha, aí o pessoal já me olhava interessado. Eu tinha só uns dez anos, uma coisa assim. Mas desde então ela não me levava mais para esses lugares, porque ela não queria que eu me envolvesse com essas pessoas. Ela buscava muita proteção para mim (POTIGUARA, 2019, p. 16-17).

A partir da convivência e da criação de laços de amizade com os judeus imigrantes fugidos da Segunda Guerra Mundial, Maria de Lourdes conseguiu uma tenda para comercializar bananas e, assim, prover o sustento da família. A filha casou-se e nasceram dois filhos: um menino, Carlos Alberto Lima dos Santos, e Eliane Lima dos Santos, a Eliane Potiguara. Logo depois, Elza enviuvou e passou a trabalhar como faxineira, de modo que precisou contar com a ajuda da mãe na criação dos filhos. Nas palavras da autora:

> [...] quando a filha de Elza já tinha 6 anos de idade, Maria de Lourdes, mulher indígena, analfabeta, paraibana, nordestina e, então, quase mão de obra escrava nas feiras cariocas, iniciou o processo de criação da menina, para ajudar Elza que trabalhava como faxineira em uma empresa (POTIGUARA, 2018b, p. 25).

Eliane, então com seis anos de idade, iniciou o seu aprendizado da sabedoria indígena com a avó Potiguara. Consta que Eliane Potiguara passou os primeiros anos de sua infância enclausurada na pequena e pobre residência da família, de onde raramente saía. De acordo com a escritora, ela era mantida enclausurada no quarto, pois sua família estava situada em um ambiente socialmente comprometido, e sua avó queria preservar a:

> Sua identidade moral, física e psicológica, pois viviam em uma área socialmente comprometida. Além disso, havia uma colônia de estrangeiros que vieram imigrados da Europa, fugindo da Segunda Guerra Mundial, como carvoeiros italianos, bananeiros portugueses e comerciantes espanhóis (POTIGUARA, 2018a, p. 25).

Além dos ensinamentos e da inspiração para escrever, a menina recebia também cuidados e proteção. A avó incumbira-se da educação da neta para que a mãe pudesse trabalhar. A relação mais próxima com a avó favoreceu o contato de Eliane com a história de sua família ancestral, de forma a fortalecer a sua identidade indígena: "A criança também está em contato com seus avós, e através deles é até um passado ainda mais remoto que ela recua" (HALBWACHS, 1990, p. 65). Assim, o acesso da menina à memória ancestral do seu povo foi intermediado pelas memórias da avó indígena potiguara. Segundo relatos da escritora, A avó era também a responsável por levar a criança à escola: "Quando a menina começou a ir à escola, era a sua avó que a levava diariamente e permanecia do lado de fora das grades, tomando conta, observando todas as ações da neta" (POTIGUARA, 2018a, p. 22).

Mais tarde, mudaram para o Morro de Cavalcanti[12], local onde podiam cultivar a terra e as crianças recebiam ensinamentos da avó sobre alimentação, curas e contação de histórias. Maria de Lourdes conhecia os segredos do manejo sustentável da terra e das ervas curativas, herança de seu lar ancestral. Um conhecimento tradicional de seu povo, conforme atestam levantamentos e pesquisas que incluem a convivência com pessoas dessa etnia e a coleta de seus relatos:

> Os Potiguara possuem um conhecimento acurado sobre os diferentes ambientes de seu território. Este conhecimento é fruto de uma larga história de sociabilidade com o espaço territorial, com os humanos e outros seres e entidades que

---

[12] Saímos daquela comunidade e fomos para um grande sítio. Nós conseguimos um lugar, num outro morro, em Cavalcanti. A gente tinha que subir uma pedreira, era preciso tirar o sapato pra poder subir a pedreira e ficar de quatro pra chegar na casa onde a gente morava. Ali sim, era um sítio muito maravilhoso, que tinha banana, tinha todas as frutas, tinha um riachinho. Meu padrasto plantava banana, mamão. Eles sempre pediam minha urina, que tinha que ser urina de moça virgem par adubar o mamoeiro. Então tinham coisas muito, muito interessantes, e quando eu começo a pensar sobre isso aí que eu começo a ver que nós realmente tínhamos hábitos diferentes dos vizinhos (POTIGUARA, 2019, p. 18).

> coabitam com eles. Conhecimentos oriundos não apenas da experiência produtiva na busca por alimento ou produtos para comercialização, mas de uma vivência emotiva que gera uma relação de responsabilidade e pertença perante os ambientes, bem como pela obtenção do conhecimento pelo mero prazer de conhecer (CARDOSO; GUIMARÃES, 2012, p. 21).

Nesse sentido, o convívio com a anciã indígena foi determinante para a definição do projeto de escrita de Eliane Potiguara. A constituição da narradora e dos princípios éticos e morais norteadores de sua trajetória como intelectual, mulher e militante pelos direitos dos povos e das mulheres indígenas foram sendo gestados, a partir do reconhecimento das tradições e dos valores de sua cultura ancestral e, sobretudo, do reconhecimento da luta desvelada pelas entrelinhas das histórias e pelas lágrimas da avó potiguara. Segundo Eliane Potiguara:

> Daí, quando eu comecei a escrever, minha avó falava para mim assim: "Agora você vai começar a escrever para mim. Vai escrever tudo então "Chegavam umas cartas e ela me mandava ler e depois responder. Minha avó sempre chorava: "Ah, diz pra fulana isso, e depois aquilo e aquela coisa. Nós estamos aqui, está acontecendo tal coisa [...]" E naquelas cartas ela contava a história dela e chorava sempre. Sempre via minha avó chorando, minha mãe chorando, minhas tias. Elas se reuniam num canto e não deixavam eu escutar a história. Mas eu escutava [...]" (POTIGUARA, 2019, p. 19).

A subjetividade da poeta potiguara registra, em versos, o sofrimento, a dor, a tristeza e o choro que acompanham as mulheres indígenas desterritorializadas. Nos versos do poema Fim de minha aldeia, a expressão desse infortúnio, em primeira pessoa, encampa subjetividade da avó, em sua condição de exílio involuntário:

> Tenho medo das coisas que falo
> Que mais parecem profecias
> De tudo mais que falei
> Hoje estou tão só, triste e descontente
> Perdi o meu amor
> Perdi minha razão
> Dói-me profundo
> Profundamente meu coração.
> Choro intranquila, sofro a desgraça
> Vivo o desamor na solidão
> E por onde passo

> Há só lembranças, tristes lembranças
> De uma aldeia acabada.
> Eu tenho medo das coisas que falo
> Que mais parecem profecias
> Pois de tudo, tudo que falei
> Hoje estou sofrida, amargurada
> Perdi minha essência
> Grito traída, canto a trapaça
> Sou a própria tristeza
> Transformei-me numa constante ameaça.
> Agora não rio, não sonho
> Não suporto mais nada
> Uma dor aguda me sufoca, me maltrata
> É a dor da saudade que me mata.
> (POTIGUARA, 2018b, p. 35).

O título do poema: "Fim de minha Aldeia" remete à condição do eu-lírico, de vítima das invasões territoriais, de quem perdeu a família, a identidade, o lar e teve que se desgarrar das práticas milenares e do acesso aos deuses e aos encantados. Situa o leitor no universo das famílias indígenas desterritorializadas que se alojam, normalmente, de forma precária, na periferia dos centros urbanos.

O eu poético feminino enuncia, em tom confidencial, a respeito de seus medos: ("Tenho medo das coisas que falo"), o medo revela a condição de precariedade e insegurança que caracteriza a vida das mulheres indígenas realojadas nos espaços urbanos. Paradoxalmente, afirmar sentir medo das coisas que fala lembra o poder feminino ressaltado no conjunto da obra de Eliane Potiguara: mulheres que, no passado, "falavam forte" e "não calavam a sua voz" e a lembrança da célebre frase do cacique xavante Aniceto: "A palavra da mulher é sagrada como a Terra". Esse medo reflete também a dureza do cotidiano dessas mulheres que têm que conviver com a violência, a pobreza, a dificuldade de inserção no mercado de trabalho e com a discriminação, e ainda, garantir condições de sobrevivência para as famílias, nos inóspitos espaços urbanos.

A relação das perdas: ("Perdi: 'o meu amor'; 'a razão'; 'a essência") em versos que recordam que o significado de "aldeia" é muito maior que simplesmente uma moradia, ou um território. Significa, principalmente, família, pertencimento, cultura, espiritualidade, língua, crenças, espaço de acolhimento, lar, porto seguro. Assim, justifica-se a atmosfera lúgubre do poema em que as perdas, a tristeza e a desilusão predominam na cena narrada: ("sofro a desgraça" / "Hoje estou sofrida, amargurada" / "Não suporto mais nada"; "uma dor aguda me sufoca, me maltrata").

E a revelação dos sentimentos de medo, dor, tristeza e solidão reiterados no poema, quase que de forma apocalíptica: ("Tenho medo [...]"; "Hoje estou tão só"; "Sou a própria tristeza"; "É a dor da saudade que me mata"). Sentimentos coletivos que são partilhados por muitas famílias indígenas espalhadas pelo imenso território brasileiro. O contexto histórico confirma a potência dessa poética: são versos conectados à experiência de se ocupar um entre-lugar, localizados temporal e espacialmente numa referência dupla do real imediato. Situam o leitor para a compreensão de realidades coletivas e individuais.

A poética da escritora revela, por outro lado, uma postura de profundo respeito com a terra que, na cosmovisão da escritora, é representada na dependência mística da mulher com a Terra, a partir de semelhanças: a fecundidade e a regularidade dos ciclos do corpo feminino e da grande Mãe-Terra. A esse respeito, Mircea Eliade corrobora que a mulher tem uma ligação mística com a Terra, como, por exemplo, "o dar a luz é uma variante, em escala humana, da fertilidade telúrica [...] A fecundidade feminina tem um modelo cósmico: o da *Terra Mater*, da Mãe universal" (ELIADE, 1992, p. 71-72).

Nessa perspectiva, o conhecimento da avó indígena sobre a magia curativa das plantas é ressaltado por Eliane Potiguara em seu livro *Metade Cara, Metade Máscara*:

> Maria de Lourdes era uma curandeira: não só curou pessoas estranhas como também dois tumores de sua neta, alojados um no olho, outro no mamilo, com uma mistura de minhoca amassada, teia de aranha e visgo de jaca. Ela trocava essa composição diariamente, por um período de mais de quinze dias (POTIGUARA, 2018, p. 22).

Nas culturas indígenas, os velhos são reverenciados por sua sabedoria e acumulam conhecimentos não acessíveis aos mais jovens. Eliane Potiguara partilhava dos princípios do pensamento indígena por meio da educação recebida da avó Maria de Lourdes que, mesmo deslocada de seu lar ancestral, mantinha as tradições, exercendo sua função sagrada de anciã indígena, tanto no seio familiar como entre amigos e conhecidos. Há referências desse conhecimento/poder das mulheres das comunidades mais remotas, que lhes permitia manipular as plantas para a alimentação e para a saúde em prol do bem-estar da coletividade, conforme atestam as palavras de Mircea Eliade:

> O fenômeno social e cultural conhecido como matriarcado está ligado à descoberta da agricultura pela mulher. Foi a mulher a primeira a cultivar as plantas alimentares. Foi ela

que, naturalmente, se tornou proprietária do solo e das colheitas. O prestígio mágico e religioso e, consequentemente, o predomínio social da mulher têm um modelo cósmico: a figura da Terra Mãe (ELIADE, 1992, p. 72).

Assim, a mulher em relação, à sua família, adquire responsabilidades similares às da Mãe-Terra para com a humanidade, seja de fertilidade ao gerar e nutrir a vida, seja de manutenção dessa vida quando a mulher amamenta os filhos, cuida das plantações e prepara o alimento para seus entes queridos.

A escritora realça a importância da convivência com as mulheres de sua família, como a mãe, a avó e as tias-avós, para a sua formação como escritora, porque narravam suas histórias indígenas de forma mágica e envolvente. E por meio dessas narrativas, Eliane tecia reflexões também acerca dos enfrentamentos das mulheres indígenas desaldeadas, sua solidão e os preconceitos dos quais elas são vítimas, como também do racismo e da intolerância, por parte da sociedade. Em entrevista a Bruna Paiva de Lucena para a *Revista Com Censo*, a escritora revelou:

> Durante a minha infância, adolescência e juventude, sempre fui uma leitora dos lábios de vovó que nada me escondeu sobre as lendas, as histórias e sua oralidade me tornava uma conhecedora da cultura de meu povo indígena. Ao lado disso, lia livros, incentivada pela minha família e pela escola onde estudava. Elas, avós, mães, tias e primas todas analfabetas me incentivavam ao estudo para que eu me tornasse uma professora, o sonho delas (POTIGUARA, 2018, p. 118-119).

A identidade potiguara, acessada por Eliane por meio da sabedoria feminina da avó indígena, se fortaleceu durante o desenvolvimento intelectual da menina. Nessa base foram se solidificando os princípios de uma escrita feminina questionadora, performática e contundente. A leitura dos lábios da anciã potiguara engendrou um mergulho no universo simbólico completamente avesso ao pensamento masculino, ocidental, cristão e acadêmico, que pudesse articular cosmovisões diametralmente opostas àquela da escrita pelos representantes do pátrio poder.

O entendimento das especificidades de uma formação identitária híbrida, da mesma forma que Canclini pensou o termo: "Entende-se por hibridização, ou hibridismos, os "processos socioculturais nos quais estruturas ou práticas discretas, que existiam de forma separada, se combinam para gerar novas estruturas, objetos e práticas" (CANCLINI, 2006: XIX), depende de questões culturais e sociais forjadas nos processos diaspóricos vivenciados por esses povos. Nesse sentido, alguns pesquisadores asseveram que o fato de indivíduos não se expressarem em línguas nativas não interfere em sua autopercepção étnica. Assim, Emilio Del Valle Escalante afirma:

> Essas posturas, no entanto, não consideram as experiências de castelhanização, assimilação, deslocamento e desintegração que forçaram muitos de nós a não aprender nossas línguas nativas. Em muitos casos, com o objetivo de evitar a discriminação e a marginalização, os processos de "integração" nas sociedades modernas foram até apoiados por "pais indígenas que decidem não ensinar as línguas [originais]" voluntariamente "a seus filhos" (Del Popolo, Oyarce e Ribotta, 132). O não falar uma língua nativa, entretanto, não implica uma perda de nossa identidade, mas sim o desenvolvimento de uma consciência indígena baseada em outras formas de identificação cultural (ESCALANTE, 2015, p. 6-7[13]).

Embora as obras de Eliane não resgatem integralmente a língua nativa dos Potiguara — a comunidade continua envidando esforços para a recuperação da língua ancestral que se perdeu com os constantes ataques dos invasores —, a autora demonstra preocupação com essas questões e luta para que, na educação escolar, nas aldeias, os professores sejam nativos e que a língua ancestral seja ensinada às crianças. Esse cuidado reflete a responsabilidade de Eliane com a preservação das línguas e das culturas nativas, materializada em seu trabalho como professora, na elaboração de material voltado para a formação de professores indígenas, como exemplo a cartilha de sua autoria *Akajutibiró: terra do índio potiguara*, que desde a década de 1990, já introduzia termos do idioma ancestral, na educação formal das crianças indígenas.

Durante a infância da escritora, a consciência indígena se desenvolveu a partir do convívio com a ancestral potiguara — avó Maria de Lourdes, de cujos ensinamentos a família se beneficiou de diversas formas, como por exemplo, no desenvolvimento de habilidades para o cultivo da terra, que

---

[13] Original em espanhol: "Estas posturas, sin embargo, no consideran las experiencias de castellanización, asimilación, desplazamiento y disgregación que han obligado a muchos de nosotros a no aprender nuestros idiomas nativos. En muchos casos, con el objetivo de evitar la discriminación y marginalización, los procesos de "integración" a las sociedades modernas han sido incluso apoyados por "padres indígenas que deciden no enseñar las lenguas [originarias] 'voluntariamente' a sus hijos" (DEL POPOLO, OYARCE Y RIBOTTA, 132). El no hablar um idioma nativo, sin embargo, no implica uma perdida de nuestra identidad, sino más bien el desarollo de uma consciencia indígena en base a otras formas de identificación cultural"

proporcionasse uma alimentação mais saudável para todos e na cura de doenças, por meio da ciência das ervas medicinais.

Essa formação híbrida — marcada pelos ensinamentos da cultura indígena e, concomitantemente, pela formação escolar atrelada às vivências em espaço urbano —,constitutivas da personalidade e da atuação literária da autora, aliada ao desejo de romper com os esquemas de discriminação e preconceito — formaram o tripé sobre o qual, mais tarde, foi erigida a sua obra escrita e orientada a sua militância social.

A leitura tornou-se base de apoio para o enfrentamento dos preconceitos e dos desafios da vida de menina pobre e indígena desterritorializada, em busca de melhores condições de existência para si e seu povo. Por meio das práticas de leitura, Eliane Potiguara foi adquirindo conhecimentos e alcançando a compreensão acerca dos processos de exclusão e de estigmatização dos quais os indígenas têm sido vítimas constantes. De acordo com os relatos da autora: "Com quatroze ou quinze anos é que nós fomos morar com meu padrasto, que era negro e o filho dele homossexual. Foi ele que disse pra nós que nós éramos índios" (POTIGUARA, 2019, p. 20). No trecho, o pronome pessoal "nós" é empregado para fazer referência à Eliane e ao seu irmão, Carlos Alberto. Ela esclareceu como se deu o processo de sua formação híbrida a partir da leitura:

> O livro que me influenciou foi o "livro da oralidade" da minha família indígena. Mais tarde outros livros me influenciaram, como José de Alencar, Machado de Assis, Gabriel Garcia Marquez, Fernando Pessoa, Esther Pinkola e muitos outros e outras (POTIGUARA, 2018, p. 119).

Ressaltou a importância do conhecimento ancestral ao eleger o "livro da oralidade" de sua família indígena como primeira e, consequentemente, principal influência identitária, pois "alguns críticos postularam, muitas vezes, que a 'autenticidade' da produção textual indígena reside em sua 'oralidade'" (ESCALANTE, 2015, p. 7). A essa primeira leitura, foram acrescentados os livros dos autores não identificados como indígenas e reconhecidos pelo cânone da literatura clássica.

Dessa forma, a força para as lutas e a resistência para os enfrentamentos foram sendo elaboradas na esteira dos conhecimentos construídos no entrecruzamento do aprendizado informal, pela oralidade e pelos modelos de leitura e de escrita oriundos do processo formal de escolarização. Entretanto, a negação dos direitos e as violências sofridas são problemas que requerem combate e equacionamento por suas consequências indesejáveis.

Nesse sentido, episódios ocorridos durante a trajetória de escolarização formal ficaram marcados na memória da escritora e reverberam em seus textos. Nas palavras dela:

> Quando eu tinha 14 anos, venci um concurso literário no Ginásio onde estudava, Ginásio Progresso em Cascadura - RJ. A escola tinha mais de 700 alunos e eu era a vencedora. Qual foi minha tristeza? Por eu morar no interior, uma roça, um morro, o Morro de Cavalcante, os editores se desculparam por não poder me entregar minha coleção de livros, porque era muito longe e íngreme a minha casa. Foi uma decepção. Aí comecei a visitar as bibliotecas. Eram dois ou três livros por semana. A leitura era a minha vida (POTIGUARA, 2018, p. 119).

O desejo por reconhecimento fora frustrado por contingências e circunstâncias de difícil compreensão. A despeito do pedido de desculpas da editora, deve, de certa maneira, pairar sempre uma desconfiança acerca das justificativas para a negativa em relação à entrega do prêmio conquistado, mas, como a resistência parece ter sido a marca mais significativa na trajetória da menina vitoriosa sobre as adversidades para possibilitar a expressão da voz e da subjetividade aos indígenas, ela buscou a realização do seu sonho de leitura frequentando as bibliotecas.

Assim, a opção pela formação como professora ampliou o alcance do prazer pela leitura e, ao mesmo tempo, viabilizou a opção de buscar conhecimentos como possibilidade de superação da subalternidade e do silenciamento para si e para sua família ancestral. Além disso, a autora realizou um sonho seu e de seu núcleo familiar. Após realizar esse projeto que era também o grande sonho das mulheres de sua família, que foi se formar professora, Eliane Potiguara prestou concurso público e ingressou na Rede Municipal de Ensino da cidade do Rio de Janeiro, onde iniciou carreira como professora primária.

Em 1978, casou-se com um jovem indígena de origem Charrua - Taiguara, um cantor com futuro promissor e grande destaque em festivais de música brasileira. Segundo matéria publicada pelo jornalista Paulo de Tarso (2016), Taiguara Chalar da Silva nasceu em Montevidéu, no Uruguai, em 09 de outubro de 1945 e faleceu em 14 de fevereiro de 1996, na capital paulista. Em 1949, mudou-se para o Rio de Janeiro onde permaneceu até 1960, quando foi morar em São Paulo. Abandonou o curso de Direito para se dedicar à música e alcançou bastante sucesso nas décadas de 1960 e 1970.

Foi autor de clássicos da MPB: "Hoje", "Universo do teu corpo", "Piano e viola", "Amanda", "Tributo a Jacob do Bandolim", "Viagem", "Berço de Marcela", "Teu sonho não acabou", "Geração 70" e "Que as crianças cantem livres", entre outros sucessos do artista.

Taiguara tornou-se um dos símbolos da resistência à censura durante a ditadura militar brasileira e foi um dos compositores mais censurados na história da MPB, tendo 68 canções censuradas. Uma de suas canções, "Cavaleiro da Esperança", foi composta em homenagem ao revolucionário brasileiro Luiz Carlos Prestes. Censurado, o músico esteve no exílio por vários anos e quando retornou ao Brasil, na década de 1980, não conseguiu retomar sua carreira de sucesso. Para o autor, o trabalho do músico define a verdadeira essência do ser humano. Taiguara foi um artista que encontrou na música uma forma de lutar por um mundo melhor para todos.

Eliane Potiguara comentou sobre a posição dela e do marido, no contexto da ditadura:

> Eu sei que a gente sempre esteve beirando ali aquela linha da morte, pelo processo da Ditadura Militar, por eu ser indígena e por eu ter casado com uma pessoa que também era perseguida. Não sei se vocês sabem, mas o Taiguara é de origem Charrua, indígena do Uruguai. O Taiguara não é brasileiro. E a Ditadura pensava que a gente estava se juntando para derrubar o poder. Eles pensavam isso. A gente até estava, realmente, com um pensamento dessa grande revolução do proletariado e tudo mais (POTIGUARA, 2019, p. 25-26).

Ainda casada com o cantor, a professora decidiu, por influência de sua já falecida avó, fazer o retorno ao seu lar ancestral na Paraíba. Nas palavras dela:

> Visitou as terras imemoriais de sua mãe, de sua avó paraibana, de seus ancestrais espirituais. Ali sentiu a essência da existência humana, o seu cordão umbilical queimava e seus pés não andavam. Flutuavam... Foi aí que, em 1979, conheceu um senhor muito velhinho e cego, o índio Potyguara, a quem chamavam de Sr. Marujo, de uns 90 anos, que narrou como se deu a retirada daquela família específica por volta de 1927. Foi impactante porque eram todas mulheres, as quatro filhas do índio X mais a mãe Maria da Luz (POTIGUARA, 2018, p. 27).

No encontro com o senhor Marujo, Potiguara reconstruiu parte das memórias da sua família, no diálogo com o ancião que havia conhecido e convivido com o bisavô Chico Sólon. A respeito dessa reconstituição mnemônica, Halbwachs corrobora:

> Carrego comigo uma bagagem de lembranças históricas, que posso ampliar pela conversação ou pela leitura. Mas é uma memória emprestada e que não é minha. No pensamento nacional, esses acontecimentos deixaram um traço profundo, não somente porque as instituições foram modificadas, mas porque a tradição nelas subsiste muito viva em tal ou qual região do grupo, partido político, província, classe profissional ou mesmo em tal ou qual família; e em certos homens que delas conheceram pessoalmente as testemunhas (HALBWACHS, 1990, p. 54).

Na saga de Eliane Potiguara, os elementos se encaixam, pois foi pela memória do ancião potiguara, de mais de 90 anos, que, em um diálogo, a escritora conseguiu elementos para completar o quebra-cabeças a respeito do desaparecimento de seu bisavô. O terror dos acontecimentos que antecederam o êxodo das matriarcas de sua família ficou guardado na memória da comunidade e daquele homem idoso, durante várias décadas.

Após essa forte experiência de reencontro com as suas raízes, Eliane Potiguara ingressou no movimento de luta e resistência indígena, conhecendo grandes líderes como o escritor e articulador indígena Ailton Krenak e também mulheres indígenas de luta, como a primeira mulher indígena a adquirir o título acadêmico de mestra em Educação, a professora, pesquisadora e escritora Darlene Taukane e a guerreira Deolinda Prado, liderança indígena e fundadora da associação das mulheres indígenas do Alto Rio Negro: "Com este testemunho, a nova cidadã, agora sabedora se suas raízes, tinha a certeza de que estava em casa e queria resgatar e preservar essa cidadania. Entrou para o Movimento Indígena" (POTIGUARA, 2018b, p. 27). Após essas experiências, Potiguara foi indicada conselheira da Fundação Palmares[14] e se tornou, posteriormente, um ícone na área da Literatura indígena escrita por mulheres no Brasil.

---

[14] De acordo com informações disponíveis no portal do Ministério da Cultura, a Fundação Cultural Palmares foi fundada, no dia 22 de agosto de 1988, pelo Governo Federal, sendo a primeira instituição pública voltada para promoção e preservação da arte e da cultura afro-brasileira: a Fundação Cultural Palmares, entidade vinculada ao Ministério da Cultura (MinC). A FCP é pautada por uma política cultural igualitária e inclusiva, que busca contribuir para a valorização das manifestações culturais e artísticas negras brasileiras como patrimônios nacionais. Tem como principais metas: o combate ao racismo, a promoção da igualdade, a valorização, difusão e preservação da cultura negra; a garantia da cidadania no exercício dos direitos e garantias individuais e coletivas da população negra em suas manifestações culturais; bem como a garantia da diversidade no reconhecimento e respeito às identidades culturais do povo brasileiro.

A imersão nesse universo ancestral despertou-lhe a consciência para a importância das demandas dos povos indígenas e a necessidade de fomentar as lutas pelos seus direitos fundamentais, porém, se chocou com forças antagônicas e sofreu prisão, violência sexual e ameaças de morte. Em decorrência dessas violências e do prejuízo de sua imagem pública, a escritora relata que suspendeu, temporariamente, suas atividades de escrita e de militância. Em suas palavras:

> Para não prejudicar a imagem histórica, política e social de um povo, teve de se calar na época, sendo levada pela Polícia Federal, na frente de seus filhos, como se fora uma assassina. Teve de depor na Procuradoria do Estado, na época do governo de Fernando Collor, e retirar-se, constituindo, assim, um ato de respeito e desapego à história de seu povo, após uma ação de solidariedade internacional do Pen Club da Inglaterra e da organização social denominada Escritores na Prisão, que defendiam os Direitos Humanos em seus países (POTIGUARA, 2018, p. 28).

Por outro lado, para ganhar visibilidade e fortalecer a luta contra esse tipo de opressão, Eliane Potiguara passou a investir na utilização de recursos da mídia tecnológica: hoje administra grupos, blog e páginas na internet, com o intuito de divulgar, em ambiente virtual, não apenas o seu trabalho, mas também a produção literária e artística, em amplo sentido, dos intelectuais e artistas identificados com as culturas dos povos ameríndios. A respeito do uso dessas tecnologias pelos intelectuais indígenas, na atualidade, o escritor Daniel Munduruku explica:

> Como na espiral – a convivência entre o passado e o presente é absolutamente possível se não nos deixarmos cair na armadilha dos estereótipos e da visão tacanha de que usar as novas tecnologias arranca do indígena seu pertencimento à tradição. Pior ainda quando se afirma ser esse uso um meio para destruir a cultura. Na verdade, é o contrário. É a não utilização desses instrumentais que faz com que a cultura esteja em processo de negação de si mesma. Portanto, caminha para um fim. Na sua dinâmica, a cultura precisa se atualizar para se manter permanentemente nova, útil e renovada (MUNDURUKU, 2017, p. 119).

O autor enfatiza o papel que a literatura indígena cumpre hoje de mostrar à sociedade brasileira a multiplicidade e a diversidade de um país plural e em constantes transformações. Nessa dinâmica, o uso das tecnologias pelos intelectuais indígenas não apenas consiste numa aceitação por parte do consumismo, mas que também são instrumentos, quando bem manuseados, para "denunciar a degradação ambiental, o roubo dos saberes, além de mostrarem uma leitura própria da realidade interna das comunidades" (MUNDURUKU, 2017, p. 120).

Dessa maneira, a poética de Eliane Potiguara, revelada na obra *Metade Cara, Metade Máscara*, tem seu escopo ampliado por meio do emprego das novas tecnologias da informação, em ambientes virtuais. Importante ressaltar, nesse ínterim, que o livro permanece parcialmente disponível em espaço virtual, a partir do *blog*[15], das páginas que a escritora mantém na internet[16] e de perfis e grupos na rede social *Facebook*[17].

Ainda a respeito do uso das tecnologias pelos intelectuais indígenas, Munduruku (2018) entende que se trata de uma atualização. Para ele: "a cultura é como um grande *software* que precisa estar atualizado para poder ser útil" (MUNDURUKU, 2018, p. 113). O autor defende a necessidade de atualização constante dos indígenas para garantir efetividade nas lutas. Nas palavras dele:

> Eu preciso atualizar e atualizar significa fazer uso dos equipamentos que o tempo em que eu vivo me permite. Se antigamente era a máquina de escrever, se anterior a isso foi o lápis e a caneta, se anterior a isso foi o arco e a flecha, tudo isso são atualizações que o povo vai fazendo, que a cultura vai fazendo, para estabelecer a possibilidade de viver um pouco melhor. Então, quando eu vejo meus parentes indígenas utilizando todos esses mecanismos dos dias atuais para poder fazer um enfrentamento à sociedade brasileira, usando o próprio instrumento que a sociedade brasileira ou a sociedade ocidental cria, eu simplesmente acho que estamos cumprindo uma tarefa fundamental que há de atualizar a nossa luta. Porque assim fizeram nossos antepassados quando resistiram às invasões (MUNDURUKU, 2018, p. 113).

Assim, Eliane Potiguara, seguindo os preceitos da tradição ancestral, conforme foi evidenciado por Daniel Munduruku, decidiu investir maciçamente nos recursos da tecnologia, divulgando amplamente seu trabalho literário em espaços virtuais: *sites*, *blogs*, páginas virtuais e perfis no *Facebook*. Dessa forma, Potiguara se sagrou como a primeira escritora indígena a organizar uma publicação coletiva em *e-book*: *O Sol do Pensamento* (2005).

---

[15] Conferir em: http://elianepotiguara.blogspot.com/p/poesias.html.
[16] Conferir em: www.elianepotiguara.org.br.
[17] Conferir em: https://www.facebook.com/elianepotiguaraescritora/.

Nessa perspectiva, Potiguara tornou-se porta-voz das mulheres indígenas, em favor das quais criou e administra o Grupo Mulher – Educação Indígena e Rede de Comunicação Indígena (Grumin[18]), o qual atua como um espaço virtual, público e democrático, receptivo a denúncias, notícias, notas, *releases* e matérias jornalísticas sobre desrespeito aos direitos dos povos originários do Brasil e diversas outras localidades[19].

Inicialmente criado para promover a educação e a inserção social das mulheres indígenas, o grupo vem se estabelecendo como lugar de luta pelos direitos das comunidades em prol da terra, da demarcação de territórios e do amplo direito ao trabalho, ao desenvolvimento, à saúde, à educação, bem como às questões étnicas e de gênero. Ademais, vem se consolidando como veículo eficiente para dar notoriedade aos textos literários e demais produções artísticas dos intelectuais indígenas. Além disso, constitui-se como meio para o estabelecimento da união e da coesão entre os diversos parentes indígenas.

Segundo a autora, o grupo surgiu na década de 1970, no período em que esteve em território Potiguara e se engajou no Movimento Indígena, a partir das demandas de seu povo e, por solicitação do cacique:

> O Grumin foi criado dentro da área Potiguara. Com a assinatura dos caciques, das pessoas envolvidas ali. À pedido do cacique João Batista Faustino, nós fizemos o Primeiro Encontro de Luta e Resistência. [...] E o evento era muito importante e urgente. A gente precisava resolver os pro-

---

[18] Conferir em: http://www.grumin.org.br/; https://pt-br.facebook.com/grumin/

[19] De acordo com a escritora, o Grupo de Mulheres Indígenas - GRUMIN surgiu filosoficamente em 1979, tomou corpo físico a partir de 1982 e formalizou-se juridicamente em 1987. Foi criado por um pequeno grupo de mulheres indígenas, durante o I Encontro Potiguara de Luta e Resistência. Hoje é uma rede formada por mulheres indígenas aldeadas e das cidades, por mulheres de origem étnica discriminadas social, sexual e racialmente, como indígena de miscigenação afrodescendente, ou vice-versa, entre outras. O grupo tem como objetivos: I - Incentivar, mobilizar e organizar o segmento acima descrito, na defesa de sua integridade física, psicológica e ética- moral; II - Capacitar e empoderar o público alvo referido na área de Educação, Saúde, Trabalho, Moradia, Questão Territorial, Cultural, Geração de renda, Gestão de Organização, Organização Estratégica, Direitos Reprodutivos e na área da Tecnologia da Informação; III - Criar a Casa Rede Grumin de Mulheres, no Rio de Janeiro, centro formador de pessoal e Casa da Alimentação; IV- Elaborar jornais, boletins, livros, cartilhas conscientizadoras, material de divulgação para doação ou vendas; V- Formar quadros profissionais que possam agenciar e multiplicar a própria existência da Rede Grumin de Mulheres; VI- Criar, fortalecer políticas públicas para a inclusão dessas mulheres transversalmente e interseccionalmente discriminadas e específicas no mercado de trabalho e nas escolas e universidades; VII- Criar projetos autossustentáveis para a permanência da Rede Grumin de Mulheres, como venda de livros, encontros literários, artesanatos, comidas típicas regionais, promoção de Shows, eventos culturais com os parceiros comerciais Moína Produções Artísticas e Eventos, e Cidadania Sem Fronteiras, sob o guarda-chuva GRUMIN (GRUPO DE GESTORES EM MISSÃO NACIONAL). GRUMIN – Rede de Comunicação Indígena sobre Gênero e Direito. Disponível em: www.grumin.org.br. Acesso em: 8 ago. 2016.

> blemas do arrendamento de terra porque os rios estavam todos sendo assoreados. Estava se perdendo caranguejo, estava se perdendo camarão, devido à monocultura da cana de açúcar com aquela grande empresa de latifundiários que arrendava as terras. Ali na Paraíba, próximo aos Potiguaras, a terra toda estava devastada. O rio estava todo sujo, com aqueles produtos venenosos que estavam poluindo as águas. A comunidade reclamava. E a comunidade cada vez mais pobre. Cada vez mais pobre. Sem alimentação, porque como que a comunidade ia plantar se estava tudo devastado? A fome aparecendo lá na comunidade. Então foi isso que motivou minha entrada no Movimento Indígena (POTIGUARA, 2019, p. 32-34).

Assim, foi no contato com sua família ancestral que a escritora mergulhou nesse universo indígena e se engajou na militância, de tal forma, que acabou ingressando no Movimento Indígena e se tornou uma das principais expressões entre as mulheres. Importante ressaltar que a produção literária se tornou para ela, não apenas meio de expressão, mas também uma importante arma na luta dos povos indígenas.

Nesse sentido, Eliane Potiguara eleva a sua voz por meio da escrita literária e de sua ação política, de forma a contribuir para a organização e para o fortalecimento das lutas desses povos. A maneira como os intelectuais indígenas brasileiros lançam mão dessa escrita literária como arma de luta é fenômeno recorrente no contexto da literatura indígena ameríndia, conforme esclarece Emilio Del Valle Escalante:

> São precisamente experiências como as do Brasil, Guatemala e Equador que nos mostram como um movimento político-intelectual indígena tem fortalecido isso ao apropriar-se da literatura, da mídia e das "mídias sociais", ou forjado alianças dentro de outros movimentos de resistência, têm exposto a dinâmica da modernização e/ou neocolonialismo ao articular um ativismo e uma produção textual que vislumbra alternativas epistemológicas, políticas, econômicas e sociais (ESCALANTE, 2015, p. 11[20]).

---

[20] Original em espanhol: Son precisamente experiencias como las de Brasil, Guatemala y Ecuador las que nos muestran cómo se ha venido fortaleciendo un movimiento político-intelectual indígena que al apropiarse de la literatura, de los medios de comunicación y el "social media", o al forjar alianzas dentro de otros movimientos de resistencia, han venido exponiendo las dinámicas de la modernización y/o neocolonialismo a la vez que articulan un activismo y una producción textual que vislumbra alternativas epistemológicas, políticas, económicas y sociales.

Nessa perspectiva, os escritos de Eliane Potiguara adquirem um tom reivindicatório. Os poemas se tornam lugar de materialização das vozes ancestrais. Há uma expressão polifônica que, no conjunto de vozes ancestrais trazido à tona na superfície textual de sua escrita poética, instaura o liame temporal, relativizando as noções de presente e de passado, ao possibilitar voz e expressão aos antepassados oprimidos. O conceito de polifonia[21] enfocado aqui é usado no sentido Bakthiniano do termo, que remete às muitas vozes que se manifestam na tessitura da escrita de Potiguara.

Dessa forma, a autora resgata, na poesia, a tradição e a ancestralidade dos povos originários, denuncia os ultrajes sofridos, alerta sobre as reparações necessárias, discute questões de ética e legalidade, visando a transformação de um sistema excludente e estigmatizante, para então, finalmente, apontar para um grande ato de amor entre todos os povos. Para Graça Graúna, essa referência ao amor é uma das características mais marcantes da escrita poética de Potiguara. Nas palavras dela:

> Uma das características mais acentuadas da poesia de Eliane Potiguara é sua constante referência ao amor para que todos os filhos da terra renasçam, para mostrar que a ancestralidade percorre muitos caminhos e seu lugar na literatura não é um detalhe: é parte da natureza que os homens e as mulheres indígenas construíram na direção dos sonhos (para suportar a dor da nação "acabada"). No discurso poético, a superação do sofrimento traz à cena a busca do amor em suas várias representações: universal, platônico, ancestral, materno, paterno, fraterno, erótico, do jeito mais natural (GRAÚNA, 2013, p. 116).

Assim, Eliane Potiguara entende o amor, como parte integrante do processo de construção de um futuro mais digno para toda a comunidade humana. Em sua perspectiva de mulher *avant gard*, não há amor interdito, não há amor melhor ou pior, não há amor proibido, ele é uma determinação do sagrado para benefício da vida humana.

Nessa perspectiva, nos versos do poema UNI-ÃO, a voz poética feminina não distingue o amigo do amante e ambos se movem em um universo onde o prazer e a dor são partes indeclináveis que concorrem para o fortalecimento mútuo desses amantes/amigos/guerreiros. Os versos criam uma teia narrativa em que o amor e a luta aparecem juntos, em relação de

---

[21] "Eqüipolentes são consciências e vozes que participam do diálogo com as outras vozes em pé de absoluta igualdade, não se objetificam, isto é, não perdem o seu SER enquanto vozes e consciências autônomas (N. do T.)" (BAKHTIN, 2008, p. 4-5).

codependência em que um é a força do outro. E como o título, num jogo de palavras, remete tanto ao conceito de união quanto à UNI (União das Nações Indígenas), nesse caso, o conluio amoroso pode conduzi-los, de alguma forma, à união dos seus povos e à vitória, constituindo-se numa espécie de amor redenção, amor libertação. Eis o poema:

> O que tenho pra te oferecer amigo
> Enquanto bebo tua fonte que me espera?
> São palavras, são sentidos, são perigos
> Ou são silêncios profundos de uma era.
>
> O que tenho pra te oferecer amigo
> Enquanto sugo de teus olhos uma velha história?
> São prazeres, são amores, roucos gritos
> Ou sussurros de vencer até a vitória.
>
> O que tenho pra te oferecer amigo
> Enquanto me aqueço no calor de tuas mãos?
> São lágrimas, são motivos, são juízos
> Ou são faíscas conscientes da razão.
>
> Andaram procurando por mim
> E eu estava só, triste e doente
> E você amigo me estendeu a mão
> Mesmo com palavras duras que não mentem.
>
> Amigo, tu moras no fundo de minh'alma
> E o que tenho pra te oferecer?
> Só muita garra
> Muita luta
> Uma grande gratidão
> Pra nunca desvanecer...
> Pra nunca desmerecer...
>
> Pois te amo com grande afeição!
> (POTIGUARA, 2018b, p. 65).

A voz generosa, que fala no poema, expressa um amor intenso, profundo, carregado de lirismo e, ao mesmo tempo, erótico, quente, provocante. Opção por assumir o amor em todas as suas facetas implica na aceitação da complexidade humana. A voz poética feminina exalta os valores do amigo/amante, objeto de sua afeição, de forma a construir a imagem de um companheiro para o amor, para a vida e para a luta. O sentido dessa luta aparece no título, que, ambíguo, remete, de um lado à união e de outro, à União das Nações Indígenas, um instrumento atrelado ao Movimento de luta Indígena.

Potiguara postula que a união do homem e da mulher, conscientes de sua ancestralidade, inteiramente conectados com a identidade ancestral, fortalecendo-se mutuamente por meio do amor, juntos serão capazes de vencer a dominação cultural e espiritual, de forma a construírem juntos uma cultura de paz e igualdade social para as próximas gerações. Nas palavras da autora:

> O homem - ser do sexo masculino -, que também tenha buscado esse homem selvagem, esse homem "primeiro", ancestral dentro de si, é o verdadeiro homem que vai conquistar o coração de uma mulher, pois ele vai compreender, reconhecer e respeitar profundamente a dualidade feminina, a guerreira e a mãe doce e pacífica que existem dentro de todas as mulheres. E a guerreira, ancestral, a mãe selvagem, a filha, todas reunidas em uma só mulher, não vão mais permitir a sombra negativa que ronda o planeta Terra, porque ela, purificando/lapidando sua *persona*, vai multiplicar muitas outras essências, começando pelo seu próprio filho homem, futuro cidadão, futura cidadania mundial, para a construção da cultura da verdadeira paz e da igualdade social. E a relação de gênero nesse estágio será bem melhor do que a dos tempos contemporâneos, que nos faz sucumbir à dor, que nos faz desamar a nós mesmos e ao próximo. Nesse processo de reconstrução do ser humano, vamos lapidando o grande diamante que é a consciência humana (POTIGUARA, 2018b, p. 91).

A escritora ressalta que o termo selvagem, empregado no excerto, não se relaciona com o significado habitualmente voltado para a violência ou para um estágio inferior da compreensão. Quer indicar, outrossim, a característica de mulheres e de homens intuitivos, conectados com as energias mais puras e vitais da natureza, em outras palavras, que consigam manter viva dentro de si a "chama do conhecimento ancestral". De acordo com o pensamento dela:

> A chama do conhecimento ancestral, seja indígena, seja oriunda de outras raízes, deve ser reavivada imediatamente na alma de todas as mulheres, e dos homens também, para que possa despertar o feminino dentro dela, e a parceria homem-mulher seja comungada dentro dos princípios dos direitos humanos mais transcendentais (POTIGUARA, 2018b, p. 89).

É nesse sentido que a autora, no poema, associa o amor erótico à amizade, para reforçar que a união total entre os amantes, bem como a conexão deles com as energias ancestrais são condições necessárias para o fortalecimento de suas subjetividades, para que equilibrem a relação entre os gêneros, de forma a eliminar a violência e o desamor, elevando-os para um nível superior de consciência, na luta contra a opressão.

Além disso, ao expressar subjetividades que se constituem na contramão do discurso oficial da nação, seja por sua face feminina indígena ou por sua voz exilada no contexto das narrativas tradicionais, as conexões com outros discursos de margem parecem inevitáveis. Essa articulação com outros segmentos considerados marginais: negros, homossexuais, judeus, ciganos, entre outros, fortalece a luta e as pautas desses povos que ganham visibilidade na sociedade não autodeclarada, por meio da arte da escrita literária. É a literatura de autoria indígena dimensionando o seu *locus* de arte transgressora, no contexto das vozes marginalizadas na cena social, política e cultural na contemporaneidade.

Nesse sentido, Graça Graúna ressalta o protagonismo da mulher indígena ao situar Eliane Potiguara no escopo da periodização literária brasileira de autoria indígena:

> Na década de 1970, uma geração de poetas brasileiros foi considerada marginal por contestar o marasmo ou o mar asmático das academias e outras representações do meio literário, digamos dominante. À margem desse movimento de vanguarda, a escritora Eliane Potiguara mostrou também a "cara" da poesia indígena no Brasil. Na época, muitos dos parentes de sua etnia ignoravam e alguns desconhecem ainda hoje, a existência de sua poesia. Contudo, a história de resistência de sua família e de outros parentes indígenas e de índios-descendentes foi a gota d'água para Eliane Potiguara expor o poema "Identidade Indígena", escrito em 1975 (GRAÚNA, 2013, p. 78).

De acordo com Graça Graúna, a literatura de autoria indígena no Brasil teve seu marco inicial com a expressão poética de Eliane Potiguara, com a publicação, no Jornal do Grumin, do poema "Identidade Indígena", e essa assertiva é também corroborada por Pedro Mandagará. O poema, mais tarde reunido ao conjunto de textos do livro *Metade Cara, Metade Máscara*, carreia a expressão genuína do desejo que os povos indígenas têm de "brilharem no palco da história" (POTIGUARA, 2018, p. 113):

> Depois disso, houve um imenso hiato em que alguns autores foram descendentes de indígenas – Gonçalves Dias, por exemplo –, mas não se afirmaram como tal. Salvo engano, a autoria indígena brasileira de literatura escrita despontou entre o final dos anos 1970 e início dos 1980, tendo como um

dos marcos o poema *Identidade indígena*, de Eliane Potiguara, escrito, segundo a autora, em 1975 (MANDAGARÁ, 2018, s/p).

Internacionalmente reconhecida, Eliane Potiguara foi premiada pelo Pen Club, na Inglaterra e pelo Fundo Livre de Expressão, nos USA, por sua atividade literária. Pen (*Poets, Essaysts and Novelists*) é um clube internacional de escritores fundado em 1921, na Inglaterra, para promover a literatura e a liberdade de expressão em todo o mundo.

> A PEN foi uma das primeiras organizações não-governamentais do mundo e uma das primeiras organizações internacionais que defendem os Direitos Humanos. Fomos a primeira associação mundial de escritores e a primeira organização a assinalar que a liberdade de expressão e a literatura são inseparáveis - um princípio que continuamos a defender hoje e que está expresso em nossa Carta, um documento assinado há 22 anos, a partir de sua criação em 1926 e ratificação no Congresso de 1948 em Copenhague (PEN INTERNACIONAL, 2018[22]).

A autora descreve o prêmio como uma ação de solidariedade internacional do *Pen Club* da Inglaterra, na época em que, durante o governo Fernando Collor (ano de início-ano de conclusão1990/1992), foi depor na sede da Polícia Federal: "Essa ação de solidariedade foi indicada por Genaro Bautista, índio mexicano, escritor, jornalista e coordenador do Agência de Imprensa Indígena (Aipin)" (POTIGUARA, 2018b, p. 28).

Como militante, participou ativamente da elaboração do texto da "Carta Constitucional do Brasil", em 1988, e atuou em prol da "Declaração Universal dos Direitos Indígenas" na ONU, em Genebra. Pode-se dizer o seguinte: Eliane é uma guerreira moderna, com uma grande atuação e participação das lutas do seu povo, levando reivindicações e demandas em diversos eventos no Brasil e afora, como também participa de atividades acadêmico-literárias, ministrando cursos, conferências e palestras, e contando histórias para crianças. Por suas lutas em prol do desenvolvimento e inserção social das mulheres indígenas e socialmente excluídas, com a criação do Grumin, foi considerada uma das dez

---

[22] Original em inglês: "PEN was one of the world's first non-governmental organizations and amongst the first international bodies advocating for human rights. We were the first worldwide association of writers, and the first organization to point out that freedom of expression and literature are inseparable – a principle we continue to champion today and which is expressed in our Charter, a signature document 22 years in the making from its origins in 1926 and ratification at the 1948 Congress in Copenhagen".

"Mulheres do ano de 1988[23]", reconhecimento oferecido pelo Conselho de Mulheres do Brasil.

2.2 Sobre a produção literária de Eliane Potiguara

Eliane Potiguara começou a escrever, envolvida pelas histórias da própria avó e pelo sentimento de pertencimento que a tomou a partir do contato com as cartas dos parentes que lia e escrevia nesse período: "Foi assim que Potiguara começou a escrever, absorta nas histórias da própria avó e no sentimento que tudo isso envolvia" (POTIGUARA, 2018, p. 26). As histórias contadas e as histórias reais de sua avó, mãe e tias a levaram para um mundo mágico e literário.

Do conjunto de sua obra, em razão da metodologia adotada nesta pesquisa, optamos pela leitura dos livros: *A Terra é a Mãe do Índio* (1989); *Akajutibiró: terra do índio potiguara* (1994); *Metade Cara, Metade Máscara* (2004); *Sol do Pensamento* (2005); *O coco que guardava a noite* (2012); *O Pássaro Encantado* (2014); *A Cura da Terra* (2015). Optamos, para efeito de padronização do *corpus*, por não nos ocuparmos com os jornais do Grumin, cadernos conscientizadores, artigos publicados em jornais e revistas, poemas, cartas e textos publicados em antologias ou, de forma assistemática, em páginas virtuais, *Facebook* e *blogs*.

Esse esforço de padronização do *corpus* da tese pode ser justificado pelo fato de a obra da autora se encontrar em fase de construção e por ser ela uma intelectual bastante atuante no campo da literatura contemporânea de autoria indígena. Recentemente, para exemplificar tal afirmação, Eliane Potiguara anunciou, em suas redes sociais, que já está preparando publicação de um novo livro para o ano de 2020. O intenso trabalho de divulgação da obra e da atuação intelectual em suas redes sociais, assim como a constante e rápida atualização de seus *posts* faz parte das "atualizações" dos "mecanismos" da "luta" indígena, conforme esclarece Munduruku (2018, p. 113).

---

[23] Jimena Furlani, em sua obra *Educação Sexual na Sala da Aula: relações de gênero, orientação sexual e igualdade étnico-racial numa proposta de respeito às diferenças* (2017), informa que Eliane Potiguara foi uma das 52 brasileiras indicadas para o "Projeto Internacional Mil Mulheres para o Prêmio Nobel da Paz", juntamente com três outras mulheres indígenas. Foi nomeada "Uma das Dez Mulheres do Ano de 1988", pelo Conselho das Mulheres do Brasil. Dentre suas ações se destaca a criação da primeira organização de mulheres indígenas do país – o Grupo Mulher – Educação Indígena (GRUMIN); trabalhou pela educação e integração da mulher indígena no processo social, político e econômico do país e na elaboração da Constituição Brasileira de 1988.

Em 1989, publicou, pelo Grumin, a cartilha *A Terra é a Mãe do Índio*, no âmbito do projeto "O índio conta a sua história", com apoio do Programa de Combate ao Racismo (CMI), da Universidade Federal do Rio de Janeiro – UFRJ e da Pró-Reitoria de Extensão da Pontifícia Universidade Católica de Minas Gerais. A sua obra é dedicada às matriarcas de sua família: a avó Maria de Lourdes e à mãe Elza, aos filhos e aos povos indígenas. A Figura 1 mostra a capa do livro.

Figura 1 – *A Terra é a Mãe do Índio* (1989)

Fonte: arquivos da autora (digitalização)

Do ponto de vista estrutural, a obra apresenta-se didaticamente segmentada: na primeira parte, a autora aborda — de forma objetiva e didática, empregando primeira pessoa — as comunidades indígenas. Ela descreve os seguintes aspectos: população, organização social, educação nas aldeias e núcleos familiares, seus costumes e tradições e, de forma sucinta, participação dos indígenas na sociedade não indígena.

Para a escritora, a falta de informação e conhecimento acarreta conflitos aos indivíduos nativos que podem dificultar o resgate da própria identidade indígena. Nas palavras dela:

> Os cursos de capacitação, as consultas nacionais, os seminários sobre família e cidadania e sobre direitos reprodutivos, as feiras de artesanatos, os projetos de desenvolvimento comunitário, as cartilhas, os jornais, os panfletos e os livros de conscientização contra o alcoolismo, contra a violência, contra a desinformação, contra o analfabetismo, contra a ignorância de não se querer preservar e em prol de resgatar a identidade indígena, todas essas ações foram estratégias que utilizamos no Grumin, no período de 1988 a 1996, época em que atuei em campo, objetivando trazer o assunto à tona (POTIGUARA, 2018b, p. 51).

Na segunda parte, o tema do descobrimento é apresentado, de forma a desmistificar a visão desse fato, que, no contexto da obra, aparece caracterizado como invasão e, a partir disso, dados relevantes são apresentados para denunciar a escravização das comunidades nativas durante esse período. De acordo com ela:

> Os povos oprimidos, discriminados do mundo inteiro (África, Ásia, América Latina, Central, Austrália, etc...) sofreram séculos de subordinação, imposta pelo poder europeu. No Brasil, nos séculos XV e XVI os colonizadores escravizaram os índios. Porém os indígenas não aceitaram a escravidão, muitos deles como os GUARANI, no Sul do Brasil, jogavam as esposas, velhos e crianças do alto das rochas e em seguida se suicidavam. Isso era uma atitude de protesto e coerente. Jamais o índio iria aceitar, em sua própria terra, imposição, racismo, violência contra o seu povo. Jamais iria trabalhar horas à força, para os invasores, de cultura, língua e vidas diferentes da sua. Para o colonizador daquela épica, resistência, luta, dignidade e cultura indígenas eram sinônimos de preguiça e incompetência (POTIGUARA, 1989, s/p., grifos da autora).

A obra situa o processo de escravização na perspectiva dos povos indígenas, em sua condição de oprimidos no sistema colonial, desmistificando estereótipos como a ideia da preguiça e da incompetência, estrategicamente atribuídas aos povos indígenas. A autora revela a prática do suicídio coletivo como forma de resistência à opressão e à dominação, para não se submeterem à escravidão, à violência e aos trabalhos forçados. A presença reiterada do termo "Jamais" para justificar e intensificar a rejeição dos indígenas às imposições (submissão, racismo, violência, escravização) evidencia aspectos da subjetividade e da cosmovisão[24] dos povos originários.

É nesse sentido que a escrita de Potiguara representa uma das facetas de seu protagonismo: é preciso dar a devida dimensão da subjetividade dos povos indígenas e do seu lugar de fala em uma sociedade representada, majoritariamente, pelas vozes dos indivíduos não indígenas.

Nessa perspectiva, o discurso oficial constrói, dissemina e perpetua narrativas que pretendem naturalizar a ideia da dominação por meio do escamoteamento da realidade, de forma a invisibilizar o ponto de vista e a subjetividade dos povos originários. Munduruku tece algumas reflexões sobre esse processo, fazendo referência ao primeiro documento produzido pelos colonizadores portugueses em terras brasileiras. De acordo com ele:

> E foi com essa **carta de achamento** que se iniciou a história brasileira. Será? Entendendo pela ótica europeia, sim. Essa versão da história relatou exatamente o que aconteceu a partir do ponto de vista de seu narrador. Nela, ele conta quais foram as reações de seu capitão e da tripulação; comenta como os nativos estavam vestidos, ou melhor, que não vestiam nada e não tinham vergonha disso; cita como Cabral os recebeu, sentado em sua portentosa cadeira e com os pés apoiados em um estrado. Enfim, narra a história do começo da submissão dos indígenas aos seus "salvadores" (MUNDURUKU, 2017, p. 73-74, grifos do autor).

O fato de ser uma mulher, conectada às suas raízes indígenas ancestrais, recobre de autoridade o discurso de Potiguara e acena para a desconstrução dos pressupostos eurocêntricos para a oficialização de um ponto de vista único a respeito da narrativa dos fatos históricos aludidos.

A abordagem das entradas e bandeiras é feita na terceira parte da obra, onde a autora apresenta a cronologia da escravidão indígena e relata casos de violências empregadas contra as comunidades indígenas.

Na sequência — quarta parte —, são apresentados alguns guerreiros indígenas, heróis da resistência que atuaram durante o período de maior turbulência a partir da primeira invasão e, que persistem até os dias atuais.

A próxima parte trata do poder nas interações entre os Estados e os povos indígenas, com o descaso dos órgãos governamentais em rela-

---

[24] A cosmovisão para Massaud Moisés: "Concepção de mundo é algo total e universal, quando se fala, por exemplo, de saber, não de saber particular, senão de saber como uma totalidade, um cosmos (MOISÉS, 1982, p. 109).

ção às demandas e às pautas de luta das comunidades indígenas, diante dos ataques contra suas culturas, seus territórios, sua cidadania e seus direitos individuais.

Na sexta parte, a autora discorre a respeito da importância da participação histórica dos líderes indígenas no processo de elaboração da Carta Constitucional de 1988 e seus desdobramentos para o resgate da dignidade das nações indígenas remanescentes do massacre a partir das invasões.

Em seguida, um capítulo sobre a questão energética, elencando e descrevendo, de forma sintética, as fontes relativamente viáveis em nosso país.

Por fim, uma reflexão, do ponto de vista das comunidades originárias, sobre o que fazer para promover a superação do silenciamento secular e cessar a usurpação dos direitos, de forma a resgatar, minimamente, a cidadania desses brasileiros. Nesse aspecto, são ressaltadas a união e o espírito de cooperação entre os indígenas, as conquistas a partir da Constituição Cidadã, bem como os instrumentos de luta, entre eles o Grumin. O livro é encerrado com a "Oração pela Libertação dos Povos Indígenas", texto da autora, como uma aposta nas possibilidades de melhorias.

Uma obra identificada com a educação nas aldeias como um princípio dinamizador das lutas dos povos indígenas pelos seus direitos fundamentais. De cunho predominantemente informativo — apresenta dados históricos e culturais, relacionados com a luta e com a resistência dessas populações, em detrimento da cronologia histórica da dominação —, a autora apresenta de aspectos contrastantes entre as culturas autóctones e a cultura do povo dominador. A respeito da população indígena brasileira, ela afirma:

> Antes de 1500, os índios no Brasil eram 5 milhões, formando 900 nações indígenas. Hoje, com o seu extermínio pelos invasores, foram reduzidos a pouco mais de 200 mil, ocupando 180 nações, falando 120 línguas diferentes. As civilizações foram levadas a transformar seu modo de vida, ao conhecerem a acumulação de bens, produtos, metais, moeda, propriedade privada, dentro do modelo capitalista (POTIGUARA, 1989, p. 7).

Na obra, a autora reafirma o protagonismo desses povos, perfazendo suas trajetórias — de luta contra as invasões, e de sobrevivência, por meio da diáspora indígena pelo território brasileiro; são histórias similares às da família de Potiguara, nas quais a dominação neocolonial, pelo impulso "civilizatório" predador, empurrou grande número de indígenas para o êxodo. Os sobreviventes deste massacre reforçaram o quadro das populações suburbanas marcadas pela extrema pobreza e pela exclusão social nos espaços urbanos.

A reconstituição dessa saga indígena na obra *A Terra é a Mãe do Índio* passa por relembrar a verve de muitos dos guerreiros indígenas que lideraram movimentos de resistência. Entre eles, Ângelo Kretã, Marçal Tupã-Y, Simão Bororo, Kunhambebe e Sepé Tiaraju que lutou contra a dominação cultural europeia no sul do país:

> Sepé Tiaraju foi um guerreiro do século XVIII assassinado pelos espanhóis e portugueses aos 33 anos, em 7 de fevereiro de 1756, próximo à Bagé, sudoeste do Rio Grande do Sul. Ele comandou um exército de milhares de índios. Todos o respeitavam e admiravam. O projeto jesuítico das missões encabeçado pelos padres Cataldino e Maceta se encerrou naquele momento com a morte do guerreiro (POTIGUARA, 1989, p. 17).

A obra de Potiguara busca dar o devido valor aos heróis dos povos indígenas, de forma que a sua poética, em um processo polifônico, resgata os discursos e as vozes de muitos desses líderes, e que a revelação das vozes ancestrais contribui para a constituição identitária dos indígenas na contemporaneidade, principalmente quando se trata da complexidade dos povos ressurgidos, que buscam suas raízes ancestrais.

Paralelamente à apresentação dessas lideranças, a autora cita alguns contrastes culturais e de pensamento entre os povos originários e a cultura dominante, de forma a asseverar o caráter violento das invasões às terras brasileiras e revelando as consequências nefastas dos processos diaspóricos decorrentes dessa ação em contextos de colonização e neocolonização.

Além disso, ressalta a relação dos povos originários com a sociedade não indígena e com o poder instituído, de forma a pontuar a participação de seus líderes na elaboração da "Carta Constitucional do Brasil", promulgada em 1989, bem como seus desdobramentos. Nesse aspecto, problematiza as incoerências do trabalho desenvolvido pela Fundação Nacional do Índio e as consequências das políticas desenvolvimentistas para os povos indígenas brasileiros.

Ao final da obra, a autora reitera a importância do projeto de levar o conhecimento às comunidades indígenas, como meio de instrumentalização das lutas pelos direitos fundamentais e pelo reconhecimento do direito à cidadania, alertando para a necessidade de se buscar, por meio do resgate da memória e sabedoria ancestrais, o reencontro dos indivíduos com a própria identidade indígena.

A repercussão do livro rendeu à escritora, paradoxalmente, em âmbito internacional, um prêmio oferecido por uma organização da Inglaterra e, internamente, uma sentença de morte, conforme atesta Graúna (2013):

Com o livro *a Terra é a Mãe do Índio*, escrito em 1989, a autora foi premiada pelo PEN CLUB da Inglaterra, no final de 1992. Nesse período, Eliane Potiguara e o jornalista Caco Barcelos, autor de *Rota 66*, foram "citados na lista dos 'marcados para morrer', anunciados no Jornal Nacional da Rede Globo de Televisão, para todo o Brasil, por terem denunciado esquemas duvidosos e violação dos direitos humanos". A primeira edição desse livro foi apoiada pelo Programa de Combate ao Racismo (Conselho Mundial de Igrejas) com sede em Genebra. A segunda edição foi apoiada pela Pontifícia Universidade Católica de Minas Gerais. Traduzida para o inglês, a obra foi assunto de dissertações de mestrado na Índia e nos EUA, com o tema voltado à "Ecocrítica", especialmente o "Ecofeminismo" (GRAÚNA, 2013, p. 97).

Na cosmovisão feminina de Eliane Potiguara, as mulheres e a terra são detentoras do mesmo útero vulcânico revolucionário. Por essa razão, a frase célebre do cacique Faustino ecoa na tessitura da obra da autora, de forma insistente e reiterada: "A palavra da mulher é sagrada como a Terra".

Apresenta-se, na Figura 2, a capa do Livro *Akajutibiró: Terra do Índio Potiguara* (1994).

Figura 2 – Capa do livro *Akajutibiró: Terra do Índio Potiguara*

Fonte: arquivos da autora (digitalização)

    O povo Potiguara do litoral da Paraíba enfrentou muitos conflitos em razão da dominação europeia, devido à sua localização estratégica, situada na linha de frente em relação à chegada das naus portuguesas e europeias. E por essa razão, foi um povo que sofreu de forma bastante intensa todas as consequências do contato a partir do período colonial.

    Assim, medidas para minimização desses efeitos tornaram-se necessárias e urgentes. Nessa perspectiva, a preocupação da autora — verbalizada, no ano de 2016, em vídeo do Projeto Mekukradjá, Saberes Culturais, numa iniciativa Itaú Cultural — diante da necessidade de resgatar a língua ancestral indígena, sufocada desde o período colonial pelos processos de dominação europeia, aparece, na obra. Além do convívio com portugueses, holandeses e franceses, houve ainda a proibição do uso desses idiomas nativos, imposta pelos padres jesuítas aos indígenas, no período da catequização. No ano de 2002, em diálogos com alguns professores nativos surgiu a ideia de um projeto de vivificação do Tupi antigo, num esforço de elaboração de uma cartilha embrionária, com aproximadamente 30 palavras de resgate dessa língua ancestral.

Esse trabalho resultou, no ano de 1994, no lançamento da cartilha *Akajutibiró: Terra do Índio Potiguara*. De acordo com Graça Graúna, essa obra é um livro de apoio "para a alfabetização de adultos e crianças indígenas. A publicação contou com o apoio da UNESCO, órgão das Nações Unidas para a Educação" (GRAÚNA, 2013, p. 97). A temática desta publicação também contempla demandas dos processos de recuperação de conhecimentos ancestrais, como domínio do idioma nativo, escolarização formal nas aldeias e, também, demandas pela formação de professores indígenas.

A partir dessas demandas de recuperação da língua ancestral, a obra pode ser percebida como uma maneira da língua nativa resistir ao eixo temporal. Além disso, há uma preocupação com a importância da educação formal para inserção dos indígenas na sociedade letrada, de maneira a preservar a sua identidade cultural potiguara. Nesse contexto foi produzida a obra *Akajutibiró: Terra do Índio Potiguara*. Obra de importância política na construção de um pensamento indígena, *Akajutibiró* teve seu lançamento em uma assembleia potiguara, com ênfase na tarefa de oferecer uma educação voltada para a realidade dos povos indígenas, diante do massacre cultural imposto, há séculos, pelo dominador.

Além da UNESCO, para a elaboração dessa cartilha participaram e apoiaram diversos profissionais e entidades. As ilustrações foram feitas pelo índio potiguara Séver, da aldeia Tracoeiras, com a contribuição de Vanda Freitas e Ykenga. A obra é enriquecida também pelas fotografias de Khistine Klissenbauer, Ruban e Sérgio Cruz. Gilberto Santana cuidou da diagramação. A Unesco e a Sub-Reitoria para Assuntos Comunitários da UERJ ofereceram apoio financeiro. Para o apoio social, a escritora contou com o Centro de Ciências Sociais da UERJ, a Prefeitura Municipal de Baía da Traição na Paraíba, a equipe paraibana da FUNAI, o Pen Club Internacional, o Comitê de Mulheres Escritoras, o Comitê de Escritores na Prisão e os caciques: João Batista Faustino e Heleno Santana dos Santos.

A equipe do GRUMIN e os conselheiros de diversas localidades são apresentados nominalmente no campo dos componentes pré-textuais do livro. São indígenas dos estados da Paraíba, Pernambuco, Alagoas, Paraná, Pará, Mato Grosso e Roraima, e a equipe técnica do grupo, localizada no Rio de Janeiro. A dedicatória lembra o índio Potiguara José Augusto da Silva e família, da aldeia Tramataia, que enuncia: "Sou Potiguara da Paraíba, a minha aldeia está localizada na cidade de Baía da Traição, ou melhor, a cidade de Baía da Traição é que está localizada na aldeia Potiguara. A situação do nosso Povo Potiguara está ruim no momento" (POTIGUARA, 1994, p. 6).

Nos agradecimentos são lembrados os professores incentivadores e a equipe de colaboradores para a elaboração do livro, seguida de uma lista de presença, com 25 assinaturas da Assembleia ocorrida em 19 de maio de 1993, ocasião em que o livro foi lançado oficialmente. Na sequência, há um texto assinado pelo diretor do Centro de Ciências Sociais da UERJ, José Flávio Pessoa de Barros, que faz referência à variedade de raças, nacionalidades e grupos étnicos que habitam o vasto território brasileiro e, paradoxalmente, o esquecimento a que ficaram relegadas as populações remanescentes da diáspora negra e indígena no Brasil. Ele conclui seu texto ressaltando o livro como instrumento político de luta do povo Potiguara pela sua efetiva inserção na sociedade brasileira, com cidadania e resgate da identidade.

Na apresentação da obra, Eliane Potiguara insiste na importância da preservação de elementos da língua e da cultura do seu povo, como também destaca a importância da atuação do GRUMIN para a busca e a preservação da identidade indígena e finaliza com as seguintes palavras:

> Esta cartilha feita com o maior amor do mundo trabalha em quatro níveis de mensagem/informação: nível onírico/psicológico (plano dos sonhos, valorização dos velhos, valorização da mulher/mãe), nível cultural (tradições indígenas potiguaras), nível físico (remetendo sempre ao trabalho diário e na terra), nível linguístico (utilização de algumas palavras remanescentes da linguística indígena). Estamos abertos para as críticas, porque aprendemos com elas (POTIGUARA, 1994, p. 9).

A cartilha é ricamente ilustrada, com imagens que lembram diferentes aspectos das vivências nas comunidades do povo Potiguara. Os textos aparecem em letra cursiva para favorecer o processo de aquisição da escrita pelas crianças e pelos adultos nas escolas indígenas. Os textos e imagens são estrategicamente distribuídos nas páginas, buscando um *layout* que favoreça o aspecto visual da obra. Além dos textos, curtos e didáticos, há também a presença de exercícios de leitura silábica, favorecendo a estrutura da cartilha para alfabetização.

O livro é encerrado com o texto "Compromisso com a Cultura Indígena", no qual a autora realça a importância a união, da ancestralidade, da força e da fé em um futuro de paz como condições para a superação da subalternidade e da opressão por todos os povos indígenas.

Na condição de professora, com formação acadêmica, Eliane Potiguara teve amplo envolvimento na luta pelo fomento das políticas públicas para democratização da oferta de educação indígena e, contribuiu, sobremaneira, com o processo de formação de professores nativos, tendo participado diretamente da elaboração de material pedagógico para as escolas implantadas nas aldeias. Tudo isso, com apoio de órgãos internacionais e, em consonância com as especificidades e demandas das unidades escolares em suas respectivas comunidades indígenas, em terras brasileiras.

A Figura 3 apresenta a capa de *Metade Cara, Metade Máscara* (2004).

Figura 3 – Primeira capa de *Metade Cara, Metade Máscara (2004)*

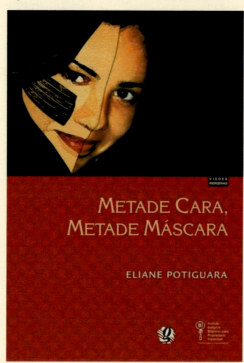

Fonte: arquivos da autora (digitalização)

No ano de 2004, Eliane Potiguara lançou a primeira edição do livro: *Metade Cara, Metade Máscara*, publicada pela Global Editora. A obra é um monumento à transgressão estética e literária, de difícil categorização perante a mescla de diferentes gêneros literários. Por essa razão, Olivieri-Godet (2007, p. 9) corroborou:

Eliane Potiguara, nascida em 1950, no Rio de Janeiro, publicou uma obra difícil de classificar *Metade cara, metade máscara*, cuja espinha dorsal é um poema mítico/épico sobre as migrações forçadas dos povos indígenas pelo território brasileiro, em detrimento da dominação e colonização violenta europeia até a contemporaneidade.

Separação de Jurupiranga e Cunhataí é o texto que refaz a trajetória do casal-título, representante simbólico das famílias expulsas de suas terras ancestrais devido à exploração econômica, extração de madeiras e de minérios, as demarcações de terras pelo governo, bem como outras questões de cunho político e social imbricadas nas dinâmicas de sobrevivência dos povos indígenas brasileiros na atualidade. Cunhataí ganha corpo ao longo da narrativa, à medida em que prossegue em sua busca para reencontrar-se com o marido desaparecido, reunirem-se com a família e recuperarem os territórios de seu povo. Na obra:

> Jurupiranga e Cunhataí são dois personagens do texto *Ato de amor entre os povos* das próximas páginas, que sobreviveram à colonização e poeticamente vão contar suas dores, lutas e conquistas. Esses personagens são atemporais e sem lugares específicos de origem. Eles simbolizam a família indígena, o amor, independentemente de tempo, local, espaço onírico ou espaço físico, podem mudar de nome, e voltar no tempo e no espaço (POTIGUARA, 2004, p. 31).

O casal é apresentado em uma pequena introdução metanarrativa no contexto da obra e, a partir desse momento, ganham voz, e expressam-se em alguns dos poemas presentes na obra. A voz poética de Cunhataí se faz ouvir, por exemplo, no poema: *Ato de amor entre os povos*. Assim, nas palavras dessa heroína mítica, uma canção de amor, poeticamente endereçada ao seu amado: "Desperta JURUPIRANGA! / Vem me ver que hoje acordei suada. / Benzo / Com o sumo da minha rosa aberta, enamorada, / as manhãs de delírio, completamente cansada / Vem, que te sonhei a noite toda" (POTIGUARA, 2004, p. 31).

Da mesma forma, Jurupiranga responde, quinhentos anos depois, ao recitar o poema *Terra*:

> Jurupiranga, despertando do sono eterno, confuso, como se não soubesse onde estava, em que tempo estava, acordou com uma melodia na cabeça em reunindo forças, compôs o Hino Nacional Indígena, acompanhado de uma orquestra de chocalhos e vozes de meninas indígenas e escreveu para a posteridade as palavras sábias de seus avós e bisavós, o

poema *Terra*. Forte, renascido, encontrou forças, por meio das lembranças de suas histórias, de seus ancestrais e de sua cultura e pôde encontrar o caminho de volta de onde saíra, há cinco séculos atrás (POTIGUARA, 2004, p. 130).

E o homem, com a consciência desperta, com sua identidade indígena resgatada, enuncia, na voz do sujeito lírico: "Quando eu vi as araras / seus rabos azuis / azul-real / só pôde bater forte o meu coração amante / pela minha terra verdinha. / Eram araras de todos os tamanhos / de tantos gritos / de tantos gestos / e bailavam pelos ares / dando mil voltas e gracejos" (POTIGUARA, 2004, p. 130). A felicidade de Jurupiranga ao reencontrar o seu lugar no mundo, a sua terra, a sua família é expressa por meio de metáforas que aproximam, de forma mais evidente, a figura feminina à Mãe-Terra, mais especificamente a nossa Terra Brasil. Assim, o eu-lírico reforça: "Eu te vi arara querida / VERDE – AMARELA – AZUL E BRANCA! / te vi voando / solta / livre / pelos ares / Eras tu mesma / minha terra querida!" (POTIGURARA, 2004, p. 130).

Acrescidos a ele, há relatos, artigos, textos com viés histórico e documental, comentários metapoéticos e metanarrativos e escritas de si que discutem e problematizam a realidade dos diversos povos indígenas na cena contemporânea brasileira. Enfim, é uma obra híbrida, no sentido de ser original e inovadora no campo da estética literária. Surpreende leitores e críticos, ao ponto de se tornar objeto de estudos acadêmicos por parte de diversos pesquisadores, no Brasil e no exterior. Como é o caso de nossa pesquisa, materializada na presente tese.

Com os selos Visões Indígenas e Instituto Indígena Brasileiro para Propriedade Intelectual (Inbrapi) — instituição não governamental, cujo objetivo é a defesa e a promoção dos conhecimentos tradicionais indígenas —, a primeira edição do livro saiu pela Global Editora e Distribuidora Ltda. Ilustrada nas cores vermelha e preta, a capa traz a imagem de rosto da jovem potiguara Katyucia Sulamy Raia, numa fotografia do escritor indígena Daniel Munduruku. A imagem aparece dividida ao meio por uma máscara que oculta a face esquerda, onde se vê uma pintura horizontal em cor escura. A face direita aparece desnuda em clara referência ao sugestivo título da obra, *Metade Cara, Metade Máscara*.

A apresentação conta com dois artigos de autoria dos intelectuais indígenas Daniel Munduruku e Graça Graúna. O primeiro artigo ressalta a formação dos intelectuais e dos líderes dos povos indígenas e as singularidades das visões indígenas na obra de Potiguara, em que o olhar recai triplamente sobre o eu, sobre o outro e sobre a sociedade. Munduruku apresenta o livro aos leitores:

> Agora é hora de ler as palavras que foram ditas ao papel. Palavras que chocarão, trarão vertigens, denúncias, tristeza, verdades, realidades. Realidades sombrias, frágeis, únicas. Realidades ditas pela poesia, pela prosa, por números, por nomes. Realidades mostradas com as singularidades das "visões indígenas". "Visões Indígenas". Este é o nome escolhido para dar voz aos "indígenas em movimento", homens e mulheres que lutam para dar esperança para a gente nativa deste nosso país. É um nome pensado para dar vazão ao pensar, ao sentir, ao viver dos povos indígenas brasileiros (Munduruku em POTIGUARA, 2004, p. 16).

O texto de Graça Graúna, respectivamente, enfatiza a obra como possibilidade de uma leitura das diferenças. Nesse aspecto, a luta da escritora Potiguara e a defesa da propriedade intelectual indígena, no contexto da produção literária de autoria indígena contemporânea, se materializam, principalmente, na maneira como a autora se utiliza das mídias virtuais para difundir e debater a produção dessa literatura como um pensamento brasileiro. Nas palavras de Graúna:

> O espaço de multissignificação que é *Metade cara, metade máscara* sugere um conjunto de vozes tecido à luz do conhecimento ancestral, das tradições indígenas e, ao mesmo tempo, revela a estreita ligação entre mito e poesia, história e memória, lugar e nação, identidade e alteridade. Esses e outros aspectos da crítica-escritura de Eliane Potiguara são conta de que é fecunda a palavra da mulher indígena; é semelhante à terra plantada que multiplica o cereal sagrado, como diria Ana da Luz F. o nascimento (uma anciã Kaingang) (Graúna em POTIGUARA, 2004, p. 18).

Na sequência, o corpo do texto se compõe de narrativas que se correspondem em tempos e espaços diferentes, em prosa e em verso, por meio de uma miscelânea de vozes que se sobrepõem na cena histórica brasileira em diferentes gêneros, linguagens e textualidades. A obra não será abordada com aprofundamento neste capítulo, pois o faremos no próximo. A seguir, faremos a apresentação das duas edições posteriores do mesmo livro.

No ano de 2018, em primorosa apresentação, a autora disponibilizou a segunda edição atualizada da obra *Metade Cara, Metade Máscara*, para atender aos anseios do público leitor e estudiosos da obra da autora, pois a produção já havia se esgotado há algum tempo na editora e nas lojas. A terceira edição de *Metade Cara, Metade Máscara*, pela Grumin Edições, aconteceu no mesmo ano de 2018. Nesse ano, a escritora relançou a obra numa parceria editorial oferecida por Daniel Munduruku, por meio da UK'A, Casa Editorial. A capa da presente edição traz a imagem da índia Gislaine Crixi Burum, uma bela jovem da etnia Munduruku, captada pelas lentes do fotógrafo Antônio Carlos Banavita; e, no canto superior à direita, o selo do Instituto Editorial UK'A, Casa dos Saberes Ancestrais, instituto dirigido pelo escritor Daniel Munduruku. Na contracapa, há um trecho da Declaração das Mulheres Indígenas, redigida na China, em 1995, durante uma Conferência da ONU, realizada em Beijing. Nesse texto, a escritora compara as mulheres à Terra, a partir do princípio comum da fertilidade. Potiguara finaliza a citação reafirmando que "as mulheres são manifestações da Mãe Terra em forma humana". Na sequência, as Figura 4 e 5 mostram, respectivamente, as capas das segunda e terceira edições da obra.

Figura 4 – Segunda capa de *Metade Cara, Máscara* (2018)

Fonte: arquivos da autora (digitalização)

As citações introdutórias dos poetas Pablo Neruda e Fernando Pessoa/ heterônimo Alberto Caeiro recuperam, na memória do leitor, a utilidade pública da poesia. Nesse sentido, a palavra poética é arma de luta empunhada pela guerreira potiguara para a transformação do mundo, com a ideia de eliminação das injustiças e da possibilidade de se promover a união e a paz entre todos os povos.

Figura 5 – Terceira capa de *Metade Cara, Máscara*

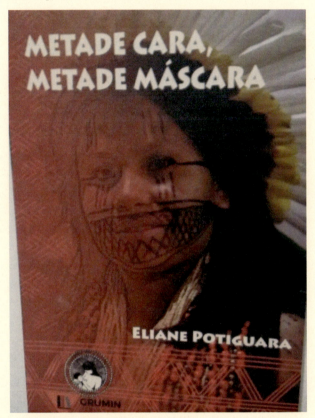

Fonte: arquivos da autora (digitalização)

Em razão de rupturas entre projetos literários capitaneados por Eliane Potiguara e Daniel Munduruku, respectivamente Grumin Edições e UK'A, Casa dos Saberes Ancestrais, a obra, relançada duas vezes no mesmo ano, é reatualizada, dessa vez, pela Grumin Edições. Nesta edição, a apresentação é feita pelo líder e intelectual indígena Ailton Krenak — ambientalista e professor doutor Honoris Causa pela Universidade Federal de Juiz de Fora —

que revela ao leitor a face guerreira de Eliane Potiguara. A respeito de Eliane Potiguara e da obra *Metade Cara, Metade Máscara*, Krenak afirma:

> Com seus textos políticos, incitando a luta contra o colonialismo e racismo institucional, esta guerreira *avant la lettre*, chegou falando aos *kurumin*, alfabetizando em línguas estranhas e pagãs, convocando para outras poéticas da Terra Mãe, uma longa jornada até publicar *Metade cara, metade máscara*, seu livro totem que veio para firmar a escrita feminina contemporânea indígena (KRENAK em POTIGUARA, 2018b, p. 12).

O texto de Krenak apresenta ao leitor uma guerreira questionadora do entre lugar ocupado pelo índio errante na sociedade pós-colonial. O olhar do xamã, arguto e esquadrinhador, é o de um amigo de Eliane, seu companheiro de luta por décadas, que traz ao leitor a visão de uma escritora aguerrida e muito comprometida com a sua causa. O prefácio é de Liane Schneider, pesquisadora da literatura feminina indígena ameríndia e professora do Departamento de Literatura da Universidade Federal da Paraíba. Essa edição delicadamente ilustrada com os grafismos de Aline Ngrenhtabare Lopes Kayapó[25] foi gentilmente ofertado como presente à autora, com texto de orelha de autoria do jornalista Marcello Pereira Borghí, contextualizando a obra no campo das produções do pós-colonialismo, veiculadoras de discursos e vozes historicamente silenciadas. Finalizando a seção dos elementos pré-textuais, o livro integra os artigos das pesquisadoras Julie Dorrico, doutoranda em Teoria da Literatura pela Pontifícia Universidade Católica do Rio Grande do Sul/PUCRS e Ana Paula da Silva, vinculada à Universidade Estadual do Rio de Janeiro/UERJ. Numa abordagem, respectivamente, da identidade literária na obra de Eliane Potiguara e dos deslocamentos involuntários — diáspora indígena.

No ano de 2005, a autora lançou o primeiro *ebook* indígena brasileiro: *Sol do Pensamento*. O livro traz uma leva de textos escritos por intelectuais indígenas — comunicadores, professores, líderes comunitários, artistas e escritores preocupados com o desenvolvimento da educação desses povos — que aceitaram o desafio de divulgar o conhecimento ancestral de seus povos, por meio das tecnologias da informação. Esse livro virtual tornou-se significante divisor de águas para a compreensão do pensamento

---

[25] A ilustradora Aline Ngrenhtabare Lopes Kayapó (do povo indígena Mebengokré – Porto Seguro/BA) é também escritora, premiada no "Décimo Quinto Concurso FNLIJ/UKA Tamoyos de Textos de Escritores Indígenas 2018", promovido Pela Fundação Nacional do Livro Infantil e Juvenil. Além disso, é militante pelos direitos das mulheres indígenas e acadêmica do curso de Direito.

desses intelectuais, no tratamento de temáticas salutares, não apenas para a sobrevivência das suas comunidades e o respeito às suas culturas, mas também em razão da necessidade urgente de preservação da biodiversidade ecológica. São diferentes vozes e temáticas do universo desses povos, com seus conteúdos políticos e estéticos, disponibilizados ao público leitor em ambiente virtual. A capa apresenta-se na Figura 6.

Figura 6 – Capa do livro *Sol do Pensamento* (2005)

Fonte: Google Imagem

A intenção de se produzir esse e-book, organizado por Eliane Potiguara, surgiu a partir de demandas identificadas na Conferência Mundial sobre Sociedade da Informação (CMSI), realizada na cidade de Genebra, na Suíça, no ano de 2003. Tais demandas apontam para o objetivo de garantir um maior comprometimento do Estado em relação ao favorecimento dos processos da comunicação e do acesso às novas tecnologias da Informação para comunidades indígenas.

Nesse sentido, um grupo de intelectuais decidiu buscar apoio para os seus projetos de literatura associada aos meios modernos de comunicação; são escritores envolvidos no desafio de divulgar os conhecimentos tradicionais da sabedoria indígena, a partir da utilização da moderna tecnologia da informação como instrumento na luta por visibilidade e pela conquista de direitos fundamentais para essas comunidades.

Por outro lado, seus textos, nessa referida publicação, conferem materialidade aos temas envolvendo das diversas e plurais comunidades indígenas, tais como aquelas relacionadas ao universo de existência, de resistência e de luta pela identidade ancestral e contra o apagamento secular de suas vozes e suas subjetividades; e também algumas ponderações acerca dos processos de transculturação como desdobramento das invasões territoriais e as consequentes diásporas indígenas; e, ainda, questões relacionadas aos recursos alternativos para driblar as barreiras impostas pelo mercado editorial tradicionalmente avesso às publicações desses intelectuais indígenas.

Dos onze textos que compõem esse livro, destacamos, no gênero literário prosa, *História de wirapuru: o cantor da sorte,* do escritor Yaguarê Yamã Aripunãguá:

> O nome de Yaguarê Yamã significa – na língua Saterê Mawé – o povo das onças pequenas. Yamã carrega outro nome: Ozias da Costa de Oliveira. Nasceu em 1975, em Paraná Urariá – uma região da qual se leva um dia pelo rio para chegar em Manaus. Yamã é professor de Geografia, graduado em uma universidade paulista. Um de seus objetivos é levar ao seu povo o conhecimento que adquiriu na cidade. É especialista em pintura corporal. Ilustrou os livros *Coisas de Índio*, de Daniel Munduruku, e o seu próprio livro, *Puratig: o remo sagrado*, além de ter alguns livros inéditos (GRAÚNA, 2013, p. 140).

O autor, que também é geógrafo, professor, ilustrador, retoma — no conto sobre o pássaro mágico — a indissociável relação dos indígenas com a natureza, explicitada pelas crenças e pela identificação, no texto, com o cântico mágico e encantatório do wirapuru. Yaguarê Yamã tem se revelado um escritor preocupado com as culturas e com as línguas indígenas. Assim, seus textos apresentam exuberância linguística como no trecho do conto, abaixo, transcrito:

> Pois é filho, isso prova que o Wirapurú é um pássaro especial, daí o significado do seu nome em nosso idioma, o nhengatu: pássaro abençoado. Foi assim que os índios da região dos rios Mariakuã e Arapium começaram a cultuá-lo. Ninguém ousava capturá-lo, esperavam ele morrer de morte natural. Quando

encontravam um caído no chão da mata, era uma alegria, aquilo representava que a pessoa que o havia encontrado teria sorte todo momento que estivesse com o passarinho. Ele pegava a avezinha e a empalhava. O Wirapuru tornou-se então um amuleto de sorte muito poderoso, capaz de guardar seus donos de males e dos inimigos (YAMÃ, 2005, p. 14).

    O texto faz referência à transmissão dos saberes ancestrais, como legado dos anciãos e das anciãs, materializados na contação de histórias, em que a marca da oralidade imprime o caráter essencial do primeiro contato com essa literatura de autoria indígena. As memórias compartilhadas pelo povo maraguá e transmitidas de geração em geração pela oralidade são ofertadas aos leitores, por meio das tecnologias da informação, em ambientes virtuais. Outro texto singular é o poema "Bubuia" do escritor e poeta afro-indígena baiano Ademário Ribeiro:

> Viera do Congo e Guiné
> Nossa raiz ancestral
> Ê, o mar rei é!
> Gritamos de dor no ritual
> Em milhas e milhas pelo mar:
> "Ca, calunga, obá!"
> "Ca, o mar rei é!"
>
> Aqui, em Pindorama, depois Brasil,
> Nossa raiz ancestral
> Da mata; à beira do mar e do rio
> Gritamos de dor no ritual:
> Pataxó, Tupi, Tupinikim
> "Aico-xe-ramuya reco bo!"
> "Vivo pelos costumes dos nossos avós!"
>
> Negro trabalha
> Índio guerreia
> Foi tanta batalha
> Noss'alma ind'anseia
> Cabinda Moçambique Rebola
> Benguela Mina Quilombola
> Tamoio Pankararé Kiriri
> Tupinambá Kaaeté Guarani!...
> Negro e índio se amaram
> De cocares, meias-luas, enfeitados
> Luas-cheias e de prata
> Índio e negro enfeitiçados
> (cúmplices) na Luta e Fé se misturaram!
>
> De todas favelas/palmares: Galdino/Zumbi!

> De todos os oprimidos: Katari/Ajuricaba
> De todos os feitiços: Verger/Raoni
> De todos os ilês e ocas: uma só taba!
>
> Moleques malungos maracás
> Flautas folias folguedos
> Zabumbas bambas bumbos
> Guetos: guejybá mo-pu, ganzás!
> (RIBEIRO, 2005, p. 45-46).

No texto, celebra-se a união de indígenas e afrodescendentes no resgate da ancestralidade, e também como parceiros nas lutas contra a dominação e a exploração oriundas dos processos de colonização e neocolonização, temporalmente situados na história do Brasil pós-colonial. O texto permite vislumbrar a poeticidade de uma relação marcada pela cumplicidade enquanto marca da opressão, como atesta o lirismo dos versos: "Negro e índio se amaram / De cocares, meias-luas, enfeitados / Luas cheias e de prata / Índio e negro enfeitiçados / (cúmplices) na luta e fé se misturaram!" (RIBEIRO, 2005, p. 46). Diante de tal expressão poética, afloram questões de pertencimento identitário, referenciadas na obra *Mulheres ao Espelho*, de Eurídice Figueiredo:

> A questão identitária dos afro descendentes e dos indígenas se exprime pela busca de afirmação no cenário público. Por conseguinte, aflora um contingente de escritores que reivindica um pertencimento marcado pela etnicidade. Apesar da crítica a modelos de pensamento que tendem à essencialização racialista, apesar da desconstrução de categorias com o chamado fim da metafísica ocidental, apregoada por Jacques Derrida, negros e indígenas, tanto no Brasil como nos demais países das Américas, reivindicam uma identidade que assinale a especificidade de suas histórias marcadas pela etnicidade. O poeta Aimé Cesaire, criador da negritude, afirmou até o fim da vida que ele se reconhecia nos negros do mundo inteiro, a despeito de eventuais diferenças. De modo semelhante, a identificação continental dos indígenas e dos negros tem um duplo aspecto: ela se apresenta tanto como pertença à comunidade quanto uma estratégia política (FIGUEIREDO, 2013, p. 152).

Nessa perspectiva, os versos do poeta Ademário Ribeiro reiteram essa dupla reivindicação de pertencimento, onde povos indígenas e afrodescendentes, em um encontro de dor e magia, embora não desejado porque engendrado por forças opressoras, têm suas identidades mutuamente fortalecidas. Ribeiro proporciona ao leitor o desfrute de uma imagem com intensa força poética que evidencia — a despeito da face triste da história

— o amor e a cumplicidade aflorados nessa relação marcada pela luta e pela fé, em contexto multiétnico, no palco da história.

Em artigo publicado na *Revista Educação e Linguagem*, a escritora Graça Graúna discorre a respeito do trabalho desenvolvido pelo poeta afro-indígena baiano Ademário Ribeiro e reitera que, para ele, poesia também é resistência. De acordo com ela:

> Identidades, utopia, cumplicidade, esperança, resistência, deslocamento, transculturação, mito, história, diáspora configuram alguns termos possíveis para designar, a priori, a existência da literatura indígena contemporânea no Brasil. Gerando sua própria teoria, a literatura escrita dos povos indígenas no Brasil pede que se leiam as várias faces de sua transversalidade, a começar pela estreita relação que mantêm com a literatura de tradição oral, com a história de outras nações excluídas (as nações africanas, por exemplo) com a mescla cultural e outros aspectos fronteiriços que se manifestam na literatura estrangeira e, mais acentuadamente, no cenário da literatura nacional (GRAÚNA, 2011, p. 257).

Na esteira dessas considerações, *Sol do Pensamento* revela o protagonismo da escritora Potiguara, considerando-se a promoção do diálogo intercultural em favor da superação dos conflitos étnicos e culturais que estão na base da discriminação dos povos originários. O formato da obra sugere que a autora propôs a união de todos os povos por meio da criação de aldeias virtuais, a partir da disseminação da luta pelo direito à cidadania e à propriedade intelectual, como parte de um pensamento indígena brasileiro.

O reconto de lendas ganha espaço na obra *O Coco que guardava a noite*, lançado no ano de 2012 pela Editora Mundo Mirim, com belíssima ilustração de Suryara Bernardi[26]. Na lenda do povo Karajá, o guerreiro Aruanã é

---

[26] Suryara Bernardi é ilustradora editorial, reside em Belo Horizonte e tem trabalhos publicados para diversos livros infantis, revistas, publicações didáticas e outras mídias, como animação e arte conceitual. Possui experiência com layouts de background e design de personagens para animação. Sua lista de clientes inclui editoras como Abril, Ática, Formato, MOL, RHJ, Rocco, Saraiva e Scipione e estúdios de animação como Copa Studio, Estúdio Split, Combo Studio e MSP Productions. Alguns trabalhos desenvolvidos: Animação: Super Drags - Combo Studio/ Netflix - 2018 – Produção de Layouts e Backgrounds: Biduzidos - Copa Studio/ Mauricio de Souza Produções - 2017/2018 -Layout artist/ Background artist - Que corpo é esse? - Split Studio / Futura – 2017 - Layout artist/ Background artist / Prop designer / Logo Designer. Ilustração de Livros infantis: - Cinderela - A revolução das princesas - Thais Lira - Plan International – 2018 - Quem Puxou o meu lençol? - Suryara Bernardi - BabaYaga - Belo Horizonte – 2017 - Bartolo Burtopelo - Peter O Sagae - BabaYaga - São Paulo/ Belo Horizonte – 2016 - De metamorfose e de sonhos - Anna Claudia Ramos - Editora do Brasil - São Paulo 2016 - O Coelho e a Tartaruga (Uma outra história) - Beatriz Myrha - Rona - Belo Horizonte – 2016 - Tá Pronto seu Lobo? E outros poemas - Eloí Bocheco - Formato - São Paulo – 2014 - Doze Lendas: Como nasceram as estrelas – Clarice Lispector – Rocco – Rio de Janeiro – 2014 - Lua-Menina e Menino-Onça - Lia Minapoty - Editora RHJ - Belo Horizonte – 2014 - Lá vai o Balão - Zoé Rios e Márcia Libânio - RHJ - Belo Horizonte – 2013 - O Vendedor de Cordel – Maxs Portes - Baobá - Belo Horizonte – 2013 - Um dia Muito Esquisito - Adelice da Silveira Barros - Cânone - Goiânia - 2012 - Nem tudo foi Carnaval - Rosângela Rocha - RHJ - Belo Horizonte – 2012 - O Coco que guardava a Noite - Eliane Portiguara - Mundo Mirim – 2011 - Gato, Castelo, Elefante? - Maxs Portes - RHJ - Belo Horizonte – 2011 - A Casa de Maria - Lindomar da Silva – RHJ - Belo Horizonte – 2011 - O Menino Passarinho - Sueli Maria de Regino - RHJ - Belo Horizonte – 2010.

colocado à prova pela Boiuna, a grande serpente. A leitura coloca em marcha as dualidades: noite x dia; masculino x feminino; revolta x obediência em que o leitor é convidado à reflexão sobre alguns conceitos como: liberdade, responsabilidade, livre arbítrio, as etapas da vida e os ciclos da natureza. A narrativa acontece em dois planos; no primeiro deles, duas crianças interpelam a mãe sobre os mistérios que envolvem a noite e o dia e, para satisfazer a curiosidade dos filhos, a mãe conta a lenda karajá do coco que guardava a noite — que constitui o segundo plano narrativo. A seguir, na Figura 7, a capa de O *coco que guardava a noite*, de 2012.

Figura 7 – O *coco que guardava a noite* (2012)

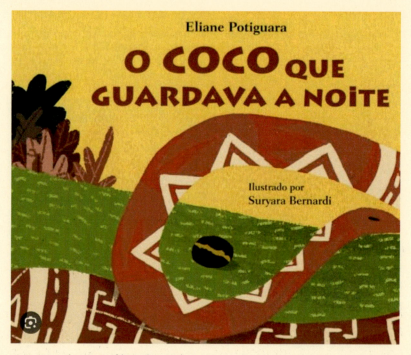

Fonte: arquivos da autora (digitalização)

A obra celebra o poder feminino da maternidade, na relação próxima e salutar de uma mãe com suas crianças, que ao ensinar sobre os mistérios da natureza e da vida, por meio da contação histórias, aproxima os filhos da cultura indígena ancestral quando traz à tona memórias de povos habitantes das florestas. Nesse contexto, é a palavra da mulher que acalma e conforta as crianças, abrindo-lhes as portas para o reino dos sonhos. Por outro lado, a mãe é a contadora de histórias, a guardiã dos saberes ancestrais — a reveladora do caráter intrínseco da oralidade como parte dessa herança, no compartilhamento das memórias indígenas com a nova geração.

A trama envolvendo o índio Aruanã e a Boiúna remete ao universo maravilhoso de Alejo Carpentier e seus questionamentos sobre o papel do escritor na tarefa de tornar o mundo compreensível por meio da linguagem: "se a mão do escritor pode ter uma tarefa mais alta que a de definir, fixar, mostrar o mundo que lhe tocou viver. Naturalmente, para isso, é preciso compreender a linguagem desse mundo" (CARPENTIER, 1987, p. 19). Para atender a um pedido das crianças, a mãe desvenda os mistérios da Boiuna:

> Na lenda dos Karajá, Boiuna era um ser que, apesar de não ter forma humana, era mãe de Tuilá, a mulher do índio Aruanã. Boiuna cuidava do coco de tucumã, cujas metades tinham sido unidas com cera de abelha para guardar o grande segredo. Tuilá, penalizada com o cansaço de seu amado, resolveu ajudá-lo a enfrentar o mistério que sua mãe guardava. Para isso, a jovem precisaria evocar a mãe por meio de um chocalho mágico (POTIGUARA, 2012, p. 14).

A presença, nas narrativas míticas, de seres híbridos, misteriosos e dotados de poder como a Boiuna e o pássaro anu-guaçu que, na trama interage e conversa com o guerreiro, concorre para a construção de uma concepção a respeito do sentido da vida e da função social de cada indivíduo em seu grupo. Assim, por meio desse universo mágico, depreendem-se as regras para o convívio no grupo e para o desenvolvimento do equilíbrio individual. Dessa forma, é pela compreensão do mundo e, a partir das histórias contadas, que as crianças desenvolvem o entendimento sobre a importância do papel de cada indivíduo para a sobrevivência do seu grupo.

Nessa obra, a escritora dá seguimento à missão que assumiu de reproduzir, via escrita, a história e os sentimentos de outras pessoas, em um *continuum* em relação às primeiras cartas da avó Maria de Lourdes.

Dois anos mais tarde, em 2014, editado pela Jujuba editora, vem ao público a obra *O Pássaro Encantado*, em encadernação colorida, acabamento em capa dura, num projeto gráfico de Raquel Matsushita[27], cuja leitura oferece ao leitor múltiplas possibilidades de reflexão envolvendo aspectos da

---

[27] Raquel Matsushita é designer gráfico e ilustradora, sócia do escritório Entrelinha Design. Graduou-se em publicidade e propaganda pela Universidade Metodista de São Paulo e especializou-se nos cursos de design gráfico, cor e tipografia na School of Visual Arts, em Nova York. Escreveu o livro *Fundamentos gráficos para um designer consciente* (Editora Musa) e os infantis *Não, sim, talvez* (SESI-SP Editora) e *Eu (não) gosto de você!* (Jujuba Editora).

vida, como por exemplo, a natureza, a liberdade e o convívio saudável com as diferenças. Visualmente atraente, com ilustrações de Aline Abreu e com linguagem acessível, o livro encanta pela beleza estética. Direcionado ao público infantil e juvenil, constitui-se material com grande potencial para o trabalho pedagógico, principalmente como ferramenta para o estímulo da prática da leitura literária entre as crianças e os adolescentes. Segue na Figura 8 a capa da obra.

Figura 8 – Capa de *O Pássaro Encantado* (2015)

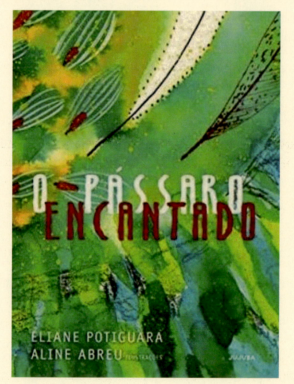

Fonte: arquivos da autora (digitalização)

Dois anos mais tarde, em 2014, editado pela Jujuba editora, vem ao público a obra *O Pássaro Encantado*, em encadernação colorida, acabamento em capa dura, num projeto gráfico de Raquel Matsushita[28], cuja leitura ofe-

---

[28] Raquel Matsushita é designer gráfico e ilustradora, sócia do escritório Entrelinha Design. Graduou-se em publicidade e propaganda pela Universidade Metodista de São Paulo e especializou-se nos cursos de design gráfico, cor e tipografia na School of Visual Arts, em Nova York. Escreveu o livro *Fundamentos gráficos para um designer consciente* (Editora Musa) e os infantis *Não, sim, talvez* (SESI-SP Editora) e *Eu (não) gosto de você!* (Jujuba Editora).

rece ao leitor múltiplas possibilidades de reflexão envolvendo aspectos da vida, como por exemplo, a natureza, a liberdade e o convívio saudável com as diferenças. Visualmente atraente, com ilustrações de Aline Abreu e com linguagem acessível, o livro encanta pela beleza estética. Direcionado ao público infantil e juvenil, constitui-se material com grande potencial para o trabalho pedagógico, principalmente como ferramenta para o estímulo da prática da leitura literária entre as crianças e os adolescentes.

Nas páginas iniciais da trama, a ilustradora Aline Abreu registra uma imagem de perfeita integração entre as crianças, a natureza e o universo indígena. A aldeia é apresentada em imagem panorâmica: do ponto mais alto da copa circular de uma árvore, o leitor percebe, no plano de superfície, a presença de pássaros em pleno voo, assentados nos galhos e em ninhos com filhotes; e, em plano mais profundo, as crianças brincando, no chão, cercadas por brinquedos, casa, árvores e pássaros. O *layout* coloca em evidência as formas circulares, de maneira a caracterizar o espaço circular da aldeia.

A representação do movimento circular, na construção das imagens, lembra os grafismos do povo potiguara e se materializam nas representações tanto das figuras humanas, quanto das árvores e da penugem dos pássaros. Há, nesses aspectos imagéticos reiterados ao longo da narrativa, uma associação com a dança, como grande expressão da espiritualidade e da identidade indígenas. O toré, que é dançado por crianças e adultos, é tido como expressão da espiritualidade e cultura indígenas. Segue a descrição da dança: "Compõe-se de um grupo que dança em roda e canta cantigas específicas para entes da natureza, como pássaros e para pessoas, histórias ou santos, como São Miguel Arcanjo" (POTIGUARA, 2014, p. 26).

Na trama, um pássaro ancestral que vem de longe, com seu canto mágico, reverencia a grande avó, reconhecendo-a como a Grande Mãe da Terra, num momento de magia e ancestralidade para toda aldeia que precisa superar a dor da perda do grande avô. O misterioso pássaro parte, deixando penas coloridas e a alegria de volta ao coração das crianças.

A obra resgata a relação intrínseca dos indígenas com os seus antepassados, bem como sua relação com a natureza, na figura do grande pássaro encantado, o pássaro ancestral que comunga com as forças do feminino sagrado, ao integrar-se, na narrativa, com a grande avó:

> Era como se ele reconhecesse na Avó a Grande Mãe da Terra, aquela que tudo sabe e protege, a que tem a intuição como estrada e anda com a guerreira à sua frente contra qualquer

> perigo à sua espécie. É a mulher que detém o conhecimento da história daquele povo e que tem o dom de curar a todos: a mulher sábia! A mulher que todos respeitam! A avó recolheu as penas do chão e mostrou o braço soberano para que o grande pássaro nele pousasse (POTIGUARA, 2014, p. 18).

Eliane Potiguara esclarece essa relação em nível transcendente, a partir da narrativa poética da saga da guerreira mítica Cunhataí, protagonista do poema *Ato de amor entre os povos*, publicado no livro *Metade Cara, Metade Máscara*:

> O velho espírito disse a Cunhataí: "Vai ave-menina e mulher! Cria asas e enxergue; um dia, quem sabe, seremos livres!" Ela foi para longe sofrer. Por isso, quando ela retornou à sua aldeia de origem, o cacique, a pajé e os segmentos do povo a reconheceram, porque ela já era esperada, por decisão dos ancestrais, há muitos séculos. O seu olho direito roxo – o espiritual – foi identificado pelos líderes conectados com a ancestralidade e com o pitiguary, o pássaro que anuncia (POTIGUARA, 2018, p. 73).

A presença desse fio invisível conferindo unidade à obra de Eliane Potiguara permeia e constitui os escritos da autora. A sabedoria da mulher, anciã indígena, que comunga o conhecimento com a espiritualidade. Essa sabedoria é relembrada em verso e em prosa, como nos versos do poema *Terra Cunhã*: "Mulher Indígena! / Que muito sabes deste mundo / Com a dor ela aprendeu pelos séculos / A ser sábia, paciente, profunda" (POTIGUARA, 2018b., p. 81).

A autora traz para a narrativa, a figura da mulher como símbolo da resistência das culturas dos povos indígenas, nessa obra caracterizada pela sabedoria ancestral de uma anciã intuitiva e sábia, conectada com as forças da natureza e com os espíritos da floresta:

> Na mata, a Grande Avó, sentada na pedra, começou a assoviar: Fiuuuuú... Fiuuuuú... Fiuuú. E vieram à sua memória dezenas de imagens. Ela se lembrou de um canto de pássaro que ouvia quando era criança. O canto era único e lindíssimo! E, então, recordou-se que dentro de um toco de árvore bem grande estava escondido um canto antigo de pássaro que seus avós cantavam para ela e para a comunidade. Levantou-se da pedra, procurou o toco, vasculhou tudo e achou. Era o mesmo toco da sua infância, só estava mais velho. A Avó agachou ao lado dele e olhou, olhou e olhou, mas não encontrou nada. Dentro do toco só havia escuridão [...].

> Nesse instante, surgiu um pássaro de grandes asas, voando sobre sua cabeça. Era lindo! Um símbolo de beleza e amor no coração (POTIGUARA, 2014, p. 13-15).

A Avó foi para a mata para, em meio a natureza, conectar-se com a sua espiritualidade. Então, encontrou-se com o seu passado ancestral no som do canto de um pássaro sagrado. Ao procurar o canto, deparou-se com o próprio pássaro que retornou, entoou o mesmo canto do passado e voou sobre sua cabeça, batendo as asas. Depois, o grande pássaro ancestral partiu e deixou penas coloridas no chão. Sobre a força que a espiritualidade tem para os povos indígenas, Krenak explica:

> O espírito do nosso povo continua podendo viajar na face das águas, no vento, na floresta, através dos pássaros, através de muitos elementos da natureza. E eu tenho uma inabalável fé de que enquanto a gente puder fazer isso, o nosso povo vai existir. Seja nesse pedaço de mundo que chamam de América, seja no pedaço de mundo que chamam de Ásia, de África, em todas as pequeninas ilhas espalhadas pelo mundo o nosso povo vai continuar existindo, vai continuar batendo o coração dessa gente e essa maneira de entender o universo (KRENAK, 2015, p. 154).

O autor esclarece a relação entre os elementos da natureza e a espiritualidade dos povos indígenas e ressalta a importância do exercício dessa espiritualidade para a resistência e a continuidade dos povos indígenas. Na narrativa, essa espiritualidade aparece correlacionada à sabedoria da mulher anciã indígena, que aciona por meio de suas memórias a relação estabelecida com o canto do pássaro, desde a infância.

Assim, Eliane Potiguara oferece, ao público infantil, uma narrativa cheia de encanto, que contém a magia da sabedoria feminina ancestral. Uma história com a marca da ancestralidade que permeia a relação entre as diferentes gerações, em que as crianças recebem os ensinamentos da avó que, pela contação de histórias aproxima-as do pássaro mítico. Nessa perspectiva, Munduruku (2018, p. 89) ressalta que:

> As crianças têm um canal aberto com a ancestralidade. Elas são emotivas e conseguem chegar onde os adultos não chegam. Os adultos costumam ser bloqueados pelas vozes da escola, da economia ou da política. Isso os impede de "acordar" as memórias ancestrais que carregam em si.

Nesse sentido, a presença dessa narrativa indígena no universo dos leitores infantis pode estimular as crianças para que despertem suas memórias ancestrais, ajudando-as a se conectarem com a sua própria identidade, independente da tradição a que elas estejam vinculadas. Na cosmovisão de Eliane Potiguara, o culto à ancestralidade, indígena ou não, pode ajudar na construção de um mundo mais sensato e cheio de harmonia.

A autora lançou *A Cura da Terra,* no ano de 2015, pela Editora do Brasil. Na trama, a garota Moína, descendente de indígenas, entra em contato com a história e a cultura ancestral de seu povo por meio das histórias contadas pela avó. Um trabalho ricamente elaborado, em profusão de cores e com ilustração cuidadosa de Soud[29], o livro carrega a força da ancestralidade e o poder da sabedoria feminina como um legado da avó para a neta. A lição contém o segredo da sabedoria dos ancestrais para o manejo sustentável da terra e para a proteção da biodiversidade. A capa de A cura da terra aparece na Figura 9.

Figura 9 – *A Cura da Terra* (2015)

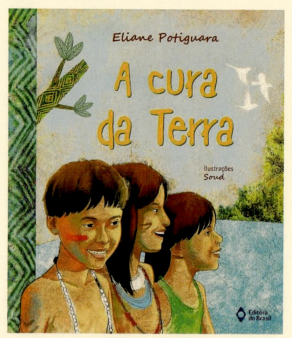

Fonte: arquivos da autora (digitalização)

[29] O ilustrador Rogério Soud nasceu em 1967, no Rio de Janeiro, mudou-se para São Paulo em 1988, quando foi contratado pela Editora Abril para desenhar Histórias em Quadrinhos. Após esse período, trabalhou em estúdios de desenho animado como *cleanup*. Atua também como *freelancer*, fazendo ilustrações para revistas, livros didáticos, paradidáticos e materiais de propaganda. Recebeu os prêmios: Abril de Jornalismo, nas categorias Destaque e Melhor Desenho, Altamente Recomendável pela FNLIJ (Fundação Nacional do Livro Infantil e Juvenil) e o Selo *Gold Medal recipient for Mom's Choice Awards* (nos EUA) pelo livro *Say a Little Prayer* do NAACP (National Association for the Advancement of Colored People).

O culto à ancestralidade presente na narrativa, como marca intrínseca das relações entre mulheres de diferentes gerações: de um lado uma menina de oito anos, num movimento de transformação crescente que ressalta a urgência da vida; e, de outro a avó, guardiã da sabedoria ancestral e responsável pela transmissão desse grande legado à neta e às futuras gerações. A relação maternal acrescenta complexidade à obra, o que permite referenciá-la como escrita autobiográfica, recuperável não apenas pela similaridade da teia narrativa, mas também pelo sugestivo nome da protagonista da história: Moína é o nome de uma das filhas de Eliane Potiguara.

A linguagem literária permite ao leitor captar aspectos importantes da subjetividade indígena, a partir mesmo da relação indissociável e visceral dos indivíduos com a natureza, bem como a relação da mulher indígena com a terra e tudo aquilo que ela produz. Na descrição da cena da aproximação da criança com a avó nos momentos que antecedem à contação da história: "Do mesmo modo que uma cobra se enrosca lentamente em um tronco de árvore, assim a garota vai se achegando aos pés da avó para que lhe coce a cabeça e acaricie seus longos cabelos indígenas" (POTIGUARA, 2015, p. 7).

A narrativa é repleta de mistérios, a expressão inaugural da trama é "Quando cai a noite [...]", a história é protagonizada por uma curiosa menina de oito anos de idade. O diálogo entre Moína e sua avó, descrito nas páginas iniciais é revelador da personalidade da garota:

> A anciã conhece o jeitinho suave da neta, tão sedenta por entender o sentido da vida e a razão de existir. A conversa começa sempre com uma pergunta infantil como esta:
> - Vovó, por que eu sou criança?
> - Você é a transformação – responde pacientemente a sábia senhora índia. – Você é a vida em um mágico movimento crescente. É a razão de viver de seus amados pais. Veja o tamanho de seu pé... Não é o mesmo de quando você tinha quatro anos de idade! Lembra-se de seus cabelos? Como cresceram! Hoje, suas perguntas são diferentes das de ontem! Você está mudando todo dia, e assim é a transformação da vida, a bênção dos céus (POTIGUARA, 2015, p. 8-9).

O passado e o presente se encontram nesse diálogo entre a anciã indígena e sua neta. Em uma lição sobre a importância da ancestralidade, a criança busca a sabedoria da avó para compreender as inquietações que lhe assaltam a mente. Na sequência desse diálogo, a criança pede à avó que lhe conte uma história. Nessa sobreposição de narrativas, o passado se imiscui no presente, trazendo esclarecimento para as dúvidas e compreensão para as dinâmicas da vida que pulsa, tenra e inocente, no universo da criança.

A obra permitiu à autora revisitar, a partir da contação de histórias, a terra dos índios Potiguara por ocasião das invasões da indústria algodoeira, que promoveu a contaminação de recursos naturais como o solo e a água, a opressão da população com o recrutamento para o trabalho indígena semiescravo e provocou o êxodo das famílias vilipendiadas e perseguidas pelos invasores. Coincidentemente, permitiu retomar a narrativa da desterritorialização vivenciada pelas mulheres da sua família, no início do século XX.

Figura 10 – O vento espalha minha voz originária 2023

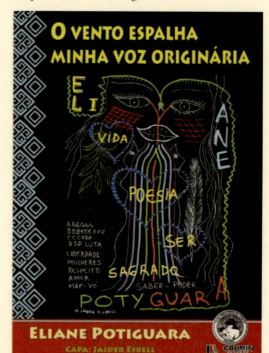

Fonte: arquivos da autora (digitalização)

Publicação mais recente de Eliane Potiguara, também editada pelo Grumin Edições, traz textos profundamente reflexivos sobre o universo feminino. Em "O vento carrega minha voz originária" (2023), a autora ressalta a importância das lutas das mulheres para fomentar as transformações necessárias aos povos indígenas em suas dinâmicas. Entre muitas outras ponderações, ela dá relevo à questão econômica por ser uma das grandes violações dos direitos das mulheres, no mundo inteiro. Em meio a uma miscelânea de gêneros em prosa e verso, a voz poética reitera: "Não se cura o outro se estamos enfermos. A cura começa em nós. A CURA DA TERRA É UMA META" (POTIGUARA, 2023, p.78).

2.3 Outros escritos de Eliane Potiguara

Eliane Potiguara é uma escritora bastante atuante no cenário intelectual, ministra palestras em universidades, feiras literárias, encontros de escritores, eventos literários em escolas, lançamentos de livros, entre outros eventos culturais, acadêmicos e universitários. Publica textos, com relativa regularidade em antologias impressas e virtuais, em seu blog pessoal, em seu *site*, na *internet* e em suas páginas e perfis no *Facebook*. É possível acessar o *site* oficial da escritora pelo link: http://www.elianepotiguara.org.br (Acesso em janeiro de 2023).

Entre as antologias, editadas no Brasil e no exterior, podemos citar: *Cult, antologia Poética*; *Elas e as Letras*: Diversidade e Resistência, lançada em 2018, pela Versejar Edições Literárias, organização de Aldirene Máximo e Jullie Veiga e *Antologia Literária Mulher na Literatura Latino-Americana*, em 2018, pela *Avant-Garde* Edições, entre outras.

A obra *Cult, Antologia Poética: Poemas para ler antes das notícias,* foi editada no mês de agosto de 2019, pela Editora Bregantini, com curadoria e edição de Alberto Pucheu[30]. A nota de edição ressalta a necessidade da poesia diante do atual momento de horror, no complexo cenário da contemporaneidade. Na condição de professor e poeta, Pucheu ressalta a relevância de disponibilizar poesia para um grande número de pessoas. Afinal a antologia impressa é distribuída em bancas de jornais e revistas, espalhadas pelo país inteiro, depois, evidentemente, de ser disponibilizada aos assinantes. Nas palavras do editor:

> "Em um momento de horror como o que vivemos, a poesia é mais do que necessária. A ideia seria que o leitor tivesse acesso a algo como um poema por dia, para que o lesse antes

---

[30] Alberto Pucheu é professor de Teoria Literária da UFRJ e colaborador da *Revista Cult*. Publicou, entre outros, *apoesia contemporânea, Que porra é essa – poesia? A fronteira desguarnecida, Poesia Reunida: 1993-2007, mais cotidiano que o cotidiano e Para que poetas em tempo de terrorismo?* Todos pela Azougue Editorial. Fez os documentários *Leonardo Fróes: um animal na montanha, Vicente Frans Cecim: um animal na floresta.* Realizou o projeto *Autobiografias poético-políticas*. No momento, se ocupa em fazer o documentário *Carlos de Assumpção: Protesto*.

> das notícias cotidianas, antes de sair de casa para estudar ou trabalhar". Foi algo assim que Daysi Bregantini me disse ao, generosamente, me convidar para a curadoria dessa antologia. Por mais difícil que seja essa tarefa, como negar um convite tão corajoso e relevante, vindo como um chamado da poesia, como uma chance de fazer com que os poemas cheguem a um número maior de pessoas, afetando-as? (PUCHEU, 2019, p. 4).

Alberto Pucheu esclarece ainda, sobre os critérios para seleção dos participantes, que evitou escolher autores que publicaram em outras antologias, anteriormente organizadas por ele para a revista, além de priorizar os poetas vivos. Entre os poetas contemplados com a publicação, lemos os nomes de Jarid Arraes, Bruna Mitrano, Conceição Evaristo, Eliane Potiguara, Letícia Brito, Márcia Wayna Kambeba, Nina Rizzi, entre diversos outros, são 32 autores e autoras que compõem essa antologia.

Encontramos o poema de Eliane Potiguara, *Identidade Indígena*, aqui sob o título: *Em memória ao índio Chico Solon*. A contextualização, disponível em epígrafe, esclarece para o leitor o princípio da história do êxodo da família da autora. Ao final do texto, na próxima página, lemos uma biografia resumida da escritora. Em meio aos poemas que denunciam violências de toda ordem (abuso sexual, racismo, violência urbana, homofobia, exclusão social entre muitos outros temas) Potiguara leva, em seu texto, as vozes dos seus ancestrais, a sua história pessoal e coletiva rompendo com o silenciamento imposto, secularmente, ao seu povo. Para finalizar a leitura, na contracapa, dois poetas deixam registrado: "Acredito haver um grande incêndio na poesia contemporânea. / E são as mulheres que estão queimando" por Daniele Magalhães, e "Poesia é um direito social estratégico", de Luiz Guilherme Barbosa,

Documentos do Grumin, como relatórios e jornais informativos, bem como outros textos de autoria de Eliane Potiguara encontram-se disponíveis no blog da escritora[31]. A escritora continua cumprindo intensa agenda de atividades literárias e culturais, das quais dá notícia aos seus leitores por meio das redes sociais.

A luta de Eliane Potiguara constitui ato eminentemente político, assim como a sua escrita. Portanto, de forma semelhante àquela que ocorre na produção das intelectuais negras, publicar, para Potiguara, também é um ato político. Nesse ínterim, lemos em Evaristo (2017, s/p) "O ato político de escrever vem acrescido do ato político de publicar, uma vez que, para

---

[31] É possível acessá-los por meio do endereço: elianepotiguara.blogspot.com. Acesso em: 5 mar. 2023.

algumas, a oportunidade de publicação, o reconhecimento de suas escritas, e os entraves a ser vencidos, não se localizam apenas na condição de a autora ser inédita ou desconhecida".

As implicações dessa escrita militante e engajada estão na base da gestação de grandes transformações sociais e até políticas. Assim, quando Potiguara publicou a primeira edição do livro *Metade Cara, Metade Máscara* (2004), ela se referia como algo possível, mas distanciado no tempo, o fato de haver uma deputada indígena. Hoje, como se a escritora estivesse predizendo na condição de um oráculo, a advogada indígena Joênia Wapichana, é Deputada Federal representando o estado de Rondônia.

Nessa perspectiva, a literatura antecipa acontecimentos históricos e políticos. Assim, Potiguara, a guerreira indígena visionária e combativa é testemunha das transformações preconizadas por ela, em seus escritos. A grandeza de sua obra literária e de suja militância provocam transformações no real compartilhado, de forma que seus escritos assumem uma dimensão preditiva, divinatória. Assim é a literatura feminina. Assim é a escrita das mulheres.

CAPÍTULO III

METADE CARA, METADE MÁSCARA: IDENTIDADES INDÍGENAS EM TRÂNSITO E O RESGATE DA SABEDORIA ANCESTRAL

Este capítulo tem como propósito analisar a obra *Metade Cara, Metade Máscara*, da escritora indígena brasileira Eliane Potiguara, no intento de compreender a construção da identidade feminina indígena a partir da análise dos textos, principalmente poéticos. A análise empreendida também poderá favorecer a ampliação e a disseminação do arcabouço teórico da literatura de autoria feminina indígena e, consequentemente, oferecer instrumentos para uma necessária revisão do cânone na historiografia da literatura brasileira.

De forma geral, a literatura indígena, no Brasil, carece de estudos que sejam colaborativos na constituição de seu arcabouço teórico. Embora tenha havido um crescimento da produção de obras literárias pelos autores nativos, da leitura desses textos em ambientes diversos, ampliação do mercado editorial para o setor e da produção científica a respeito do tema, ainda há muito que ser feito. A esse respeito, Thiél destaca que, para nós, descendentes da formação leitora "dentro da tradição europeia, ainda que essa literatura faça parte da cultura brasileira, ela é desconhecida" (THIÉL, 2014, p. 8).

Conforme demonstra Thiél, é possível dizer que a elaboração de um arcabouço teórico-conceitual a respeito da literatura de autoria indígena brasileira, do mesmo modo que ocorre com as demais literaturas subjugadas pelo apagamento secular— em razão da sobreposição do discurso hegemônico — requer um trabalho rigoroso e sistemático de revisão do cânone literário brasileiro. O argumento da superioridade europeia, por exemplo, não pode ser sustentado à luz dos fatos que envolveram o processo de colonização e dominação nas Américas, por essa razão, o silenciamento das subjetividades indígenas foi estratégico.

Assim, Todorov (1999), ao analisar relatos indígenas sobre a dominação europeia na Mesoamérica, ressalta que a vitória do projeto de colonização predatória dos espanhóis se deu pela conjunção de diversos fatores, os mais relevantes, de acordo com ele, foram: em primeiro lugar, a dizimação da população nativa pelas doenças adquiridas no contato; depois disso, a matança indiscriminada pelo uso das armas de fogo, até então, desconhecidas dos povos nativos. E, por último, em razão da cooptação de alguns povos indígenas, por causa de diferenças internas — os europeus aproveitaram-se de um conflito existente entre Maias e Astecas. Nas palavras do linguista:

> O efeito das armas de fogo e dos cavalos não pode ser diretamente calculado pelo número de vítimas. Não procurarei negar a importância desses fatores, e sim encontrar neles algo em comum, que permita articulá-los e compreendê-los, acrescentando a eles vários outros, que parecem ter passado despercebidos. Ao fazê-lo serei levado a tomar ao pé da letra uma resposta sobre as razões da conquista-derrota que se encontram nas crônicas indígenas e que foi negligenciada até agora no Ocidente, tomada sem dúvida por pura fórmula poética. Com efeito, a resposta dos relatos indígenas, que é uma descrição mais do que uma explicação, consistiria em dizer porque tudo aconteceu porque os maias e os astecas perderam o controlem da comunicação. A palavra dos deuses tornou-se ininteligível, ou então os deuses se calaram (TODOROV, 1999, p. 36).

Dessa forma, ideias, largamente disseminadas, a respeito de uma suposta inferioridade dos povos nativos revelam-se mecanismos que pretendem justificar a dominação e a imposição do ponto de vista europeu. Essa afirmação tem validade tanto para a construção das narrativas históricas quanto para a produção literária. Assim, o florescimento da escrita dos intelectuais indígenas traz à tona uma multiplicidade de vozes, de memórias e de subjetividades até então silenciadas favorecendo a reconstrução da história e do conceito de nação.

No cenário brasileiro, esse fenômeno se repete. De acordo com Duarte:

> É certo que os colonizadores aproveitavam-se amplamente das inimizades existentes entre os diversos grupos indígenas (tupinambás e tupiniquins, por exemplo), como estratégia para a captura de cativos e conquista de novos territórios. No entanto, a participação dos indígenas nesse processo variava entre a colaboração e a resistência, de acordo com os interesses das lideranças desses mesmos grupos (DUARTE, 2015, p. 175).

Do ponto de vista da literatura, há uma ruptura com o modelo vigente, caracterizada pela inclusão de vozes consideradas minoritárias e, até então, excluídas do cenário da produção literária local. Ainda de acordo com

Todorov (1999, p. 134): "A heterologia, que faz soar a diferença das vozes, é necessária". Esclarecido esse aspecto, reexaminar a história da literatura, com vistas ao preenchimento de importantes lacunas e a correção de eventuais distorções na historiografia literária do Brasil, torna-se essencial.

No ano de 2004, Eliane Potiguara lançou a primeira edição do livro *Metade Cara, Metade Máscara*, pela Global Editora e Distribuidora Ltda. O corpo do livro é composto por sete capítulos, cujas narrativas se correspondem em tempos e em espaços diferentes, em prosa e em verso, por meio de uma miscelânea de vozes que se sobrepõem na cena histórica brasileira em diferentes gêneros, linguagens e textualidades. As tecnologias da informação e os meios de divulgação virtual dos escritos da literatura indígena atuam como importantes catalisadores da produção literária de Eliane Potiguara. Nas palavras da escritora Graça Graúna:

> O livro *Metade Cara, Metade Máscara* ou *"Histórias não contadas de mulheres indígenas"*, de sua autoria, foi parcialmente disponibilizado na *Internet*, na página *"Literatura Indígena: um pensamento brasileiro"*, junto ao GRUMIN. No grupo virtual, a autora também modera esse grupo de diálogo em torno da literatura indígena (GRAÚNA, 2013, p. 97).

A atuação da autora em *blogs* e redes sociais também favorece a visibilidade das demandas dos povos indígenas, impulsionando as lutas e garantindo a divulgação, para além dos espaços das comunidades originárias, da produção literária e artística, de forma geral, dos intelectuais e artistas indígenas. Nesse diapasão, a importante luta de Eliane Potiguara pelo reconhecimento do direito à Propriedade Intelectual Indígena também se vale das ferramentas tecnológicas, conforme atestam Marisa Lajolo e Regina Zilberman, na obra *Literatura Infantil Brasileira: uma nova outra história*:

> Participa do Conselho do Instituto Indígena de Propriedade Intelectual, coordena a Rede de Escritores Indígenas da *Internet* e também faz parte da rede Grumin de Mulheres Indígenas. Ao levar às redes sociais a cultura indígena, a escritora parece dar um passo adiante no já tão mencionado hibridismo. Aqui a mestiçagem não se limita à vizinhança de ortografia e caligrafia díspares, como apontado antes, mas se expressa por diferentes suportes, da oralidade à escrita e ao mundo digital (LAJOLO; ZILBERMAN, 2017, p. 99).

Em relação ao GRUMIN, o protagonismo de Eliane Potiguara deve ser ressaltado, na medida em que, antes do lançamento da versão impressa do livro *Metade Cara, Metade Máscara*, em primeira edição, seu conteúdo foi disponibilizado, parcialmente, no espaço virtual desse grupo, fundado por ela. Além disso, nos primórdios, o Jornal GRUMIN já teve uma versão impressa, onde foi publicado, em 1975, o poema *Identidade Indígena*, de sua autoria.

No primeiro capítulo, inicia-se a saga poética de Jurupiranga e Cunhataí, um casal, que representa as famílias indígenas, e sofre com a separação resultante do processo de colonização e de invasões às terras indígenas, com as consequentes migrações para os centros urbanos. A escritora Potiguara aborda a questão da diáspora indígena, do ponto de vista coletivo e individual, a partir da experiência de sua família. Nesse sentido, o texto lembra a necessidade de se criar um centro de documentação histórica, de modo que sejam apurados fatos e responsabilidades a respeito dos genocídios e da subtração de bens e de terras sofridos pelos povos originários, desde o início do processo de colonização até a atualidade. O capítulo é finalizado com a apresentação de poemas.

No segundo capítulo, Eliane Potiguara trata das migrações em relação ao racismo e ao trabalho semiescravo, como também aborda a questão das mulheres indígenas e sua fragilidade diante das violências do sistema forjado pela conjuntura histórica e social. Logo em seguida, ela apresenta o GRUMIN e descreve o trabalho de educação e conscientização para inserção social das mulheres em situação de abandono e discriminação e, por fim, são apresentados poemas: "Ato de Amor entre os Povos" no qual Jurupiranga e Cunhataí são personagens. Há outros poemas que expressam a solidão e a dor de Cunhataí, na tentativa de reencontrar o seu amado e recuperar a família perdida.

O terceiro capítulo é dedicado à insatisfação e à dor de Cunhataí, texto esse que é composto de vários poemas reveladores da consciência da mulher indígena. Eliane Potiguara pretende denunciar a solidão dessas mulheres a partir da narrativa de Jurupiranga e Cunhataí. Desse capítulo, destaca-se o poema *O Segredo das Mulheres*, dedicado à Tia Severina, identificada na obra como uma ancestral da autora, e nesse texto poético, se resgata a relação entre os saberes ancestrais e a identidade feminina.

O quarto capítulo narra a retomada da peregrinação e o sofrimento da protagonista Cunhataí. Simultaneamente, Potiguara trata da relação entre a ancestralidade e a busca da identidade indígena, apresentando a pajelança como expressão da defesa dos direitos e da propriedade intelectual dos povos indígenas. Numa abordagem sobre a identidade feminina, ela apresenta o poema *Pele de Foca*, inspirado em um estudo da obra *Mulheres que Correm com Lobos: mitos e histórias do arquétipo da mulher selvagem* (1999), de autoria de Clarissa Pinkola Estés, a mulher de mil identidades. Em seguida, Cunhataí, exaurida e sem forças, reencontra os ancestrais de seu povo e tem suas energias físicas e espirituais reabastecidas em rituais de dança que duram sete dias. O poema *Identidade Indígena* finaliza o capítulo, com a proposição do ato de amor entre os povos.

O quinto capítulo revela a trajetória de Cunhataí e Jurupiranga pela cultura, pelo tempo e pela natureza, no qual, paralelamente, narra a trajetória de luta de Eliane Potiguara pelo reconhecimento de sua identidade indígena e, consequentemente, pela valorização da cultura dos povos indígenas, - sua militância pelos direitos e pelo reconhecimento dos povos originários. Por fim, Cunhataí e Jurupiranga se reencontram no poema *Revendo seu Amado*, e o poema *Esperança* encerra o capítulo.

No sexto capítulo, a resistência e a combatividade dos povos indígenas ocupam espaço. Jurupiranga, após longa peregrinação como andarilho solitário, reencontra Cunhataí e seu povo e compõe o Hino Nacional Indígena. Juntos, eles adentram a nação indígena, reconstruída pela força da consciência, ao som do poema *Terra*.

O sétimo e último capítulo narra a vitória dos povos indígenas e o reencontro com a sua identidade, assim como o reencontro com a família e a grande festa nordestina, com calda doce de caju, preparada por Cunhataí para receber o esposo. E finalmente, acontece o esperado encontro do casal, no poema *Cunhataí*, que finaliza a trama narrativa de *Metade Cara, Metade Máscara*.

Metade Cara, Metade Máscara traz uma narrativa poética entremeada por relatos, artigos e ensaios a respeito dos povos indígenas, seus líderes e sua luta pela sobrevivência ao longo da história. Além da questão estrutural e poética, a obra tem um caráter pessoal: a escrita da professora, militante, poeta e intelectual indígena Eliane Potiguara coloca foco na luta das mulheres e dos povos indígenas, na saga poética do casal Jurupiranga e Cunhataí, no sofrimento e da solidão das mulheres e nas violências praticadas contra as comunidades indígenas.

Schneider (2008) acredita que as escritoras ameríndias desenvolvem um feminismo indígena tanto na carreira quanto nas obras. Processo idêntico ocorre com a constituição do discurso literário, na poética de Potiguara, cujo processo de materialização se dá em contraposição ao discurso hegemônico.

A obra revela uma escrita de ruptura, em que o feminino se estabelece como resistência, tanto na temática quanto na materialização do texto literário. No primeiro capítulo, a escritora potiguar trata das migrações forçadas responsáveis pela movimentação de grande número de famílias indígenas, como também relata o assassinato do bisavô e a trajetória de fuga das quatro filhas que migraram para o Estado de Pernambuco e posteriormente para o Rio de Janeiro.

Com uma poética feminina, combativa, visionária, complexa e performática[32] calcada em uma cosmovisão étnica — retroalimentada pela sabedoria ancestral, o livro condensa a complexidade da constituição de uma narradora atravessada pelas múltiplas identidades e pelos conflitos violentos de existência diante de uma realidade híbrida e multifacetada, materializada no cotidiano das lutas travadas junto ao Movimento Indígena.

Nesse contexto, a mulher é tida como a guardiã dos saberes ancestrais, e a escrita de Potiguara, aliada a essa percepção, possibilita expressão e voz aos povos indígenas, revisitando e fixando, por meio de sua produção literária, os saberes ancestrais reapropriados. Assim, ela rompe com o silenciamento histórico das vozes de mulheres indígenas e fortalece a subjetividade e a memória dos povos originários.

No escopo da autoria indígena no Brasil, a obra de Eliane Potiguara destaca-se como precursora da produção poética direcionada ao público adulto, tornando essa obra um espaço de disseminação das memórias e de materialização das vozes ancestrais. Em seus textos, a autora dá voz e visibilidade aos guerreiros e às guerreiras do passado e do presente, instaurando uma polifonia que solapa as barreiras do tempo e do espaço. Nas palavras da autora:

> A voz dos oprimidos ecoa igualmente em qualquer parte do mundo. E temos de ouvi-la para que a justiça se faça a qualquer momento da história. Em 18 de abril de 1977, o líder indígena Marçal Tupã-y, assassinado em 25 de novembro de 1983, esteve nas terras do Sul do Brasil e disse:
> Eu não fico quieto não!
> Eu reclamo...

---

[32] A noção de performatividade na literatura de autoria indígena está relacionada ao caráter que a linguagem assume para além do dizer de si ou do dizer do outro, mas implica em uma tomada de posição, que é política e voltada para o agir que afeta a relação com o outro e com o mundo. Escrever e ler, nessa perspectiva, torna-se ato social e dinâmico. Assim, na poética de Potiguara, essa literatura ganha contornos traduzíveis na busca pelo reconhecimento de valores, identidades e pensamentos dos povos originários, nas denúncias contra as injustiças sofridas, na luta pela dignidade das mulheres e dos povos e na tentativa da construção de um outro mundo possível.

> Eu falo...
> Eu denuncio!
> Voltando à história, em 1557, por meio de armas e canhões. Os espanhóis subjugaram 40 mil Guarani da região Sul do Brasil (POTIGUARA, 2018, p. 47).

O líder indígena Marçal Tupã-y, assim como a avó Maria de Lourdes, Tuíra Kaiapó, Zenilda Sateré-Mawé, Deolinda Prado, Sepé Tiaraju, índio Galdino do Povo Pataxó, Ângelo Kretã, Cacique Faustino, Álvaro Tukano, entre outras lideranças, tiveram suas trajetórias de luta reconhecidas, de alguma forma, nos escritos da autora.

Nessa perspectiva, *Metade Cara, Metade Máscara* revela ao leitor uma exímia contadora de histórias que entrelaça poesia e documentário, construindo uma narrativa monumental e complexa. Na primeira seção do livro, o tema das invasões às terras indígenas é tratado em estreita relação com as migrações forçadas desses povos. É a história particular da família de Eliane Potiguara, que inaugura a imersão do leitor no universo descortinado por ela. A obra contempla múltiplas formas de registro de linguagem e de gêneros textuais que se justapõem, se aglutinam e se complementam para a concretização desse projeto de escrita.

O conjunto parece querer ressaltar a complexidade do tema em sua abordagem multifacetada, cuja representação escrita requer a presença, concomitantemente, de variados gêneros textuais. Outrossim, para a efetivação do intento de Eliane Potiguara de favorecer a união entre todos os povos, a linguagem poética se apresenta revestida de função afetiva, isto é, a de tocar a humanidade das pessoas. No escopo dessas considerações, trazemos a seguinte corroboração de Gilbert Durand:

> A razão e a ciência só ligam os homens às coisas, mas o que liga os homens entre si, ao humilde nível das felicidades e das penas quotidianas da espécie humana, é a representação afectiva, porque vivida, que o império das imagens constitui. Depois do Museu imaginário no sentido estrito, o museu dos ícones e das estátuas, é preciso apelar para um outro museu, é preciso generalizar um museu mais vasto que é o dos poemas (DURAND, 2002, p. 104).

Os poemas estabelecem um contraponto interessante em relação à crueza dos fatos relatados na obra, na medida em que intensificam o conteúdo semântico da mensagem, de forma paradoxal, pela leveza da palavra poética, minimizando o impacto das verdades que são contadas e reforçam a sensibilidade poética da narradora, trazendo para as margens do texto, a voz e a subjetividade dos povos indígenas, apresentando aos leitores as culturas desses povos, onde predominam a paz e as relações harmoniosas com os outros seres e com o meio.

As estratégias para enredar o leitor nas tramas dessa narrativa revelam-se de modos variados e, acentuadamente, no emprego da terceira pessoa e na presença dos verbos *dicendi*: "E, aqui, contamos não um caso particular, mas um caso comum a milhares de brasileiros, migrantes indígenas. Conta-se que o índio X, pai das meninas [...]" (POTIGUARA, 2018, p. 24). O processo genérico de identificação é largamente utilizado: têm-se o índio X, a empresa Z e a família colonizadora inglesa Y. As marcas da oralidade e das memórias ganham corpo na superfície textual pela costura narrativa, expressão dos elementos que lhe são constitutivos, como o espaço e o tempo, e nos componentes da subjetivização e da narrativização, indicando acontecimentos transformadores da vida de inúmeras famílias indígenas, que geraram morte, separação e miséria para essa parte significativa da população brasileira.

Nesse sentido, narrativas individuais e coletivas vão se desencadeando para dar relevo aos sentidos e legitimar importantes aspectos da urdidura textual. Trata-se de inserir uma história individual — no caso, o relato do êxodo das mulheres da família da autora —, em um esforço para a compreensão de dinâmicas relacionadas aos diversos fenômenos contemporâneos, como por exemplo, a fragmentação das identidades em razão do fenômeno da diáspora indígena.

Assim, as inúmeras histórias coletivas de dispersão das famílias indígenas desterritorializadas e em trânsito impõem um novo cenário nos espaços urbanos. As diásporas indígenas pelo território brasileiro passam a compor o rol dos fenômenos históricos envolvendo grupos sociais em diferentes partes do mundo, a exemplo da diáspora negra e da diáspora judaica, resguardando-se suas peculiaridades.

Por outro lado, a similaridade das narrativas individual e coletiva em relevo na obra de Potiguara, agravadas — de um lado pelo grande contingente de indígenas vitimados por elas e, de outro lado, pelo silenciamento dessas pessoas no contexto dos espaços de efetivo exercício da cidadania — são aspectos enfatizados pela narradora, na constituição de seu contra-discurso. Nas palavras dela:

> A história aqui narrada não é um caso incomum. A diferença é que, aqui, está tendo visibilidade, quando a esmagadora

> maioria de famílias indígenas violentadas, que continua em aldeias indígenas ou que faz parte das famílias desaldeadas ou desestruturadas, permaneceu calada, enferma, enlouquecida, isolada na sociedade envolvente. Famílias caladas pela pressão política, social e econômica ou por desconhecerem os seus direitos ou, até mesmo, por vergonha. A vergonha é o resultado do estigma (POTIGUARA, 2018, p. 29).

Além de constituir denúncia, a autora defende a instauração de inquéritos e investigações que objetivem a reparação de danos, não apenas a essas famílias indígenas, mas também aos quilombolas, igualmente vitimados pelos processos de colonização e neocolonização em terras brasileiras, e segundo a autora, é um caso "que deve ser estudado e que deve se constituir em um inquérito a partir de estudos antropológicos baseados em histórias e testemunhos [...]" (POTIGUARA, 2018, p. 28).

A escrita da autora denota um caráter militante, pois pretende interferir no contexto político e social, engendrando ações a uma possível reparação material e moral pelos danos causados a essas populações. Nesse aspecto, ao performar o *status* da palavra para além do seu escopo de representação do real, promove um embaralhamento das noções tradicionalmente encampadas pela teoria literária.

A autora contextualiza os desdobramentos dessa ocupação violenta dos territórios indígenas nos processos de colonização e neocolonização. Ela assevera que existem instituições que "já se levantaram contra essa situação e, principalmente, contra as consequências desses deslocamentos de povos de seu habitat natural, constituindo-se no chamado racismo ambiental" (POTIGUARA, 2018, p. 29).

No tangente às mazelas sociais provocadas pelo racismo ambiental, Potiguara elenca casos de violência contra mulheres indígenas seduzidas para servir ao recrutamento de mão de obra barata para o mercado da prostituição no submundo das drogas e da violência, conforme a autora registra: "o caso de mulheres indígenas Yanomami (Roraima), que, há mais de uma década são conduzidas à prostituição, ludibriadas por soldados ou comerciantes" (POTIGUARA, 2018, p. 30).

Ela denuncia também o recrutamento delas para o trabalho operário semiescravo nos grandes centros urbanos, perante o olhar complacente do governo e da sociedade:

> As mulheres indígenas também vão trabalhar como operárias mal remuneradas ou nas grandes plantações dos latifundiá-

> rios, em sistema de cativeiro, trocando seu trabalho por latas de sardinhas e nunca conseguindo pagar sua dívida com o contratante. Outras vezes vão morar com homens sem caráter que as transformam em objeto de cama e mesa, submetidas a agressões físicas e parindo dezenas de filhos, para viverem, miseravelmente, nas casas de palafitas na Amazônia, dentro e fora do Brasil, ou sobreviverem em favelas contaminadas moral, social, política e fisicamente. Muitas vezes trabalham somente pelo prato miserável de comida ou por um pouco de farinha de mandioca (POTIGUARA, 2018, p. 30).

Na elaboração da tessitura narrativa, a contação de histórias e a escrita de si estão entre as estratégias empregadas pela escritora para apresentar ao leitor o contexto de existência/resistência dos povos indígenas, no Brasil e nas Américas. Em sua poética, é ressaltada a resistência de mulheres e homens que insistem em (sobre) viver, apesar do "massacre imundo", buscando formas de se significar na teia intrincada das relações tecidas no seio da sociedade letrada.

Dessa maneira, a produção literária de Eliane Potiguara a coloca no patamar das mulheres transgressoras e politicamente engajadas, violando o acordo tácito social, em favor do qual, questões circunscritas à esfera doméstica, como por exemplo, a exploração servil e sexual das mulheres indígenas subalternizadas e as violências físicas, emocionais e psicológicas, entre muitos outros tipos, permanecem encobertas sob o discreto véu da polidez social. Nesse sentido, Margareth Rago esclarece:

> Escrever, observa Artières (1998), é inscrever-se, é fazer existir publicamente, o que no caso das mulheres assume uma grande importância, já que o anonimato caracterizou a condição feminina até algumas décadas atrás. Pesquisas atuais revelam, aliás, as inúmeras estratégias a que recorriam as escritoras para colocarem-se no papel, a exemplo de George Sand, Júlia Lopes de Almeida, ou Virgínia Woolf, que abordou veementemente a questão em *Um teto todo seu (1928)*. Mais do que isso, se recentemente aparecem biografias femininas escritas por mulheres, ainda são raras as autobiografias de mulheres transgressoras, seja as politicamente engajadas em movimentos sociais, seja as que se rebelaram de outros modos contra os códigos normativos hegemônicos, especialmente no Brasil (RAGO, 2013, p. 33).

A manifestação literária de Potiguara é parte indissociável da sua atuação como ativista social em prol dos direitos dos povos indígenas e, sobretudo, das mulheres. O livro *Metade Cara, Metade Máscara* denota uma estreita relação com a natureza, a partir do princípio fundamental de geração e manutenção da vida enquanto tema de alguns poemas, dando ao papel da literatura o *status* de engajamento social, tornando-se parte tanto do texto enquanto objeto empírico, quanto da constituição da narradora ao se considerar seu estilo de escrita, ao mesmo tempo, questionador e libertário.

Apesar de o tema abordado na obra não constituir uma novidade no cenário das relações sociais da história do Brasil, Eliane torna-se precursora por fazer parte da geração de intelectuais indígenas, cujo papel é exprimir, de forma inaugural, identidades e subjetividades desses povos, o que torna possível afirmar o grau de ruptura com o silenciamento imposto às comunidades indígenas brasileiras por mais de cinco séculos, em razão de barreiras como língua, cultura e dificuldades no acesso à educação formal, por parte das comunidades indígenas espalhadas pelo território brasileiro. Dessa maneira, o livro, por constituir uma espécie de síntese da trajetória literária e militante de Eliane Potiguara, ocupa papel central nesse processo.

A expressão dessas subjetividades favorece um aprendizado que não deveria ter sido negligenciado pelos indivíduos não indígenas, ao longo dos séculos. Ainda assim conhecemos muito pouco da história e da cultura dos povos indígenas "por eles mesmos" e com a abertura proporcionada pela literatura indígena contemporânea, precisamos nos desdobrar para recuperar um pouco do muito que se perdeu no tempo.

Nesse aspecto, o antropólogo Eduardo Viveiros de Castro problematiza esse duplo desconhecimento, entre indivíduos indígenas e não indígenas, ao abordar a teoria do perspectivismo ameríndio:

> Há, pois, mais pessoas no céu e na terra dos índios do que sonham nossos antropologistas. Descrever este mundo onde toda diferença é política, porque toda relação é social, como se fosse uma versão ilusória do nosso, unificá-los mediante a redução da invenção do primeiro às convenções do segundo, é escolher uma solução demasiado fácil - e politicamente iníqua – para determinar as complexas relações de transformação que permitem passar de um ao outro (VIVEIROS DE CASTRO, 2014, p. 54).

Assim, a expressão subjetiva dos intelectuais indígenas, presente nos textos literários e demais manifestações artísticas favorece o acesso aos universos simbólicos e cosmológicos desses povos, de forma a possibilitar aos leitores um acesso diferenciado a essas culturas, por meio da leitura. Mais uma vez a literatura se antecipa aos métodos históricos e antropológicos na tarefa de desvendar os mistérios da humanidade.

3.1 A saga ancestral de Cunhataí e Jurupiranga

Um pequeno preâmbulo, de caráter essencialmente metanarrativo, revela ao leitor a presença da heroína Cunhataí e seu amado Jurupiranga no universo da obra, ao mesmo tempo em que introduz os primeiros poemas na trama de *Metade Cara, Metade Máscara*:

> Jurupiranga e Cunhataí são dois personagens do texto *Ato de Amor entre os Povos*, de minha autoria, reproduzido nas próximas páginas, que sobreviveram à colonização e, poeticamente, vão nos contar as suas dores, lutas e conquistas. Esses personagens são atemporais e sem locais específicos de origem. Eles simbolizam a família indígena e o amor, independentemente do tempo, local, espaço onírico ou espaço físico; eles podem mudar de nome, ir e voltar no tempo e no espaço (POTIGUARA, 2018, p. 31).

A movimentação alegórica, acrônica e desgeograficada dessas personagens, assim como a sua trajetória simbólica e representativa, reforça o liame previamente anunciado a partir da similaridade das histórias contadas no plano individual —a saga das matriarcas da família da escritora – e no plano coletivo — a diáspora dos povos indígenas diversos e plurais pelo território brasileiro. Na perspectiva da diáspora indígena brasileira, Cunhataí e Jurupiranga sofrem uma separação que perdura por mais de quinhentos anos e, no infortúnio dessa marcha, Potiguara elabora o construto teórico que compõe a obra *Metade Cara, Metade Máscara*.

Por meio do processo polifônico de criação poética, a autora concede a voz ao casal e reitera: "vão nos contar as suas dores, lutas e conquistas" (POTIGUARA, 2018b, p. 31). É possível averiguar que o protagonismo da mulher indígena constitui e atravessa a obra. Assim, Cunhataí exerce o papel de narradora e de agente das ações relatadas no âmbito de sua aparição, como por exemplo, na responsabilidade pela tarefa de buscar o marido desaparecido, reaver as terras e reconstituir a família.

Nesse processo de narrativa poética entremeada de poemas, cantos, relatos e textos documentais que compõem a obra *Metade Cara, Metade Máscara* (2018b), a autora utiliza recursos metaliterários na apresentação de poemas, ao promover a sequência temática da obra, a partir da presença de sua heroína:

> Retornando à personagem de nosso enredo, a Cunhataí, após o sofrimento da perda de suas terras, de sua família e de cuja consciência de mulher indígena, revolta-se e desafoga

suas dores nos textos a seguir, porque, além do desterro, não consegue saber o paradeiro de seu homem (POTIGUARA, 2018b, p. 61).

As temáticas dos poemas apresentados, na sequência, lembram a dor da mulher indígena, em intensa luta: pela recuperação de sua identidade indígena obscurecida, na agonia pela perda das terras e pela separação da família, na dolorosa experiência de ocupar um entrelugar, não tendo reconhecida a sua cidadania no espaço urbano, sofrendo com a espoliação feminina, com as consequências do genocídio, com o medo e, buscando o amor como meio para a superação das suas dores. Todas essas questões, além de outras, igualmente atinentes ao universo dos indivíduos autóctones desterritorializados, são abordadas, no livro, a partir do ponto de vista da mulher indígena contemporânea.

A heroína mítica Cunhataí é portadora de grande força simbólica. Sua constituição, enquanto protagonista da narrativa poética, condensa variados elementos da espiritualidade indígena, o que a conecta diretamente ao passado imemorial desses povos: "Quando Cunhataí era criança, ouvia os espíritos da mata, ela via a mãe das águas. Cunhataí tinha o poder da cura" (POTIGUARA, 2018b, p. 73). Ela transita, no universo ficcional engendrado pela poética da autora, como a heroína que aglutina em si o poder e a sabedoria da mulher indígena em sinergia com os espíritos da floresta, com a magia das águas e com a força sagrada da terra.

Cunhataí carrega uma marca no olho direito, que lhe permite ser reconhecida no lar ancestral:

> [...] E quando retorna à sua aldeia o cacique, o pajé e os segmentos do povo a reconheceram, porque ela já era esperada, por decisão dos ancestrais, há muitos séculos. O seu olho direito roxo – o espiritual – foi identificado pelos líderes conectados com a ancestralidade pelo pitiguary, o pássaro que anuncia (POTIGUARA, 2018b, p. 73).

Os sábios da aldeia reconhecem Cunhataí e a identificam com o pássaro ancestral. A presença dos anciãos nessa cena remete à importância do culto da ancestralidade, não apenas para as culturas indígenas, de forma geral, mas também para o trato de questões basilares da obra de Potiguara, referentes à sua constituição como escritora e militante indígena. Assim, na trama, Cunhataí incorpora a heroína guiada pela sabedoria ancestral e protegida pelos espíritos da floresta. A respeito do poder transformador que a ancestralidade adquire, no decorrer da narrativa, sobre a personalidade e sobre o destino dessa guerreira mítica, em uma atmosfera predominantemente onírica e transcendental, o arquétipo do velho sábio, na concepção de Jung, torna-se bastante esclarecedor:

> A figura do Velho Sábio pode evidenciar-se tanto em sonhos como também através das visões da meditação (ou da "imaginação ativa") tão plasticamente a ponto de assumir o papel de um guru, como acontece na Índia. O Velho Sábio aparece nos sonhos como mago, médico, sacerdote, professor, catedrático, avô ou como qualquer pessoa que possuía autoridade. O arquétipo do espírito sob a forma de pessoa humana, gnomo ou animal manifesta-se sempre em situações nas quais seriam necessárias intuição, compreensão, bom conselho, tomada de decisão, plano, etc, que no entanto não podem ser produzidos pela própria pessoa. O arquétipo compensa este estado espiritual de carência através de conteúdos que preenchem a falta (JUNG, 2000, p. 213).

Assim, a força de Cunhataí concentra-se em seu apego à tradição e à sabedoria ancestral. Fragilizada pelas forças adversas oriundas da questão diaspórica que atravessa a narrativa, a heroína se alimenta da espiritualidade e da sabedoria ancestral de seu povo. Da mesma forma que, Eliane Potiguara, desenraizada do território ancestral e padecendo do empobrecimento cultural e simbólico intrínseco à condição urbana de indígena descendente, tem a sua identidade ancestral resgata.

Tal processo ocorre, primeiramente, por intermédio das memórias da avó e, posteriormente, pelo seu retorno físico e espiritual ao lar ancestral, na costa paraibana. Portanto, da sabedoria das anciãs matriarcas indígenas que a nutrem e dão forças para as lutas cotidianas, a autora fez o seu caminho: na escrita e na vida.

Nessa perspectiva, a ubiquidade do entrelaçamento da tradição e dos efeitos da diáspora são constitutivos de *Metade Cara, Metade Máscara*, conforme atestam as palavras da pesquisadora Ana Paula Silva:

> Marcadas pelos deuses e pelo êxodo, Eliane Potiguara usa a literatura para revelar aspectos espíritos-existenciais dolorosos que transcendem às suas experiências próprias, pois seu texto é testemunha ocular dos efeitos do colonialismo e da colonialidade na vida e na história dos povos originários e seus descendentes, especialmente das mulheres indígenas (SILVA em POTIGUARA, 2018b, p. 19).

Outro aspecto interessante que permeia a trajetória de Cunhataí é o trânsito mítico entre humanos e animais, como um traço característico que remete à indistinção entre cultura e natureza, pelos povos indígenas. Essa indistinção é, frequentemente, ressaltada pelos estudos antropológicos. Assim, Viveiros de Castro, em sua obra *A Inconstância da Alma Selvagem*, reitera:

> As narrativas míticas são povoadas de seres cuja forma, nome e comportamento misturam inextricavelmente atributos humanos e não-humanos, em um contexto comum de intercomunicabilidade idêntico ao que define o mundo intra-humano atual. O perspectivismo ameríndio conhece então no mito um lugar geométrico por assim dizer, onde a diferença entre os pontos de vista é ao mesmo tempo anulada e exacerbada. Nesse discurso absoluto, cada espécie de ser aparece aos outros seres como aparece para si mesma – como humana –, e, entretanto, age como se já manifestando sua natureza distintiva e definitiva de animal, planta ou espírito (VIVEIROS DE CASTRO, 2014, p. 244).

A heroína indígena é apresentada, na obra, a partir dos seus atributos, em comparação com os animais das florestas: "olhos de águia", "memória de elefantes", "pernas de alce" e a "velocidade das éguas". Assim, ela segue cumprindo o desígnio que lhe foi imputado pelos deuses, com o poder visionário das mulheres que não se calam e não desistem das lutas, donas de uma visão de longo alcance, como os pássaros: "O velho espírito disse à Cunhataí: Vai ave-menina e mulher! Cria asas e enxergue; um dia, quem sabe, seremos livres!" (POTIGUARA, 2018b, p. 73).

A chegada de Cunhataí ao mundo foi marcada por fortes contingências no contexto das invasões aos territórios tradicionais. A esse respeito, Eliane Potiguara relata:

> Quando Cunhataí era criança, ouvia os espíritos da mata, ela via a mãe das águas. Cunhataí tinha o poder da cura. Sua mãe, insatisfeita com as invasões dos estrangeiros, tomou erva má, para que a semente que ouvia o espírito da mata morresse. A erva fez muito mal à pequena Cunhataí; mas não a matou, tirou um pedaço dela... A mãe, desesperada com sua aldeia, não queria mais as coisas do espírito, negava a terra e a raiz. Mas a avó da menina era mais guerreira. A mãe ficou cega e muda. Tempos depois, a mãe renasceu da mudez e da cegueira por uma prova divina que passou e se tornou

> pajé, sacerdotisa das águas. E a triste avó, cansada das dores e do peso do tempo, morreu. Mas sua essência permaneceu (POTIGUARA, 2018b, p. 73).

A rejeição materna e a tentativa da aniquilação da criança trouxeram consequências maléficas para a criança, mas ela cresceu e se tornou forte. Cunhataí seguiu viagem pelo tempo e pelo espaço e, apesar dos muitos sofrimentos, ela ouvia as vozes ancestrais e seguia sua intuição. A autora reafirma a importância da figura mitológica do pássaro nas culturas indígenas, em relação com o cultivo da intuição como um dos poderes espirituais bastante comuns entre os sábios — os velhos e as velhas— nas diversas comunidades de povos originários. Nas palavras dela:

> Quando se comunga com as águias, no caso dos indígenas norte-americanos, ou com o condor, na América do Sul, se comunga com a força interior dessas aves que trazem no olhar o fogo da quintessência, a força da alma. Seus olhos traduzem-se nas janelas da intuição. Os olhos sábios são as janelas das almas sábias! (POTIGUARA, 2018b, p. 97).

E a saga da guerreira visionária em busca da reunião de sua família e da recuperação de seu território e de sua dignidade continua. Ao sentir-se fraquejar diante das dificuldades do caminho inóspito, ela expressa a sua liderança e conclama os povos indígenas:

> Meu nome é Cunhataí, o nome do meu amor é Jurupiranga, nós somos indígenas do lugar do sol, da terra da mandioca, da lagoa intocável, sagrada, terra do caju amigo e das frutas doces. O Criador é testemunha da nossa dor. Vamos, meu povo, que todos se elevem para que Nosso Pai nos dê a força necessária e nós, fortalecidos e conscientes de quem somos, poderemos reconstruir nossa pátria indígena, nossa terra: nosso território, terra de nossos avós e futuros cidadãos (POTIGUARA, 2018b, p. 111).

Cunhataí assumiu a missão, que lhe foi imputada pelos deuses, de guiar seu povo rumo à vitória contra o esmagamento material, espiritual e psíquico a partir da violência da dominação colonial e neocolonial. Da mesma forma, Eliane Potiguara, a menina que nasceu pobre e frágil, cresceu, tornou-se forte e intuitiva e assumiu o compromisso de lutar pela dignidade de seu povo, usando a força da palavra, a escrita de uma mulher indígena desaldeada, no seio da literatura contemporânea de autoria indígena, como arma contra a opressão, contra o sofrimento dos povos indígenas, contra a "agonia dos séculos".

Jurupiranga que também esteve em busca de Cunhataí, conheceu, em sonho, a saga da esposa. A revelação por meio do sonho evidencia que Jurupiranga, finalmente, havia se reconectado com a sua identidade indígena. A importância dos sonhos, no âmbito das culturas dos povos originários, é ressaltada por Kaká Werá:

> O sonho é o momento em que nós estamos despidos desses *nhanderekó*, dessa estrutura racional de pensar. Estamos no puro estado de espírito. No *awá*, no ser integral. É um momento em que a gente entra em conexão com a nossa realidade mais profunda. Por isso, o sonho e vital. Ele faz essa ligação com o nosso eu verdadeiro (WERÁ, 2019, p. 41).

Dessa forma, o herói despertou: "Forte, renascido, encontrou forças, por meio das lembranças de suas histórias, de seus ancestrais e de sua cultura e pôde encontrar o caminho de volta de onde saíra há cinco séculos" (POTIGUARA, 2018b, p. 148). Após a longa e sofrida separação, Cunhataí, ao receber a notícia do retorno de seu amado, preparou uma assembleia para definir a forma de recepcionar o guerreiro. Foi preparada uma grande festa regada a calda de caju. E todas as tribos indígenas brasileiras e estrangeiras foram convidadas. "Todos na comunidade esperavam a volta de Jurupiranga. Muitos séculos haviam se passado, mas, na simbologia da volta daquele homem, viriam vários outros homens de outros séculos que a mesma dor passaram" (POTIGUARA, 2018b, p. 154).

3.2 Os textos documentais

No primeiro capítulo da obra: Invasão às Terras Indígenas e a Migração, há um relato da autora que antecede a apresentação dos poemas. Esse texto contextualiza o leitor acerca dos processos de movimentação involuntária das comunidades indígenas pelo território brasileiro desde a colonização europeia até os dias atuais. Paralelamente, a partir da similaridade entre as narrativas de deslocamento, a autora relata o êxodo de sua família da aldeia Potiguara no litoral da Paraíba, a partir do desaparecimento do bisavô, Chico Solon.

Além de inserir dados históricos e diversos depoimentos, Potiguara continua a tratar do tema, no capítulo seguinte: Angústia e desespero pela perda das terras e ameaça à cultura e às tradições: dor e revolta de Jurupiranga e Cunhataí. No primeiro tópico, sobre migração e racismo, a autora reitera:

> Por todas essas razões, há muitas décadas, muitas lideranças têm sido sacrificadas por lutar por seus direitos. Os casos mais polêmicos referem-se ao assassinato de Marçal Tupã-y, em 1983; ao caso dos 14 índios Tikuna assassinados, em 1988; o caso dos 16 índios Yanomami, em 1993 e ao caso do índio Galdino, do povo Pataxó, queimado em Brasília, um exemplo clássico de racismo urbano e violento, em 1997. Todos esses casos continuam impunes. Ainda existem outras centenas de casos anônimos, indefinidos, e outros abafados de indígenas que lutam por seus direitos, por temerem represálias ou por estarem abalados moral e psicologicamente (POTIGUARA, 2018b, p. 45).

O racismo contra os povos indígenas, denunciado pela autora em seus textos, constitui um problema estruturante da sociedade que compromete a subjetividade e a estima dos indivíduos e mantendo e reproduzindo as noções de hierarquia racial reguladoras do *status quo*. No âmbito institucional, ele acontece de maneira sutil, conforme salienta o pesquisador Edson Silva:

> O racismo institucional é manifestado em práticas de agentes que atuam na Educação em diferentes níveis e, muitas das vezes, está intimamente ligado a convicções ideológicas, a concepções excludentes, racistas e ocorrendo quase sempre como um descompromisso intencional, mas de forma sutil, silencioso, e, portanto, tornando-se mais difícil de ser identificado e combatido (SILVA, 2015, p. 39).

O autor discute o problema, em artigo, combinando diversos fatores envolvidos nas práticas racistas, sobretudo em ambientes educacionais. Nesse sentido, ele discorre sobre a importância e os desafios para.: "implementação da Lei 11.645/2008 veio somar-se aos debates sobre reconhecimento e respeito às sociodiversidades no Brasil contemporâneo, exigindo, portanto, um repensar sobre a história do país, discussões sobre a chamada "formação" da sociedade e da "identidade nacional" (SILVA, 2015, p. 36-37).

O debate aponta para a necessidade urgente de combater o racismo, em suas variadas formas de manifestação para diminuir a violência contra os indígenas e garantir condições de desenvolvimento individual e comunitário, seja nas cidades seja nas aldeias. Na luta contra a perpetuação e a naturalização dessas práticas discriminatórias, a literatura indígena torna-se importante aliada. Dito de outra forma, estimular a leitura das obras de autores e autoras indígenas, em ambientes escolares, pode favorecer uma atmosfera de respeito e reconhecimento do valor das diversas culturas indígenas brasileiras, de modo a contribuir para a minimização da violência contra os indivíduos originários e suas comunidades.

Em razão de o recorte feito nesse tópico priorizar a discussão dos textos documentais presentes na obra, a discussão do capítulo 3 não se aplica nesse espaço, uma vez que, nele são apresentados: narrativa mítica da saga do casal Jurupiranga e Cunhataí e poemas, cujos temas são voltados para o universo dos povos indígenas, a partir de um olhar feminino.

No capítulo 4: *Influência dos Ancestrais na busca pela Preservação da Identidade: a importância da família, dos avós e dos antepassados indígenas*, ao abordar a força do feminino ancestral e a pajelança como expressão da defesa do direito de propriedade intelectual dos povos indígenas, a autora apresenta um estudo da obra *Mulheres que correm com os lobos: mitos e histórias do arquétipo da mulher selvagem*, da escritora Clarissa Pinkola Estés, a partir do qual a autora compôs o poema: Pele de Foca. O sugestivo título da obra já remete à fusão de algumas noções do mundo humano com outras do mundo animal. A aproximação sugerida entre as mulheres e os lobos não acontece de forma gratuita. Assim, Estés esclarece:

> O título deste livro, *Mulheres que correm com os lobos, mitos e histórias do arquétipo da Mulher Selvagem*, foi inspirado em meu estudo sobre a biologia de animais selvagens, em especial os lobos. Os estudos dos lobos *Canis lupus* e *Canis rufus* são como a história das mulheres, no que diz respeito à sua vivacidade e à sua labuta. Os lobos saudáveis e as mulheres saudáveis têm certas características psíquicas em comum: percepção aguçada, espírito brincalhão e uma elevada capacidade para a devoção. Os lobos e as mulheres são gregários por natureza, curiosos, dotados de grande resistência e força. São profundamente intuitivos e têm grande preocupação com seus filhotes, seu parceiro e sua matilha. Tem experiência em se adaptar a circunstâncias em constante mutação. Têm uma determinação feroz e extrema coragem (ESTÉS,1999, p. 7).

Os lobos têm essa simbologia intrigante, por essa razão a autora ressalta o parentesco psíquico que esses animais mantêm com as mulheres. Nesse sentido, Durand (2002, p. 86) ressalta que, de acordo com a imaginação ocidental: "Num pensamento mais evoluído, o lobo é assimilado aos deuses da morte e aos gênios infernais". Considerando-se os estudos do imaginário

A mensagem que fica é sobre a importância de manter acesa a tocha da ancestralidade: interpretar as mensagens oníricas dos velhos e das velhas e fortalecer a identidade para resistir ao inimigo interno, que ela chama também de predador natural da história. Esse fortalecimento das mulheres aparece relacionado à autoestima e, de acordo com a autora, deve ser cultivado para superar a opressão e a dominação.

É também no quarto capítulo que Eliane Potiguara conta a história do indiozinho que, segundo ela, encontrou mendigando pelas ruas da cidade. "Vi um indiozinho escorrendo pelo bueiro. A metade de seu corpo superior debruçava-se sobre o meio-fio da rua e a outra parte jazia cansada, escorrendo pelo esgoto urbano" (POTIGUARA, 2018b, p. 102). O sentimento maternal feminino ferido pela imagem do "indiozinho urbano" é uma denúncia contra a falta de políticas públicas e ações afirmativas do governo e a conivência da sociedade. Nas palavras de Potiguara, as condições insatisfatórias de sobrevivência dos povos indígenas, nas grandes cidades:

> O último censo do IBGE registrou um aumento da população indígena, considerando os indígenas desaldeados e os indígenas-descendentes. Isso é um primeiro passo. Mas, enquanto isso, o indiozinho continuava lá, sucumbindo às lágrimas. Seu corpo sujo e magro amoldava-se às formas do paralelepípedo. Sua cabeça reclinava sobre o chão imundo e seus pés mostravam os ossos aos "abutres". Eu nunca vira uma cena como essa. Nessa noite eu não dormi. Nem na Índia eu vira cena tão agressiva à minha ética. [...] Toda essa cena contrastava-se com a propaganda de arte indígena que nesse momento fazia sucesso em uma exposição citadina que corre o Brasil: "arte milenar indígena não morre! [...]". Mas as pessoas indígenas morrem pela falta de uma posição governamental que faça exercer os direitos indígenas nesse país. O indígena precisa sair das paredes, dos museus, das salas de exposição!" (POTIGUARA, 2018b, p. 103).

A imagem do corpo do menino caído no chão, ao lado de um cartaz de publicidade anunciando uma exposição de arte indígena, evidencia a incoerência da sociedade que cultua uma idealização das populações indígenas brasileiras, enquanto os indivíduos reais padecem, invisibilizados pelo sistema. Essa realidade é amplamente denunciada pela escritora, na sua condição de mulher indígena, identificada com a Mãe-Terra, com dor e indignação: "E meu útero de mãe rosnou, rosnou tanto que uma dor rouca, uma dor cavernosa saiu pelas minhas entranhas, uma dor insuportável que esmigalhava minha alma, minha essência indígena, meus berros internos!" (POTIGUARA, 2018b, p. 105).

Ao final do quinto capítulo: *Exaltação à Terra, à Cultura e à Espiritualidade Indígenas: Tupã mostra a caminhada dos povos indígenas a Cunhataí e a Jurupiranga, através da natureza, da cultura e dos tempos*, há um estudo detalhado sobre o povo Guarani elaborado pela autora: "Tomei conhecimento do livro *A República Comunista Cristã dos Guaranis* por intermédio de meu falecido esposo, o cantor Taiguara, indígena charrua do Paraguai, que, em 1977, exaltava esse povo e o tinha como referencial" (POTIGUARA, 2018b, p. 131). Trata-se de interessante registro no qual a autora afirma que na organização social dos guaranis, no passado, verificava-se a predominância do matriarcado.

Mesclando diferentes gêneros textuais, Eliane potiguara constrói uma obra de denúncia em que as injustiças e as violências contra os povos indígenas são tematizadas em sua escrita. Após ingressar no movimento de luta pelos direitos dos povos indígenas e tornar-se militante pelos direitos das mulheres, participou de eventos nacionais e internacionais, sempre na defesa das pautas indígenas, sobretudo as femininas. Assim, a sua escrita tornou-se também sua arma de luta.

Nesse contexto, assume relevância a sua atuação no Grumin, grupo criado por ela para apoiar a luta das mulheres. A respeito da criação e do escopo do Grumin, bem como de sua relevância para a constituição do conjunto de sua obra, Potiguara comenta:

> Após quinze anos de trabalho do Grumin, que juridicamente surgiu em uma reunião no Rio de Janeiro e foi, posteriormente, ampliado em uma assembleia na área indígena Potiguara, Paraíba, em 1987, apoiada pelo, na época, cacique João Batista Faustino, pela mulher mais velha da tribo que eu chamava de tia Severina, por Maria de Fátima Conceição, o líder Djalma, entre outros – após vários debates locais, regionais e estaduais, cursos de capacitação, seminários nacionais e conferências internacionais que realizamos, chegamos à crítica conclusão de que não existem estudos, cifras, estatísticas que documentassem a maneira como as mulheres indígenas eram ameaçadas e violadas em seus direitos humanos (POTIGUARA, 2018b, p. 49).

O detalhamento de dados e de informações a respeito do Grumin, como pautas de discussões, objetivos, projetos desenvolvidos e em desenvolvimento, cursos oferecidos, estratégias para apoio às mulheres vítimas de violências, entre outros aspectos são indicadores da ausência de políticas públicas em prol dessas mulheres. Faltam também políticas públicas e iniciativas institucionais efetivas para suas principais pautas, como o combate à violência, o apoio para a saúde e o reconhecimento dos direitos reprodutivos.

Entremeados à narrativa poética e aos poemas, os relatos passam a discorrer a respeito de estudos realizados pela autora, de sua trajetória como militante indígena pelo Brasil e por diversos outros países e continentes e, até sobre informações a respeito de livros da autoria dela. Como a obra didática direcionada para as escolas indígenas *Akajutibiró: Terra do Índio Potiguara,* em que a autora ressalta: "A cartilha não tinha a pretensão de ser o único material de alfabetização: era um material de apoio e complementação, mas lançava as primeiras sementes na busca do inconsciente coletivo, busca da reflexão do que era a Educação Indígena Potyguara" (POTIGUARA, 2018b, p. 108).

Por ser professora com formação universitária e trabalhar em prol dos direitos indígenas, Potiguara pôde colaborar intensamente com o processo de implantação das escolas indígenas e com a formação dos professores nativos para as escolas das aldeias. Ainda a respeito da cartilha: "O material foi financiado pela Unesco, apoiado pela Uerj e editado pelo Grumin. A cartilha estava aberta às críticas" (POTIGUARA, 2018b, p. 109).

As reflexões da escritora potiguara a respeito dos processos envolvidos na luta pelos territórios e por dignidade para os povos indígenas são esclarecedoras da complexa realidade desses povos, sendo indígenas, são plurais em suas culturas, línguas, costumes e histórias. Assim, ela esclarece:

> Povos indígenas, povos ressurgidos, povos emergentes, indiodescendentes, índios desaldeados, deslocados e migrantes grupais ou migrantes individuais não podem ficar à mercê de análises antropológicas burguesas, insensíveis e intolerantes de governos racistas, preconceituosos e autoritários, seja este, seja aquele. As almas dessas pessoas devem ser respeitadas porque têm a história de seus antepassados; têm a história das mulheres e dos homens decididos (POTIGUARA, 2018b, p. 101).

A aparente complexidade do tema torna-se mais intensa a partir das considerações de que a experiência de cada indivíduo está atrelada à sua história e pode conter elementos muitos específicos, como sugere a rica terminologia empregada pela autora, cada povo tem a sua realidade e a sua trajetória na teia intrincada do processo histórico de dominação, jugo e genocídio, a partir dos processos violentos da colonização e da neocolonização.

A realidade abordada, sobretudo no que afeta mais diretamente as mulheres e as crianças indígenas constitui o foco do trabalho de Potiguara com o Grumin. Dessa forma, ela ressalta o papel da sua escrita engajada ao constituir uma forma de denúncia das vivências desumanas e ultrajantes das mulheres:

> As histórias dessas mulheres indígenas empurradas para o lixo da sociedade nas grandes cidades como Manaus, Belém, Fortaleza, Boa Vista, Recife e demais cidades não podem ficar invisíveis como ainda estão. Repetindo: a formação de gênero entre os povos indígenas deve ser uma estratégia para promover justiça de gênero dentro das organizações indígenas para a defesa das mulheres aldeadas, das viúvas, das idosas, das meninas e daquelas que vivem na periferia, em casas de palafitas na Amazônia ou das que vivem nas favelas nas grandes cidades, servindo de mão de obra quase escrava na sociedade discriminatória. Essa foi a bandeira levada pelo Grumin! (POTIGUARA, 2018b, p. 102).

A pertinência do Movimento Indígena, do Grumin e dos trabalhos desenvolvidos no âmbito desses dois segmentos é constitutiva do projeto de escrita literária de Eliane Potiguara. Além de se apresentar, aqui como tema de parte da narrativa em prosa do livro *Metade Cara, Metade Máscara* (2018), conforme afirma a própria escritora:

> O Jornal do Grumin incomodou muita gente, os projetos que desenvolvemos dentro da área indígena também incomodaram, as feiras de artesanatos, a sementinha da Casa da Mulher Indígena e outros tantos também incomodaram. Mas muita gente Potyguara assumiu esse sobrenome para carregá-lo à posteridade, como muito bem perguntou o procurador Dr. Luciano Maia a Maria de Fátima: "Quem mandou você se chamar Maria de Fátima Potyguara?". Ela respondeu: "Foi Eliane Potiguara". Isso porque eu havia aprendido primeiro com a minha própria avó desde a infância, e, depois, com Ailton Krenak, Marcos Terena, Paulo Bororo, Lino Miranha, Mário Juruna, Manoel Moura Tukano, Álvaro Tukano, Chiquinha Pareci, Megaron Txukahamãe, Dona Marta Kaiwoá, Daniel Mantenho Cabixi, Quitéria Pankararu, Quitéria Xukuru-Kariri, Andola Inácio Kaingang e muitos e muitos outros que começaram o Movimento Indígena Brasileiro, alguns se prejudicando pela intolerância e cooptação institucional, religiosa ou política. Quando eu escrevi *Ato de Amor entre os Povos*, em 1978, dedicado aos povos indígenas da América Latina e ao poeta de todos os tempos, Pablo Neruda, chileno,

> senti nos ares a inspiração das cartas que escrevia ditadas por minha avó indígena, quando eu tinha 7 anos. Foi assim que, pela primeira vez, assinei meu nome de escritora Eliane Potiguara (POTIGUARA, 2018b, p. 125).

Nesse ínterim, ela reitera que o acréscimo da etnia ao primeiro nome dos escritores autóctones: "foi um caminho encontrado pelo nascer do movimento indígena como uma forma de exaltação à identidade indígena, uma forma de resgate cultural e de resistência indígena" (POTIGUARA, 2018b, p. 126). Nesses relatos, a partir de suas experiências em viagens para participar de eventos e fóruns pelo Brasil e pelo mundo, Potiguara reflete a respeito do papel das mulheres, em diferentes sociedades e sobre a forma como são tratadas no âmbito familiar e social.

Ela ressaltou que, em visita ao Canadá conheceu um líder que confessou publicamente praticar violência contra a esposa e reconheceu que tal ato seria influência da colonização; na Bolívia, presenciou uma greve de mulheres em prol da libertação dos maridos presos; conheceu também a luta das mulheres pelos direitos reprodutivos na Amazônia peruana; no Equador, encontrou-se com a primeira mulher indígena a criar o movimento de luta pelos direitos femininos; Em Trinidad Tobago, acompanhou o movimento de luta das mulheres negras e indígenas; Na Índia, conheceu os castigos de apedrejamento para as mulheres adúlteras; tomou conhecimento também do sofrimento das mulheres na China.

Na ocasião em que esteve na Paraíba, com sua família indígena, em Baía da Traição, ela relatou que compartilhou experiências com a guatemalteca Rigoberta Menchú, primeira mulher indígena a receber o Prêmio Nobel da Paz. Além dessas experiências, diversas outras são relatadas, na obra, sempre em conexão com a luta das mulheres por direitos, por seus territórios e contra o preconceito de gênero e o racismo estrutural institucionalizado.

3.3 Ancestralidade

Para as comunidades indígenas, a ancestralidade é intrínseca à experiência de "estar no mundo". Ela está relacionada à tradição, sempre defendida e, por meio da qual, se pretende garantir a manutenção da vida, da história e da memória de cada povo. De acordo com Munduruku:

> As crianças têm um canal aberto com sua ancestralidade. Elas são emotivas e conseguem chegar onde os adultos não chegam. Os adultos costumam ser bloqueados pelas vozes

> da escola, da economia ou da política. Isso os impede de "acordar" as memórias ancestrais que trazem em si. O adulto precisa se curvar a esta verdade, caso queira compreender a escrita indígena (MUNDURUKU, 2018, p. 89).

O respeito ao passado e às tradições é algo indiscutível a partir de uma visão dialética entre passado e presente. Ainda nas palavras do autor: "O passado se une ao agora, ao presente. Não há nenhuma possibilidade de um indígena chorar o passado, pois ele sabe que esse tempo é memorial" (MUNDURUKU, 2018, p. 88-89).

Assim, há um lastro de ancestralidade que permeia a construção da obra *Metade Cara, Metade Máscara* a partir mesmo da constituição da narradora, pois Eliane Potiguara iniciou seu projeto de escrita literária inspirada pelas cartas da avó, cuja leitura e escrita passaram a ser uma responsabilidade para a autora desde a infância, uma tarefa que a conectou ao universo das memórias e das subjetividades ancestrais.

Nesse aspecto, a anciã potiguara incorpora, na trama, a imagem arquetípica do velho sábio por se constituir como fonte de conhecimentos ou, nesse caso, especificamente em relação ao projeto literário de Eliane Potiguara, a avó foi a incentivadora de sua construção. Para consolidar esse pressuposto, o pensamento de Jung (2000, p. 218) corrobora: "O Velho representa, por um lado, o saber, o conhecimento, a reflexão, a sabedoria, a inteligência e a intuição e, por outro, também qualidades morais como benevolência e solicitude, as quais tornam explícito seu caráter 'espiritual'". Eliane teve na avó, desde a infância, a grande incentivadora e foi, a partir dos ensinamentos dela que a escritora construiu uma ponte, ligando-a à cultura indígena ancestral, sua herança familiar.

Para a escritora, cultivar a ancestralidade pode fortalecer a identidade, tanto dos indígenas quanto de outros povos, de forma a instrumentalizar a luta contra as opressões. Nas palavras dela:

> A chama do conhecimento ancestral seja indígena ou oriunda de outras raízes deve ser despertada imediatamente na *anima* de todas as mulheres e dos homens também para que possa despertar o feminino dentro deles e a parceria homem/mulher seja comungada dentro dos princípios dos direitos humanos mais transcendentais. Quando despertamos essa força, começamos a reconhecer a sombra negativa da nossa psique. Os aspectos negativos do nosso comportamento, o nosso inimigo interno. E neste processo, começamos a reagir contra a opressão, o racismo e a destruição causados a nossa

persona, que vai se somando a milhares e milhares de mentes do planeta Terra nestas partes do mundo que se permitem chamar "Terceiro Mundo", obscuro, oprimido social, racial, econômica e politicamente (POTIGUARA, 2019, p. 153).

Eliane Potiguara tem uma visão ampla dos efeitos do culto à ancestralidade e da forma como ele pode transformar a vida das pessoas e trazer benefícios individuais e sociais para diversas culturas e povos. Para ela, essa compreensão pode favorecer as relações de gênero, equilibrando-as e pode também fortalecer as lutas por direitos e pelo fim do racismo e das desigualdades. Em sua perspectiva feminina e mística, a tônica da ancestralidade tem poder de cura das relações de gênero e de superação das adversidades no âmbito social.

O caráter místico do pensamento da autora vem de fontes diferenciadas, mas que se complementam: por um lado, Potiguara é professora com formação em nível universitário e bagagem relativamente significativa de leituras, é intelectual urbana com sensibilidade aguçada para apreciação de temas literários, filosóficos, humanísticos, entre outros, bem como possui um gosto refinado para outras produções artísticas, como a música e a pintura, por exemplo. Além de demonstrar grandes habilidades para a escrita literária e poética, o que pressupõe, de certa forma, o desenvolvimento de um nível relativamente elevado de humanidade.

De certa forma, no contexto da produção dos intelectuais indígenas hoje, já há uma certa pressuposição das características e dos valores dessa natureza como parte constitutiva da subjetividade desses escritores, pois, de acordo com Munduruku e Potiguara (2018, s/p) "[...] sem perder o contato com a tradição, eles se inserem na modernidade, reivindicando sua participação em todos os aspectos da vida social, inclusive na vida literária".

Na esteira dessas considerações, a sua escrita é reveladora de uma ética fundada nos princípios morais mais elevados, pois a autora é defensora da paz, do amor e da harmonia entre todos os povos. Poucos escritores contemporâneos buscaram com tamanha determinação e, de forma tão deliberada, denunciar as injustiças e as incoerências de seu tempo.

Por outro lado, segundo afirmações dela própria, sempre foi leitora "do livro da oralidade" de sua avó e das outras matriarcas da família – mãe e tias. Assim, nutriu-se também com os conhecimentos emergentes das culturas indígenas brasileiras, desde a mais tenra idade. Nas palavras de Eliane Potiguara: "Aprendi com minha avó indígena, com Salvador Dali e Paulo Freire a reconstruir uma imagem de nós mesmos, desconstruir imposições e a reconstruir o nosso discurso" (POTIGUARA, 2018b, p. 105).

Dessa forma, Potiguara busca o contato com os seus ancestrais, de formas diferenciadas, valendo-se da intuição feminina e de características idiossincráticas, desenvolvidas a partir de suas vivências híbridas em ambientes de culturas díspares, pelos seus sonhos e também por características muito particularmente suas, como exemplo, a marca de jenipapo no rosto, em correspondência direta com o "olho espiritual" de Cunhataí, o olho roxo, intuitivo, visionário. Por essa razão, a autora procura desenvolver suas habilidades visionárias, despertando *anima*, a "mulher selvagem" que existe em seu interior, de forma a acender e fazer brilhar a "chama de sua ancestralidade".

Assim, Potiguara expressa os valores constitutivos de sua pajelança literária:

> O povo indígena sobrevive há séculos de opressão porque tem como *maior referencial*, a tocha da ancestralidade, do perceber intuitivo, da leitura e da percepção dos sonhos, o exercício da dança como expressão máxima da espiritualidade e da valorização da cultura, das tradições, da cosmovisão personificada na figura dos mais velhos e das mais velhas, os idosos planetários (POTIGUARA, 2018b, p. 97).

Para além dos aspectos elencados, a autora, identificada com a intertextualidade entre a literatura, a filosofia e a psicanálise — por influência das variadas leituras, como do livro de autoria da psicanalista junguiana, Clarissa Pinkola Estés, *Mulheres que correm com lobos: mitos e histórias do arquétipo da mulher selvagem* (1999), citado por ela em sua obra *Metade Cara, Metade Máscara*, 2018. Assim, nas palavras de Potiguara, sobre a sua leitura da obra de Estés:

> [...] encontrei parte das respostas para as perguntas que estava fazendo há muitos anos em minha vida: eu como uma pessoa de origem indígena, mulher, de família extremamente pobre e migrante dos territórios indígenas por ação violenta da neocolonização algodoeira nordestina, vitimada pelo racismo ambiental e pelo racismo contra as próprias mulheres que serviam de objeto sexual para os colonos. E, em um momento de maior êxtase de minha vida e inspirada por essa pensadora feminina, a escritora Clarissa de múltiplas identidades e cidadanias (classificação dada por mim), inclusive a indígena [...] (POTIGURARA, 2018b, p. 94).

O êxtase referido pela autora, pelo fato de haver se encontrado com sua essência feminina, proporcionou inspiração para a composição do texto Pele de Foca:

A luz se abriu e a minha pele de foca voltou a se umedecer. Minha pele estava seca pelas vicissitudes da vida.
Eu mergulhei nas profundezas dos mares e reencontrei minha avó-foca, minhas sagradas ancestrais e os velhos guerreiros que também não se envergonhavam por suas lágrimas.
Elas – sabidamente – me contestaram e mostraram que eu, inconsciente e pacificamente, aceitava os padrões éticos impostos pela intolerância da sociedade, e voltei com minha alma fortalecida, voltei com meus sonhos definidos, voltei com minha intuição extremamente clara, precisa, determinada.
Minhas costelas não estão mais descarnadas, a carne voltou a crescer depois que os homens derramaram suas lágrimas pelas mulheres do mundo e eu não sou mais uma mulher-esqueleto, jogada no fundo do mar, como se fora um sapato velho, pela cultura impostora. Sou uma mulher de fibra, porque eu me reconstruí por mim mesma, depois de dançar desvairadamente na vida com meu iludido sapatinho vermelho. Quase perdi os meus pés, as ervas daninhas enrolaram neles pra que nunca mais caminhasse pelas estradas do saber, da consciência do mais alto grau de espiritualidade indígena, mas pude dominá-los e arrancar esses malditos sapatinhos vermelhos das chamadas "mulheres e mães boas-demais!" que, por serem assim, vivem sufocadas pelo peso da história da opressão e quando vislumbram uma "semiliberdade", uma ilusão, a pseudoliberdade, se perdem nos terríveis sapatinhos vermelhos da cultura falsamente iluminada, que escamoteia o poder, o preconceito, o racismo.
Meu ego não pode ser mais forte que minha alma. Minha alma é ancestral, meu ego não pode dominar minha verdadeira história. Faço agora um acordo entre meu ego e minha alma. Minha alma é primeira, é forte, é intuitiva; ela é ética, pra não dizer pura, minha alma é terna, eterna amante, indígena.
Mas meu ego, condicionado pela cultura dominante, me leva Para a escuridão terrena, celestial, marítima, onírica e filosófica.
Conduz minha autoestima para os porões. Não, mulheres do Mundo! Não aceitemos mais. Não, não, não, não, não!
Meu ego não pode ser mais forte que minha alma, minha *anima*, minha essência de mulher selvagem, indígena, essencial à preservação digna do planeta e dos seres humanos.
Basta de violência. Nós somos lobas. Somos música que ecoa no etéreo.
Nós somos focas. Nós somos humanidade e sabemos o que é

> Digno para nós. Nossa pele de foca brilha de novo.
> Ouçamos definitivamente nossas velhas e velhos
> (POTIGUARA, 2018b, p. 94-95).

A resistência se mostra em primeiro plano, no texto *Pele de Foca* não há clara definição da proposta textual selecionada pela autora. Parece haver, outrossim, uma opção deliberada pela falta de correspondência formal a partir dos gêneros tradicionais da escrita poética. Isso equivale a dizer que a autora pode estar pretendendo inaugurar uma nova modalidade de construção de poemas com base em uma não diferenciação entre os versos.

Mas, a afirmação só poderia ser validada a partir da resposta ao seguinte questionamento: esse texto é composto por versos? Trata-se de um poema em que a proposta subverte as formas canônicas? Ou seria uma construção em prosa, cujas formas sintáticas e de estruturação de parágrafos foram implodidas para dar lugar a uma nova técnica narrativa? A falta de elementos característicos formais da teoria inviabiliza uma análise estrutural do texto.

No nível temático, pode-se afirmar que aborda um tema do universo feminino em que a ancestralidade está presente e é reiterada. Além da temática feminina, a autora também o é. Assim, não constituiria contrassenso afirmar, na esteira das investigações de Lucia Castello Branco, sobre a escrita feminina, que: "Em meio a essa trajetória sinuosa da escrita, ao menos um traço se faz bastante nítido: a busca da identidade" (CASTELLO BRANCO, 2004, p. 138).

Dessa forma, a metáfora da renda pode ajudar a mapear as complexidades dessa composição poético-literária. Nas palavras dessa autora:

> Como ler o texto feminino, esse percurso enviezado, essa fala delirante que não vai a lugar algum? Como tocar no que há por detrás, se o por detrás se antepõe e expõe, obsceno, seu corpo em espetáculo? Resta-nos mergulhar na superfície do significante, e, à margem da escrita, percorrer suas lacunas, suas ausências, suas frestas. Como um tecido, um bilro, uma renda, o texto feminino então se exibe: linhas em torno de um buraco. Nas bordas do vazio, um desenho. Puxado o fio, o desenho se desfaz. Quem souber bordar, lerá (CASTELLO BRANCO, 2004, p. 139).

Aceito o desafio, seguimos na tentativa de fazer "esse bordado". Então, de posse dessa primeira definição, resta indagar a respeito da voz poética: findo esse intento, deparamo-nos com as seguintes expressões: "minha pele de foca"; "minha avó-foca", no plano do léxico e, no plano das ações, um mergulho nas profundezas do oceano para umedecer-se, molhar a pele de foca, em outras palavras, para nutrir-se de sua essência feminina, líquida, oceânica, noturna.

Assim, buscamos nas formulações teóricas de Gilbert Durand e em *As estruturas do imaginário*, uma possibilidade de análise para o trecho em que a foca mergulha no ventre de águas salgadas: "As águas encontrar-se-iam 'no princípio e no fim dos acontecimentos cósmicos', enquanto a terra estaria 'na origem e no fim de qualquer vida'". As águas seriam, assim, as mães do mundo, enquanto a terra seria a mãe dos seres vivos e dos homens (DURAND, 2002, p. 230).

Nas profundezas das águas primordiais, inquietas, revoltas, desse oceano de mistérios insondáveis, o encontro com os ancestrais sagrados na busca pela identidade obscurecida / a pele de foca ressecada pelas "vicissitudes". Então, a foca da superfície, identificada com o sujeito lírico feminino, encontra-se com os espíritos ancestrais de seu povo, nas profundezas das águas. Compreendemos, com Jung, que pode tratar-se da *anima*, a alma: "A anima também se relaciona com animais, que simbolizam suas características" (JUNG, 2000, p. 199).

Os ancestrais são marcados, na complexidade do texto, pela capacidade de não se envergonharem de suas lágrimas. Nesse modelo ditado pelos anciãos, os homens também verteram as suas lágrimas pelas mulheres. Do mesmo modo que a avó Maria de Lourdes estava constantemente em lágrimas quando se comunicava com os parentes que permaneceram na aldeia, por meio das cartas escritas por Eliane: Sua avó, analfabeta, sempre solicitava que a menina, já com 7 anos, escrevesse cartas a uma determinada pessoa na Paraíba e sempre chorava ao receber as respostas" (POTIGUARA, 2018b, p. 26).

Mais uma vez, as lágrimas estabelecem o elo entre diferentes partes da obra. Ao investigar sobre o sentido dessas lágrimas, tão abundantes na narrativa. Potiguara, intuitivamente, reconhece o motivo dessas tristezas: "Durante muitos anos eu refleti muito. Os rios de lágrimas que jorravam de meu ser eram por eu ter de me retirar da terra de meus avós – na realidade, minha casa também -, minha cidadania, veia aberta em meu coração e deixar pra trás a irmandade [...]" (POTIGUARA, 2018b, p. 124). Nesse sentido, a autora vivenciou a dor das matriarcas de sua família, e de sua grande família indígena e experimentou também o gosto salgado de suas lágrimas: "Chorei copiosamente" (POTIGUARA, 2018b, p. 124).

A respeito do mergulho nas águas misteriosas do oceano, Estés (1992) reitera que esse retorno ao lar acontece por um imperativo da natureza feminina. Nas palavras dela:

> O que posso lhe dizer de mais importante quanto ao momento certo desse ciclo de volta ao lar é o seguinte: quando está na hora, está na hora. Mesmo que você não se sinta pronta, mesmo que algumas coisas fiquem por fazer, mesmo que hoje seja o dia da sua sorte grande. Quando chegou a hora, chegou a hora. A mulher-foca volta para o mar, não porque ela simplesmente tenha sentido vontade, não porque aquele fosse um dia adequado para ir, não porque sua vida estivesse toda nos eixos — não existe uma hora em que tudo esteja nos eixos para ninguém. Ela vai porque chegou a hora, e por isso precisa ir (ESTÉS, 1992, p. 214).

Ao final do poema, a autora empreende um verdadeiro libelo pelo fim da violência contra as mulheres, contra a Mãe-Terra e contra a humanidade. Na teoria arquetípica de Jung: "A Mãe-Terra é também um ser divino - no antigo sentido -, de modo contundente. As formas frequentemente antiestéticas da 'Mãe-Terra' correspondem a um preconceito do inconsciente feminino atual, que não existia na antigüidade" (JUNG, 2000, p. 186-187). Consequentemente, ela faz um chamado, um alerta para a humanidade resgatar a ancestralidade, ouvir os velhos e as velhas, aprender com os sábios ancestrais para fortalecer a identidade e resistir melhor contra a opressão e a dominação material e espiritual. Na poética da autora, a ancestralidade se faz presente de forma evidente e reiterada, em um entrelaçamento com a (re)construção da identidade, como nos versos do poema "Eu não tenho a minha aldeia", ora transcritos:

> Eu não tenho minha aldeia
> Minha aldeia é minha casa espiritual
> Deixada pelos meus pais e avós
> A maior herança indígena.
> Essa casa espiritual
> É onde vivo desde tenra idade
> Ela me ensinou os verdadeiros valores
> Da espiritualidade
> Do amor
> Da solidariedade
> E do verdadeiro significado
> Da tolerância.

Mas eu não tenho a minha aldeia
E a sociedade intolerante me cobra
Algo físico que não tenho
Não porque queira
Mas porque de minha família foi tirada
Sem dó, nem piedade.

Eu não tenho minha aldeia
Mas tenho essa casa iluminada
Deixada como herança
Pelas mulheres guerreiras
Verdadeiras mulheres indígenas
Sem medo e que não calam sua voz.

Eu não tenho minha aldeia
Mas tenho o fogo interno
Da ancestralidade que queima
Que não deixa mentir
Que mostra o caminho
Porque a força interior
É mais forte que a fortaleza dos preconceitos.

Ah! Já tenho minha aldeia
Minha aldeia é meu Coração ardente
É a casa de meus antepassados
E do topo dela eu vejo o mundo
Com o olhar mais solidário que nunca
Onde eu possa jorrar
Milhares de luzes
Que brotarão mentes
Despossuídas de racismo e preconceito.
(POTIGUARA, 2018b, p. 151-152).

A leitura do poema revela que a ancestralidade é a base para a constituição do ser indígena, a maior herança deixada pelos ancestrais. O eu poético se refere às mulheres guerreiras e aos antepassados dos quais herdou a "casa espiritual" que é seu coração ardente. A ancestralidade é forte e bastante capaz de engendrar a superação da "fortaleza dos preconceitos".

Os versos evidenciam a missão da escritora de fazer "... jorrar / Milhares de luzes / Que brotarão mentes", nessa perspectiva, Eliane Potiguara assume a missão e por meio da palavra, de sua escrita poética, engajada e militante, se propõe a disseminar conhecimento a respeito dos povos indígenas e de suas comunidades, a fim de combater o obscurantismo e o preconceito. Assim, seu projeto literário se une à intensa militância e cumpre seu papel estratégico em prol da luta dos povos indígenas de todas as nações. Em um cenário em que, de acordo com o poema, a literatura de autoria indígena será o holofote e, os livros, as milhares de luzes, capazes de transformar os preconceitos e a intolerância em sentimentos de amor fraterno e acolhimento mútuo.

Para Graça Graúna, a ancestralidade presente como marca constitutiva nas produções da literatura indígena contemporânea representa também necessidade de reflexão, por conter desafios e requerer esclarecimentos. Nas palavras da escritora:

> As vozes ancestrais sugerem mais e mais desafios que emanam da literatura indígena contemporânea: um mundo espelhado de mundos, de sonhos e realidades distintas; um mundo de pessoas que foram impedidas de expressar seu pensamento ao longo dos mais de quinhentos anos de colonização (GRAÚNA, 2013, p. 170).

A ancestralidade se impõe no seio da literatura de autoria indígena, de acordo com a autora, não apenas pela poesia, mas também pela contação de histórias. Ela ressalta o papel da memória e afirma: "Não é à toa que na literatura vinda da oralidade a presença do ancião seja tão forte [...] Nessa perspectiva, a literatura indígena percorre caminhos semelhantes às literaturas irmãs de expressão portuguesa vítimas da colonização" (GRAÚNA, 2013, p. 171).

Tiago Hakiy assevera a importância da contação de histórias para as comunidades dos povos originários. De acordo com ele:

> O contador de histórias sempre ocupou um papel primordial dentro do povo, era centro das atenções, ele era o portador do conhecimento, e cabia a ele a missão de transmitir às novas gerações o legado cultural dos seus ancestrais. Foi desta forma que parte do conhecimento dos nossos antepassados chegou até nós, mostrando-nos um caleidoscópio ímpar, fortalecendo em nós o sentido de ser indígena (HAKIY, 2018, p. 38).

Essas palavras permitem compreender a relação estreita e indissociável entre a figura do contador de histórias e a ancestralidade. Segundo Hakiy, a transmissão do legado ancestral, de seu povo Sateré-mawé, às gerações mais jovens é missão do contador de histórias.

Outro aspecto, não menos importante do culto à ancestralidade, está relacionado ao patrimônio simbólico que os povos indígenas desejam compartilhar, em termos de conhecimento, com a sociedade não indígena que é a compreensão das diversas facetas da ancestralidade. Dessa forma,

Daniel Munduruku, em entrevista à *Revista de Cultura* Coleção Tembetá, comenta a respeito da capacidade que as comunidades originárias têm de aprender sem perderem a identidade ancestral. De acordo com ele:

> Se o Brasil tem hoje 20 doutores indígenas, 40 mestres indígenas, cerca de seis mil universitários indígenas, qualificando, se preparando, é um avanço extremo. Toda essa gente está ajudando o Brasil a melhorar. Toda essa gente está contribuindo para que a cultura brasileira se engrandeça. Essa gente toda não quer deixar de ser, de pertencer a seu povo. Ao contrário, está mostrando para a sociedade brasileira que é Parte de um povo inteligente, de um povo que sabe se atualizar, de um povo que sabe sobreviver, que sabe responder às suas necessidades. É fundamental a sociedade brasileira entender isso para que ela admita a sua própria ancestralidade (MUNDURUKU, 2018, p. 41).

Essa lição a respeito da ancestralidade deve ser dirigida não apenas aos povos indígenas. A sociedade brasileira não indígena, igualmente, deve reconhecer a sua raiz e honrar também a sua ancestralidade para o engrandecimento do Brasil.

De forma correlata, o pensador txukarramãe Kaká Werá associa a tradição indígena à tradição literária, em que os escritos de autoria indígena no Brasil constituem potente estratégia de comunicação para levar o pensamento, a cultura e as lutas indígenas para além do circuito das aldeias, de forma a contemplar toda a sociedade. Para ele:

> A tradição indígena é uma tradição literária, é uma tradição poética, é uma tradição artística. Os nossos contadores de história são imprescindíveis na coesão das comunidades. Todas as culturas indígenas prezam os seus narradores, os chefes narrativos, os contadores de histórias. Eles que dão a coesão pela memória. Então traduzir isso para a habilidade escrita era uma questão de habilidade técnica. Uma questão de aprender a ler e escrever, de aprender a codificar o pensamento, o conhecimento, na linguagem escrita. É como aprender uma nova língua (WERÁ, 2019, p. 26).

As identidades indígenas, fragmentadas pelas múltiplas vivências, precisam da força da ancestralidade, para serem resgatadas. Nesse sentido, De Melo e Costa (2017, p. 32) corroboram: "No Brasil, pela diversidade étnica e onde convivem várias etnias indígenas, esse aspecto torna-se potencialmente relevante. É bastante problemática a maneira como as identidades dos povos indígenas foram construídas na sociedade ocidental".

O poema "Identidade Indígena" de Eliane Potiguara, publicado inicialmente no Jornal do Grumin, em 1975 e, posteriormente, no livro *Metade Cara, Metade Máscara* (2018b), reitera as ponderações de Munduruku:

> Nosso ancestral dizia: Temos vida longa!
> Mas caio da vida e da morte
> E range o armamento contra nós.
> Mas enquanto eu tiver o coração acesso
> Não morre a indígena em mim e
> Nem tampouco o compromisso que assumi
> Perante os mortos
> De caminhar com minha gente passo a passo
> E forma, em direção ao sol.
> Sou uma agulha que ferve no meio do palheiro
> Carrego o peso da família espoliada
> Desacreditada, humilhada
> Sem forma, sem brilho, sem fama.
>
> Mas não sou eu só
> Não somos dez, cem ou mil
> Que brilharemos no palco da História.
> Seremos milhões, unidos como cardume
> E não precisaremos mais sair pelo mundo
> Embebedados pelo sufoco do massacre
> A chorar e derramar preciosas lágrimas
> Por quem não nos tem respeito.
> A migração nos bate à porta
> As contradições nos envolvem
> As carências nos encaram
> Como se batessem na nossa cara a toda hora.
> Mas a consciência se levanta a cada murro
> E nos tornamos secos como o agreste
> Mas não perdemos o amor.
>
> Porque temos o coração pulsando
> Jorrando sangue pelos quatro cantos do universo.
> Eu viverei 200, 500 ou 700 anos
> E contarei minhas dores para ti
> Oh! Identidade
> E entre um fato e outro
> Morderei tua cabeça
> Como quem procura a fonte da tua força
> Da tua juventude,
> O poder da tua gente
> O poder do tempo que já passou

Mas que vamos recuperar.
E tomaremos de assalto moral
As casas, os templos, os palácios
E transformaremos os sexos indígenas
Em órgãos produtores de lindos bebês
Guerreiros do futuro
E não passaremos mais fome
Fome de alma, fome de terra, fome de mata
Fome de História
E não nos suicidaremos
A cada século, a cada era, a cada minuto
E nós, indígenas de todo o planeta,
Só sentiremos a fome natural
E o sumo da nossa ancestralidade
Nos alimentará para sempre
E não existirão mais úlceras, anemias, tuberculoses
Desnutrição
Que irão nos arrebatar
Porque seremos mais fortes que todas as
Células cancerígenas juntas

De toda a existência humana.
E os nossos corações?
Nós não precisaremos catá-los
Aos pedaços mais no chão!
E pisaremos a cada cerimônia nossa
Mais firmes
E os nossos neurônios serão tão poderosos
Quanto nossas lendas indígenas
Que nunca mais tremeremos diante das armas
E das palavras e olhares dos que "chegaram e não foram".
Seremos nós, doces, puros, amantes, gente e normal!
E te direi identidade: Eu te amo!
E nos recusaremos a morrer,
A sofrer a cada gesto, a cada dor física, moral e espiritual.
Nós somos o primeiro mundo!

Aí queremos viver pra lutar
E encontro força em ti, amada identidade!
Encontro sangue novo pra suportar esse fardo
Nojento, arrogante, cruel...
E enquanto somos dóceis, meigos
Somos petulantes e prepotentes
Diante do poder mundial
Diante do aparato bélico
Diante das bombas nucleares.

> Nós, povos indígenas,
> Queremos brilhar no cenário da História
> Resgatar nossa memória
> E ver os frutos de nosso país sendo divididos
> Radicalmente
> Entre milhares de aldeados e "desplazados"
> Como nós
> (POTIGUARA, 2018b, p. 113-115).

Ao longo do poema, em tom de desabafo, o eu poético feminino reitera o lastro recorrente da ancestralidade, pelo jogo polifônico, com o resgate das vozes dos antepassados. Paralelamente, faz-se a intercalação da primeira pessoa do discurso, que se manifesta, ora no singular, ora no plural, estabelecendo a relação com a coletividade: "Mas não sou eu só / [...] Seremos milhões [...]".

O resgate da sabedoria ancestral e o sentimento de coletividade permeiam a relação diferenciada que intelectuais indígenas mantêm com o meio e com a sociedade não indígena. Nesse prisma, a respeito do aprendizado das estratégias de sobrevivência desenvolvidas pelos povos autóctones, ao longo dos séculos, a partir da dominação europeia, Krenak (2019, p. 28) esclarece:

> Vi as diferentes manobras que os nossos antepassados fizeram e me alimentei delas, da criatividade e da poesia que inspirou a resistência desses povos. A civilização chamava aquela gente de bárbaros e imprimiu uma guerra sem fim contra eles, com o objetivo de transformá-los em civilizados que poderiam integrar o clube da humanidade. Muitas dessas pessoas não são indivíduos, mas "pessoas coletivas", células que conseguem transmitir através do tempo suas visões sobre o mundo.

Nas palavras dele: "Eu não inventei isso, mas me alimento da resistência continuada destes povos que guardam a memória profunda da terra, aquilo que Eduardo Galeano chamou de *Memória do fogo*" (KRENAK, 2019, p. 29). Assim, as vozes indígenas do passado, do presente e do futuro somam-se, em uníssono, para projetar o futuro de todos os povos indígenas do planeta: "Seremos mais fortes [...] / Pisaremos [...]/ Mais firmes/ [...] Queremos brilhar no cenário da História". A revitalização pela memória e pela sabedoria ancestral fortalece a subjetividade dos indivíduos, de forma a estimular o engajamento nas lutas coletivas: "E o sumo da nossa ancestralidade/ Nos alimentará para sempre! / [...] Aí queremos viver para lutar".

Nesse aspecto, intensifica-se, a partir do poema, a relação estreita entre identidade feminina e ancestralidade, já esboçada a partir da influência da avó da escritora na realização do seu projeto literário. Por outro lado, a temática centrada no universo feminino, reitera a dinâmica desse processo.

3.4 Diásporas indígenas

A partir de sua experiência pessoal e familiar, a autora afirma que o processo de desterritorialização[33] e migração forçada cria uma nova realidade social, na qual os povos indígenas, vitimados pela diáspora e desalojados de suas aldeias, vão conviver com a sociedade não indígena, nos centros urbanos. Isso implica dizer que, na maioria das vezes, esses povos acabam não se adaptando a uma nova realidade em prejuízo de sua língua, dos seus hábitos e da sua espiritualidade. Além disso, indígenas deslocados passam a compor uma nova classe, desfavorecida socialmente, alijada dos seus territórios tradicionais.

Os prejuízos que a diáspora causou às famílias dos indígenas brasileiros constituem lamento em alguns poemas da autora. A desagregação familiar desestrutura material e emocionalmente as mulheres que, juntamente com as crianças, se tornam as principais vítimas desse processo. Potiguara revela a subjetividade da mulher indígena desaldeada, vítima do alcoolismo, nos versos do poema órfã, transcritos a seguir:

> Não adianta fugir dessa realidade
> Quando te trazem aos braços
> Uma criança que nem dois anos completos tem.
> E tua boca que gargalhadas davam
> Ao sabor do álcool
> Se cala
> E umedece de vez
> E te desarma
> E uma criança faminta
> Doente
> Órfã de pais
> Órfã de país
> (POTIGUARA, 2018, p. 37).

---

[33] A noção de desterritorialização está relacionada ao resultado do processo das invasões territoriais em áreas indígenas, nos contextos da colonização e pós-colonização que desencadearam o êxodo forçado, dessas populações, de forma a desorganizar as comunidades indígenas, promovendo o deslocamento desses contingentes humanos das matas para os polos urbanos. Esse fenômeno possui desdobramentos que vão além da subtração dos territórios, também afastam os indivíduos indígenas das suas famílias e das suas tradições.

O poema recorta a imagem de uma mulher, embebedada pelo álcool, com uma criança faminta nos braços. O verso inicial traz uma exortação que poderia ser dirigida ao conjunto dos indígenas desaldeados: "Não adianta fugir dessa realidade". E a realidade é sempre a dor, o sofrimento, o empobrecimento material e espiritual, a perda da família, das referências da vida na aldeia, do contato com a mata, do cheiro da terra virgem.

Enfim, não há fuga possível. A reação, expressa no sexto verso, é o silêncio, a mulher, então "Se cala". Diante de realidade tão cruel, não há palavras, não há esperança, não há possibilidade de se manter na fugacidade das gargalhadas provocadas pelo álcool. É preciso que essa mulher assuma a responsabilidade pela criança faminta e doente. A presença da criança, no poema, remete ao universo simbólico: "Um aspecto fundamental do motivo da criança é o seu caráter de futuro. A criança é o futuro em potencial" (JUNG, 2000, p. 165). Uma criança faminta e doente representa a quebra em qualquer expectativa para o futuro.

Mas se criança é o futuro e a esperança, como ela pode estar doente? A palavra realidade, no primeiro verso relembra a falta de esperança, em um mundo em que a atitude predatória da sociedade e dos governos destrói os rios e as florestas. Os conflitos e as invasões aos territórios indígenas provocam mais desagregação e mortes. Assim, a criança, já faminta e doente, também está órfã, não apenas de pais, mas também de país. Essa orfandade dupla, remete também à não aceitação dos indígenas pela sociedade não indígena, por causa do racismo estruturante da sociedade capitalista de bases patriarcais e do passado colonial.

As marcas do êxodo, traumáticas e dolorosas para populações indígenas que se deslocaram das matas para as cidades, estão presentes nesse texto de forma intensa e contundente. O efeito devastador do alcoolismo sobre as famílias, sobre as mulheres, a miséria e a condição de abandono das crianças e, a presença da voz lírica que lembra: "Não adianta fugir".

Assim, nesse ambiente, a criança que não tem dois anos de idade já sofre pela falta do seu lugar no mundo. A mensagem é clara: não há possibilidade de final feliz diante dessa realidade que oprime as famílias, forçando-as a viverem longe do seu lar, do seu povo, dos espíritos dos seus ancestrais.

A criança do poema é a representação dos povos indígenas desterritorializados: famintos, doentes e órfãos tentando resistir em um ambiente urbano hostil, onde as relações são reguladas pelo poder do dinheiro. As personagens revelam a opção da poeta por trazer para a cena literária, os desfavorecidos do sistema: uma mulher que busca forças no álcool para sobreviver aos desafios impostos pela pobreza e pelo desterro e uma criança doente, com fome, órfã e vítima do sistema.

No contexto desse poema, refletimos sobre a poética de Eliane Potiguara e buscamos respaldo em Graúna (2013, p. 108): "O projeto estético de Eliane Potiguara é uma forma de enfrentamento das situações em que os povos indígenas, via de regra, são os mais prejudicados". E assim, a voz poética dá seguimento ao trabalho da voz militante que denuncia, que revela ao mundo para transformar.

A tendência de se dispensar um tratamento genérico aos povos indígenas brasileiros, como se formassem um todo homogêneo, constitui um grande equívoco e, ao mesmo tempo, uma violência contra esses povos. Assim, a respeito dos povos originários do litoral nordeste brasileiro, os dados revelam que houve grande dizimação:

> Ainda no primeiro século de colonização (Séc. XVI), os índios do litoral leste e sudeste do Brasil, em sua maioria do tronco linguístico Tupi (dos quais só restam atualmente os índios Potiguara do litoral da Paraíba), foram expropriados de suas terras. No século XVII, o avanço da colonização pelo interior do Nordeste e ao longo do Rio São Francisco, em busca de novas terras para a plantação de cana-de-açúcar, ocasionou a luta contra os índios que ali viviam (SILVEIRA, 2015, p. 190).

A obra *Metade Cara, Metade Máscara* ancora-se, aparentemente, em uma justaposição de espaços nos quais as identidades indígenas são construídas, esfaceladas e reconstruídas pela transformação do modo de vida dessas pessoas, diante de uma necessária adequação às novas realidades. Assim, a literatura específica revela que há uma diversificação significativa de situações vivenciadas pelos indígenas embora os estudos desse fenômeno sejam escassos, conforme esclarece o antropólogo Diego Soares da Silveira: "De fato, até a década de 1980, as teorias etnológicas hegemônicas consideravam a migração para a cidade como um processo de 'destribalização' que levava, inevitavelmente, a um lento mas constante processo de aculturação" (SILVEIRA, 2015, p. 229).

O autor ressalta a carga de estereotipia contida nessas concepções, de forma que são indivíduos institucionalmente desamparados. Embora haja as "cidades indígenas" que, segundo ele: "podem estar localizadas no interior de terras indígenas, como é o caso de Iauaretê, localizado no noroeste da

Amazônia, ou fora delas, como é o caso de São Gabriel da Cachoeira (AM), Baía da Traição (BA) e outras com elevada população indígena" (SILVEIRA, 2015, p. 230). E elenca os problemas vivenciados nesses contextos:

> Alguns desses problemas estão associados à exploração do trabalho indígena, ao alcoolismo, à prostituição, à violência e à intolerância promovida por grupos específicos da sociedade nacional. Outros fatores importantes que afetam a vida dos indivíduos urbanos são o acesso ao trabalho, à educação, à saúde, e, principalmente, à regularização fundiária, levando em conta a necessidade de se conceber políticas que levem em conta as especificidades étnicas dessa população urbana (SILVEIRA, 2015, p. 230).

O fragmento ressalta, de forma bastante perceptível, a falta de compromisso dos governos e de determinados órgãos institucionais com as populações indígenas que se deslocam, individualmente ou, em grupos, para os centros urbanos. Assim, os indígenas potiguaras, que vivem em Baía da Traição, enfrentam esses desafios cotidianamente, conforme Eliane Potiguara já havia afirmado em *Metade Cara, Metade Máscara*.

Por outro lado, nesse aspecto, importa considerar a relevância dos conceitos de espaço e território, em consonância com os pressupostos da teoria da literatura. No contexto da diáspora dos povos indígenas pelo interior do país, há necessidade de se observar questões atinentes às relações que se estabelecem entre indivíduos oriundos de realidades diferentes, inscritos em distintas formações discursivas. Essa complexidade é constitutiva da obra de Eliane Potiguara que defende, entre outras pautas, o respeito à cosmovisão indígena e o direito desses povos aos seus territórios sagrados, por meio da demarcação das terras pelo governo. Em relação à noção de território, ela ressalta:

> Desde o passado até os dias atuais, o território e a cultura indígenas têm sido as linhas mestras de determinação para a sustentação de um povo. Quando dizemos "território", não estamos simplificando o termo para algo simples e final; estamos expandindo o termo para algo mais digno no que se refere aos direitos dos povos indígenas. Um território não é apenas um pedaço ou uma vastidão de terras. Um território traz marcas de séculos, de culturas, de tradições. É um espaço verdadeiramente ético, não é apenas um espaço físico como muitos políticos querem impor. Território é quase sinônimo de ética e dignidade. Território é vida, é biodiversidade, é um

> conjunto de elementos que compõem e legitimam a existência indígena. Território é cosmologia que passa inclusive pela ancestralidade (POTIGUARA, 2018, p. 119).

A força de um povo, sua capacidade de resistir às adversidades, sua resiliência e sua capacidade de recomeçar: superar o trauma, chorar os mortos e seguir em frente está relacionada com a terra, com o território sagrado ancestral. Nesse sentido, lemos em Kopenawa:

> Somos habitantes da floresta. Nossos ancestrais habitavam as nascentes dos rios muito antes de os meus pais nascerem, e muito antes do nascimento dos antepassados dos brancos. Antigamente, éramos realmente muitos e nossas casas eram muito grandes. Depois, muitos dos nossos morreram quando chegaram esses forasteiros com suas fumaças de epidemia e suas espingardas. Ficamos tristes, e sentimos a raiva do luto demasiadas vezes no passado. Às vezes até tememos que os brancos queiram acabar conosco. Porém, a despeito de tudo isso, depois de chorar muito e de pôr as cinzas de nossos mortos em esquecimento, podemos ainda viver felizes. Sabemos que os mortos vão se juntar aos fantasmas de nossos antepassados nas costas do céu, onde a caça é abundante e as festas não acabam. Por isso, apesar de todos esses lutos e prantos, nossos pensamentos acabam se acalmando. Somos capazes de caçar e de trabalhar de novo em nossas roças (KOPENAWA, 2015, p. 78-79).

Nas palavras do líder Davi Kopenawa, território é a casa do indígena, o seu lugar no mundo, a sua identidade e a sua força para lutar. Assim, cada território constitui uma nação. Álvaro Tukano ressalta a importância das nações indígenas para a formação dos indivíduos originários e enquanto sistemas semióticos independentes e autônomos: "As nações indígenas são importantes porque possuem línguas próprias, tradições próprias que não destroem o ser humano. Muito pelo contrário, qualificam, dignificam o conhecimento desses povos para defender os direitos humanos" (TUKANO, 2019, p. 39).

Nesse aspecto, a complexidade da existência/resistência dos indígenas nos espaços urbanos é um dos aspectos importantes das dinâmicas que envolvem a compreensão da produção literária como expressão das subjetividades dos povos autóctones. Nesse sentido, Krenak revela a indissociabilidade entre os conceitos de território e de identidades indígenas. De acordo com ele:

> Quando você consegue ocupar esse lugar simbólico, da representação, você se potencializa para ocupar o lugar de fato, reivindicar o território e dizer: "Isso aqui não é terra do branco, do fazendeiro, do banco, é terra dos meus ancestrais,

> dos meus antepassados, eu vou viver aqui, quero viver aqui, ela tem significado para mim. Essa montanha é sagrada, ela tem um humor, ela fala; eu desperto pela manhã e vejo o semblante da montanha e sei que ela está feliz, irritada, bem, descansada, repousando. A montanha fala comigo, porque eu me reconheço nesse lugar. A hora que me tiram daqui e me jogam em qualquer canto eu não ouço mais a voz da montanha, eu não escuto mais em que linguagem o rio está falando. Se eu não entendo a linguagem do rio, ele vira um esgoto para mim. Se a montanha não fala comigo, eu posso pegá-la e jogá-la em cima de um trem e mandá-la para um depósito de minério qualquer" (KRENAK, 2015, p. 256).

Um fato relevante para o equacionamento deste tópico seria a mudança da ótica da sociedade brasileira que demonstra grande desconhecimento acerca da realidade desses povos. A esse respeito, Munduruku discorre na obra *O Banquete dos Deuses*:

> [...] não é possível negar a contribuição que os povos indígenas deram para a formação do povo brasileiro. Negar essa contribuição é negar uma história que vem sendo esquecida propositadamente há muitos séculos. Pelo que pudemos conversar, observamos que os povos indígenas trazem a marca do amor pela terra. O indígena e a terra são marcas registradas do Brasil. Sem eles, o Brasil fica mais pobre, a humanidade fica mais pobre, o planeta fica mais pobre. Acabam-se os referenciais da ancestralidade. É preciso acabar com o distanciamento que existe entre o povo brasileiro e os povos indígenas. O indígena é brasileiro, o brasileiro é também indígena. Deve-se criar uma parceria que acabe com o descaso das autoridades e com a ignorância que grassa na sociedade. A sociedade indígena é um contraponto importante para a compreensão do Brasil como nação, como povo (MUNDURUKU, 2009, p. 66-67).

O afastamento referido pelo autor não se minimiza em relação aos deslocamentos dos povos originários das florestas para as cidades. De forma contrária, o que se verifica é a estigmatização dos indivíduos migrantes acentuando a distância que deveria ser mitigada. Considerados invisíveis na selva de concreto, os indígenas perdem o direito à cidadania e à voz, tornando-se presas fáceis da violência e da segregação social que lhes impõem condições insalubres de sobrevivência.

As consequências nefastas dessas movências para as comunidades indígenas e, de forma mais acentuada para as mulheres e para as crianças são constantemente realçadas pela escritora, ao longo da obra: "As invasões trouxeram as enfermidades, a fome, o empobrecimento compulsório da população indígena" (POTIGUARA, 2018, p. 43). No bojo dessas considerações, ela reflete sobre as questões sociais envolvidas nesse movimento:

> As invasões trouxeram também distúrbios como a loucura, o alcoolismo, o suicídio, a violência interpessoal, afetando consideravelmente a autoestima dos seres humanos indígenas. Podemos perceber claramente que todos esses sintomas são causados pelo racismo subliminar do poderio do Estado e pelas reações discriminatórias subliminares da sociedade brasileira, oriunda da miscigenação entre brancos e negros, índios e brancos e negros e índios. O desejo de ascensão da população miscigenada e/ou branca é constituído com base no racismo implícito e no processo de escravidão e semiescravidão e exploração da mão de obra barata dos mais oprimidos segmentos da sociedade, como os miseráveis, pobres, negros e a população indígena (POTIGUARA, 2018b, p. 43).

As consequências desses deslocamentos involuntários são intensificadas na trajetória das mulheres e das crianças, considerando-se as violações da integridade física, social e espiritual desse segmento, cujos efeitos recaem de forma mais intensa sobre as mulheres. Em outras palavras, se a movimentação forçada desses povos pelo território brasileiro representou uma catástrofe para as comunidades indígenas de forma geral, para as mulheres e para as crianças essa catástrofe adquiriu contornos trágicos. Por essa razão, a autora assevera que tais migrações, motivadas pelo que ela denomina "racismo ambiental", têm como vítimas preferenciais as mulheres e as crianças, cujos corpos são transformados em mercadoria, em contextos de tráfico de pessoas, prostituição e trabalho quase escravo.

Outro aspecto bastante complexo dessas movimentações involuntárias é a fragmentação identitária que acomete os indivíduos originários deslocados. A poesia de Potiguara, por seu caráter polifônico, se constitui como lugar de manifestação dessas subjetividades, pela ocupação do que se convencionou chamar de entre-lugar[34].

A voz lírica explicita a angústia e o desconforto que acompanham o sentimento de não pertencer. Nos versos do poema "Pankararu":

---

[34] Ao pensar em subjetividades híbridas ou mestiças, é quase inevitável divagar sobre fronteiras, limites de território. Na verdade, esses sujeitos híbridos ameaçam o significado geralmente colado a essas palavras – eles não podem ser seguramente definidos quanto ao pertencimento – se pertencem "aqui" ou "ali", sendo equipados para circular pelos dois lados, capazes de assumir a posição subjetiva tanto de "um" quanto do "outro" elemento envolvido, ainda que lhes seja frequentemente lembrado que o seu lugar é "lá fora" (SCHNEIDER, 2008, p. 88).

> Sabe, meus filhos...
> Nós somos marginais das famílias
> Somos marginais das cidades
> Marginais das palhoças...
> E da história?
>
> Não somos daqui
> Nem de acolá...
> Estamos sempre ENTRE
> Entre este ou aquele
> Entre isto ou aquilo!
>
> Até onde aguentaremos, meus filhos?...
> (POTIGUARA, 2018b, p. 63).

A voz poética coletiva, identificada no marcador enunciativo "Nós" expressa, de dentro de sua condição de indígena desterritorializado, em tom conciliatório, familiar, as subjetividades de um grupo de pessoas despatrializadas, incluídas na mesma autodesignação ("somos marginais"). A complexidade desses processos e sua interferência na percepção identitária dos indivíduos que experimentam as sensações de "estarem à margem", suscita discussões a respeito das consequências das diásporas, em função da convivência e dos conflitos entre povos pertencentes a culturas diferentes.

A noção de diáspora que permeia as movimentações de diversos povos, como exemplos, a comunidade judaica e os africanos em deslocamento forçado pelo processo de escravização, também está presente na história dos povos indígenas brasileiros. Para melhor compreensão desse fenômeno, lemos em Hall (2013, p. 32-33):

> O conceito fechado de diáspora se apóia sobre uma concepção binária de diferença. Está fundado sobre a construção de uma fronteira de exclusão e depende da construção de um 'Outro' e de uma oposição rígida entre o dentro e o fora. Porém, as configurações sincretizadas da identidade cultural caribenha requerem [...] uma diferença que não funciona através de binarismos, fronteiras veladas que não separam finalmente, mas são também *places de passage*, e significados que são posicionados e relacionais, sempre em deslize ao longo de um espectro sem começo nem fim.

A análise do autor a partir dos deslocamentos de grandes contingentes de africanos para o Caribe, permite refletir, de forma sistemática, sobre o movimento diaspórico imposto aos indígenas brasileiros, por ocasião da colonização e de seus desdobramentos. As marcas dessa ferida estão impressas na alma e no coração das pessoas, assim aparecem em sua literatura, como no trecho: 'Até onde aguentaremos, meus filhos?' [...]", do poema de Eliane Potiguara.

Na escrita de Eliane Potiguara, percebe-se a presença de uma noção de acolhimento dos princípios das lutas dos demais segmentos sociais discriminados e oprimidos no contexto da dominação. Em sua cosmovisão étnica, Potiguara acolhe e encampa as demandas do conjunto dos indivíduos vitimados pelas diversas formas de opressão. Tal fato confere força semântica ao contradiscurso, que coloca em marcha o caráter engajado de sua escrita e, por outro lado, revela a essência pacífica e fraterna do pensamento dessa escritora indígena, em sentido amplo.

3.5 Cosmovisões Indígenas

Discorrer a respeito das cosmovisões dos povos indígenas brasileiros se apresenta como uma tarefa particularmente árdua, diante da necessidade imperiosa de preservar o caráter multifacetado da existência dessas comunidades. Não se trata de um grupo homogêneo, organizado - temporal e espacialmente - de forma coesa; são muitos e diferentes povos, cada qual com a sua cultura, língua, organização e mitos cosmogônicos diferenciados.

Assim, optamos por apresentar algumas idiossincrasias desses povos, à guisa de exemplo, não como uma tentativa de reduzir-lhes a complexidade inerente; mas, visando contrapor, - de alguma forma, esse universo *sui generis* de crenças e de valores - ao pensamento das sociedades ocidentais judaico-cristãs, em cuja égide parece se apoiar a base da sociedade contemporânea não indígena brasileira, ou em termos um pouco mais precisos, aquela parcela dessa sociedade que não se autodeclara indígena.

As considerações de Kaká Werá contribuem para a compreensão da complexa relação entre povos indígenas e não indígenas no Brasil. Além disso, ele esclarece a respeito da relevância do recurso da autodeclaração, em razão da intensa miscigenação de raças na formação da nossa sociedade. De acordo com ele:

> É preciso dizer que hoje no Brasil são cerca de 380 povos chamados indígenas cujas origens remonta de 5 mil a 12 mil anos. Quase um milhão de remanescentes, dos quais algo em torno de 450 mil pessoas habitam as florestas e os demais habitam os centros urbanos em praticamente todos os estados brasileiros. Além disso, pesquisas da UFMG (Univer-

> sidade Federal de Minas Gerais) em 2005 na área da genética apontam que 63% do povo brasileiro considerado "branco" tem origem tupy. Ou seja, no país temos presentes raízes de culturas ancestrais nos mais diversos matizes de mestiçagem e ao mesmo tempo não damos voz histórica aos remanescentes destas origens. Isso causa uma sensação de negação de um si mesmo coletivo que reflete também na negação dos direitos humanos das gerações atuais que insistem em viver de acordo com seus valores e visões de mundo. Talvez o Brasil seja o único país do mundo que considera "estrangeiro" o nativo, e nativo o estrangeiro (WERÁ, 2019, p. 4).

O autor ressalta que, apesar dos modos de organização bastante peculiares dessas nações milenares, há alguns aspectos comuns, como por exemplo: "o fato de que levavam em consideração uma relação econômica mediada pelos ciclos da natureza, dos respectivos ecossistemas por onde circulavam" (2019, p. 87). Importante considerar que esse modo de organização econômica se opõe diametralmente aos métodos de exploração dizimatória dos ecossistemas, comumente empregados no modelo capitalista de consumo e de acumulação de bens, com foco no lucro.

Essa observação está ancorada no modo harmônico de vida desses povos em conexão profunda com a natureza. Uma relação de pertencimento balizada pela noção de espiritualidade. As palavras do líder dos Yawanawá são bastante esclarecedoras a respeito dessa simbiose:

> Estão vendo essa floresta? Eu vivo aqui há milhares de anos, meus ancestrais viveram milhares de anos. Essa floresta ainda está aqui também. Nossa natureza está intacta, porque respeitamos todo o meio ambiente, respeitamos todas as plantas, todos os animais e buscamos poucas coisas para comer. Isso é nosso amor, se tratamos a natureza assim, tratamos ainda melhor os outros seres humanos. Porque estou tratando de mim, estou tratando de um ser filho, estou tratando de um ser pai, um ser avô, um ser mãe (YAWANAWÁ, 2019, p. 99).

Nesse sentido, a fronteira entre os elementos da natureza aparece, normalmente, borrada: plantas, animais e humanos compartilham a experiência de estar no mundo, no nível do parentesco. Da mesma forma, afirma Ailton Krenak: "O rio Doce, que nós, os Krenak, chamamos de Watu, nosso avô, é uma pessoa, não um recurso, como dizem os economistas" (KRENAK, 2019, p. 40).

De forma correlata, o líder Álvaro Tukano reitera: "Para quem é sábio (KUMU, BAYA e YAI), todas aquelas montanhas são as Casas Sagradas de nossos antepassados. Nelas habitam espíritos de sábios que durante os sonhos ensinam aos homens as histórias e cerimônias de nossos povos" (TUKANO, 2019, p. 147-148).

Há também os estudos do antropólogo brasileiro Eduardo Viveiros de Castro, que citam descobertas realizadas entre o povo Yawalapíti, divulgados em sua obra *A Inconstância da Alma Selvagem* (2014, p. 30), que corroboram: "O traço mais saliente da taxonomia yawalapíti do que chamaríamos seres vivos é a ausência de separação categórica entre humanos e demais animais".

Essa é apenas uma das muitas manifestações das visões do sagrado entre os povos indígenas brasileiros. A esse respeito, Kaká Werá conclui:

> No que se refere ao sagrado, as tradições atuais da Europa e da América do Norte, Central e do Sul são ainda crianças diante das culturas nativas destes territórios. As principais religiões europeias derivam e são ramificações do cristianismo que se iniciou há mais ou menos dois mil anos e que merece todo o meu respeito. Ocorre que no Brasil existem tradições sagradas de 5 a 12 mil anos, e algumas ultrapassam a própria memória dos tempos, como é o caso dos Tapuias e dos Tupys. Tentaram massacrar essas visões ancestrais do sagrado quando os aventureiros dos vossos países penetraram nas Américas. Tentaram fazer o que fizeram há dois mil anos atrás com os antigos gauleses, celtas, druidas, cátaros de uma Europa milenar. Em algumas regiões conseguiram. Mas em muitas outras não. Agora querem homogeneizar o sagrado. Querem pasteurizar o sagrado. Querem torná-lo produto consumível como um refrigerante. Chamam isso de "efeito da Globalização". Mas o sagrado e a tradição são particularidades de grupos, povos e culturas, impossíveis de dar uniformidade superficial, assim como línguas e modos de expressão artísticas (WERÁ, 2019, p. 81).

No bojo dessas considerações, fica evidente a importância da expressão subjetiva dos intelectuais indígenas brasileiros, seja na literatura ou em outras artes, para a (re) construção da identidade brasileira, como produto da multiplicidade e da diferença, considerando a complexidade de nossa constituição social, cultural, histórica e identitária. Nesse aspecto, a obra de Potiguara constitui lugar de denúncia das violações materiais e espirituais contra os indígenas brasileiros. Nas palavras dela:

> Entre as causas da separação das famílias estão a violência aos territórios imemoriais dos povos indígenas e a migração compulsória. Isso provocou insegurança familiar, distúrbios, medo e pânico, causando loucura, violências interpessoais, suicídios, alcoolismo, timidez e a baixa autoestima diante do mundo. Tudo isso motivado pelo racismo contra os povos indígenas e em prol da colonização europeia. E mais: a destruição dos cemitérios sagrados dos povos indígenas, que representam uma forte referência cultural, fez com que famílias perdessem definitivamente o elo com seus ancestrais, causando a desintegração cultural e espiritual (POTIGUARA, 2018b, p. 23).

Nos escritos de Potiguara, a indiferenciação entre os seres e a natureza[35] é traço recorrente e pode também aparecer atrelada à luta pelos direitos dos povos indígenas e, principalmente, pela cidadania das mulheres:

> Vamos ousar dizer que não haverá defesa do meio ambiente se inicialmente não se reconhecerem os direitos indígenas. O meio ambiente, o território, o planeta Terra estão intrinsecamente ligados ao ventre da mulher indígena, da mulher selvagem nos dois sentidos (primeira cidadã do mundo e intuitiva) e, por isso, não haverá defesa ambiental se não se destacar a influência e o conhecimento milenar da mulher, do ser que habita esse meio ambiente. Isso é um testemunho para a sociedade e para a formação da cidadania brasileira (POTIGUARA, 2018, p. 57).

Na poética da autora, o lirismo se manifesta e abre espaço para os questionamentos e as denúncias que constituem marcas implícitas dos seus textos. Há, na obra *Metade Cara, Metade Máscara* (2018), da mesma forma que no conjunto da obra de Eliane Potiguara, uma reiterada tendência de aproximar a Terra à mulher/mãe. Nesse sentido, as poéticas do imaginário aquiescem tal analogia: "[...] essa crença na divina maternidade da Terra é certamente uma das mais antigas. De qualquer modo uma vez consolidada pelos mitos agrários é uma das mais estáveis [...]" (DURAND, 2002, p. 30)

---

[35] O pensamento dos índios e de outros povos não ocidentais sempre foi objeto de reflexão antropológica e, antes mesmo de haver antropologia, de curiosidade popular. As práticas de conhecimento indígenas – associadas à magia, à religião e a outras áreas do pensamento – foram abordadas ainda nos primórdios da disciplina, sendo contrapostas à ciência ocidental. As associações lógicas estabelecidas pela razão cultural indígena – expressas em sistemas de classificação diferentes do sistema de classificação ocidental – desafiaram o entendimento dos etnólogos e filósofos dos séculos XIX e XX ao colocar em xeque alguns pressupostos "sagrados" do naturalismo e do objetivismo científico as diferentes práticas indígenas de conhecimento classificadas como totêmicas ao atribuírem nomes emblemas animais ou vegetais aos grupos sociais que supostamente estabeleceram uma relação de parentesco ou identidades entre os indivíduos e o totem geraram grande perplexidade entre os intelectuais ocidentais por projetarem atitudes mentais incompatíveis com a exigência de descontinuidade entre cultura e natureza.

Nessa perspectiva, sua escrita poética redimensiona a narrativa do Brasil, como nação, ao apresentar a voz da mulher indígena, estabelecendo contrapontos fundamentais em relação ao discurso oficial, denunciando o caráter usurpador da ocupação colonial. Uma mulher indígena, vitimada pelos processos de dominação colonial e neocolonial capitalista, que empunha a palavra (sua poesia-práxis) para construir um "mundo novo possível" em que todos os povos possam conviver em harmonia e respeito, comungando da fraternidade universal uma vez que dividem o mesmo ventre vulcânico da Mãe-Terra. Guerreira da palavra, respaldada por seus ancestrais, conforme a frase do cacique xavante Aniceto: "A palavra da mulher é sagrada como a Terra".

CAPÍTULO IV

IDENTIDADE FEMININA NA POÉTICA DE POTIGUARA

4.1 Protagonismo das mulheres indígenas

A obra *Metade cara, metade máscara* é o lócus de manifestação de uma multiplicidade das vozes, o que sugere que a identidade indígena também se constrói no exercício do reconhecimento das diferenças. Nesse sentido, a autora vivencia um contexto de intensa efervescência cultural e partilha de experiências e pertencimentos múltiplos. Na convivência com diferentes etnias, cada uma com sua carga cultural diferenciada, línguas independentes, costumes, tradições e realidades linguísticas diferentes, que se veem representadas nessa obra tão diversa e plural.

Não obstante, a escritora indígena Graça Graúna caracterizou essa obra como um espaço de plurissignificação:

> *Metade Cara, Metade Máscara* é um espaço de plurissignificação que nos leva, de imediato, a uma reflexão acerca de sua estreita relação entre poesia e história, entre o real e o imaginário, o sagrado e o profano, o individual e o coletivo e outros elementos caracterizadores da obra literária. Nesse campo de multissignificação, estabelece-se o caráter emblemático que vem do próprio título do livro, como alusão à identidade (GRAÚNA, 2013, p. 98).

O livro condensa a complexidade e o caráter emblemático da escrita autoral, permitindo ao leitor investigar os temas sobre a identidade indígena e a ancestralidade, em cujas páginas, a identidade feminina se manifesta de modos variados. O nome coletivo adotado pelos intelectuais indígenas ao assinar suas obras revela uma faceta dessa complexidade que é inerente à questão autoral na literatura indígena. Assim, nas palavras de Almeida e Queiroz:

> O logos indígena se torna, agora – no momento em que o índio empunha os instrumentos da escrita ele mesmo, seu corpo – letra finalmente órfã, em textos de autoria necessariamente coletiva. Desde os primeiros contatos, segundo

alguns pesquisadores, os índios julgavam que o papel escrito era quase tão terrível como as armas de fogo que feriam e matavam à distância, porque levava e lançava palavras de vida e de morte a distâncias ainda maiores. O papel escrito era instrumento de grandes e longínquos poderes, através de vozes nunca escutadas, mas que eram vistas no desenho do papel (ALMEIDA e QUEIROZ, 2004, p. 210).

Nesse sentido, há um caráter político que permeia a produção da escrita indígena, desde a sua gênese. Outrossim, do ponto de vista de Chartier (2014), existe também uma função autor desvinculada da pessoa civil envolvida no processo da criação escrita. Ao elaborar uma cronologia crítica sobre alguns textos de Foucault, Chartier (2014, p. 54) associa essa "função autor", conceito foucaultiano, às sanções e perseguições aos autores acusados de transgressão. De acordo com esse teórico:

> Quanto à "função autor" e à apropriação penal, acredito que os textos que podemos reunir sobre essa questão do exercício das censuras e das perseguições dos autores julgados transgressivos, hereges ou heterodoxos pelas autoridades, tais como as designava Foucault, são certamente irrefutáveis e talvez devessem até fortalecer seu argumento (CHARTIER, 2014, p. 54).

Assim, Eliane Potiguara, transgressora em sua escrita, teve seu nome censurado e incluído em uma lista de pessoas perseguidas, não por heresia, mas por transgredir. A respeito desse episódio, na trajetória de Potiguara, Graúna esclarece:

> Com o livro *A terra é a mãe do índio*, escrito em 1989, a autora foi premiada pelo PEN CLUBE da Inglaterra, no final de 1992. Nesse período, Eliane Potiguara e o jornalista Caco Barcelos, autor de *Rota 66*, foram "citados na lista dos 'marcados para morrer', anunciados no Jornal Nacional da Rede Globo de Televisão, para todo o Brasil, por terem denunciado esquemas duvidosos e violação de direitos humanos" (GRAÚNA, 2013, p. 97).

Esse fato revela a precariedade do direito de expressão e de livre imprensa no Brasil. Profissionais da palavra, escritores e jornalistas são vítimas de ameaças e perseguições por realizarem o seu trabalho de levar conhecimento, entretenimento, informação e cultura à população. Além desse aspecto, a especificidade dos autores da literatura indígena — que por sua atuação, podem mobilizar amplos setores da sociedade para a defesa de suas causas — pode colocá-los na linha de frente das perseguições, por causa dos interesses de alguns grupos, seja nos territórios ou nas riquezas naturais contidas neles.

Para a composição de sua obra basilar, a autora contou, em primeiro lugar, com a inspiração para a escrita poética, a partir das narrativas da avó indígena, com as quais conviveu na infância. Assim, foi construindo uma base de memórias, que, depois, somaram-se às outras experiências, vivências e leituras. Mais tarde, fez o retorno ao lar ancestral para fortalecer a sua identidade indígena obscurecida a partir da diáspora familiar. A respeito dessa questão, lemos em Figueiredo:

> As memórias rizomáticas que surgem no cenário brasileiro, evocando outros mitos fundadores, outros discursos nacionais, traçam uma visão de nação já pluralizada e não una, como se fez no século XIX e que o século XX reforçou. Em vez de uma nação mestiça, criada pelos grandes intérpretes do Brasil, que excluía negros e indígenas ao diluí-los no amálgama chamado "Brasil mestiço", o que vemos agora, sobretudo desde os anos 1980, é a eclosão de vozes que narrativizam outras histórias, outras versões sobre a nação (FIGUEIREDO, 2018, p. 295).

As memórias são a base de sustentação de tudo aquilo que somos, é por ela que se evocam as narrativas tradicionais dos indígenas. Assim, no contexto da resistência dos povos originários, Munduruku corrobora:

> A memória é, pois, parte fundamental na formatação de um corpo que resiste. Também por isso precisa ser atualizada constantemente em um movimento cíclico que acompanha o tempo cronológico do qual somos vítimas preferenciais. Cíclico é o conceito de memória. Ela se desdobra sobre si mesma para se compor e se oferecer aos viventes (MUNDURUKU, 2017, p. 117).

A nação pluralizada é aquela que reconhece as múltiplas manifestações culturais que estão na base da sua constituição. Assim, a exclusão de segmentos descaracteriza-a enquanto nação plural. Quando a literatura indígena contemporânea assume e encampa essas vozes ancestrais das mais diversas filiações étnicas e sociais, no cenário da diversidade de culturas indígenas que compõem o tecido social brasileiro, ela garante um salto considerável rumo à construção de nação plural.

Entre os teóricos que consideram necessária a eclosão das vozes dissonantes, nos contextos do pós-colonialismo, destaca-se Edward Said. De acordo com ele:

> Entre o imperialismo oitocentista clássico e seus frutos nas culturas nativas que ofereceram resistência, há, pois, um obstinado confronto e cruzamento na discussão, nos empréstimos, no debate. Muitos dos escritores pós coloniais mais interessantes carregam dentro de si seu passado — como cicatrizes de feridas humilhantes, como estímulo para práticas diferentes, como visões potencialmente revistas do passado tendendo a um novo futuro, como experiências a ser urgentemente reinterpretadas e reapresentadas, em que o nativo, outrora calado, fala e age em territórios recuperados ao império (SAID, 2011, p. 53).

A voz feminina indígena desponta, nesse cenário, duplamente obliterada. Na escrita de Eliane Potiguara, a temática feminina preenche todos os contornos do espaço da produção literária da autora, nos relatos pessoais e coletivos, nos depoimentos das mulheres a partir do trabalho desenvolvido no Grumin, na narrativa sobre Cunhataí e Jurupiranga, nos poemas e na denúncia das injustiças praticadas contra as mulheres indígenas e socialmente excluídas.

Tais estratégias empregadas na obra para o desenvolvimento dos temas são acompanhadas e permeadas por uma cosmovisão[36] étnica, em que o olhar feminino indígena dita as regras do processo composicional nos poemas e nos demais textos.

Nesse sentido, na obra de Eliane Potiguara, a subjetividade das mulheres preenche todos os espaços, na trama tecida e comentada pela guerreira visionária potiguara, pintada de jenipapo: das histórias contadas pela avó curandeira à luta da heroína mítica Cunhataí para reencontrar sua família e ter de volta suas terras; das demandas apresentadas pelas professoras das escolas indígenas, das corajosas mulheres guerreiras homenageadas em cânticos e poemas, até as pobres mulheres indígenas seduzidas pelas promessas de felicidade que se perderam na pobreza, no alcoolismo e na prostituição, nos centros urbanos.

Os textos de Eliane Potiguara têm influências muito mais amplas que sua base ancestral ou suas memórias pessoais e familiares. O trabalho desenvolvido no Movimento Indígena, a convivência com as mulheres de diversas nações indígenas, no Grumin, o trabalho como militante indígena em nível nacional e internacional, a sua formação acadêmica e humanística na área das linguagens e, voltada para a educação, formam essa base pluralizada.

---

[36] Cosmovisão aqui remete à: "compreensão de mundo dos povos tradicionais. É uma concepção de que tudo está em harmonia com tudo; tudo está em tudo e cada um é responsável por essa harmonia. É uma concepção que não exclui nada e não dá tanta importância a um único elemento, pois todos são passageiros de uma mesma realidade – são, portanto, iguais" (MUNDURUKU, 2017, p. 59).

Além disso, as múltiplas vozes que se fazem ouvir no contexto da obra trazem diferentes histórias, memórias e subjetividades para compor o conjunto do livro, de forma que contribuem, também, para a ampliação da cosmovisão de Eliane Potiguara, que já se atualiza e constitui, ao mesmo tempo em que é constituída por essas outras vozes

Outrossim, de forma geral, são as mulheres que protagonizam o conjunto dessas narrativas, em um discurso que se constrói na contramão do cânone literário tradicional. Assim, Potiguara, escrevendo a partir de múltiplas visões e experiências diversas, criou uma obra em que se manifestam diferentes subjetividades e uma infinidade de visões de mundo. A respeito de sua identidade, ela explica:

> Eu penso assim: sou uma mulher, sou uma indígena, não sou aldeada, moro em contexto urbano. Até porque seria uma hipocrisia morar numa comunidade agora, já que eu cresci e me criei em outro contexto. Eu nasci no Rio de Janeiro, tenho uma base ancestral, até espiritual, na minha família indígena, mas sou uma pessoa da cidade (POTIGUARA, 2019, p. 55).

Assim, Potiguara demonstra que convive, tranquilamente, com a sua dupla cidadania: ela pertence à cidade e também pertence à aldeia. O que importa é que, nas palavras de Benjamin: "O grande narrador tem sempre suas raízes no povo, principalmente nas camadas artesanais" (BENJAMIN, 1987, p. 214). Como escritora indígena, Eliane Potiguara não perdeu o *status* de contadora de histórias. O que acontece, na verdade, é que as duas funções se complementam e se interpenetram

O protagonismo feminino, recheio duplo da obra, tanto na tessitura narrativa quanto na temática redundante encaminha a leitura para uma questão incontornável que é a busca do feminino. Da mesma forma como Lucia Castello Branco (2004) pressupõe a partir da leitura de obras das poetas Florbela Espanca e Gilka Machado, podemos afirmar que, em Eliane Potiguara:

> Ainda há muito o que indagar a respeito dessa "anima literária" tão fugidia e intangível. Talvez ela não exista, como preferem aqueles que temem que a descoberta de idiossincrasias femininas anule a luta das mulheres por igualdade de direitos. Talvez ela não passe de uma revanche partidária, já que são algumas mulheres que insistem, agora, em descobrir sua especificidade literária. Mas talvez estejamos realmente diante de uma linguagem distinta, feminina em sua origem

arquetípica, e não propriamente em sua fisiologia. Uma linguagem, quem sabe, de grande parte das mulheres e dos homens que se alinham sob a bandeira das mulheres, como sugere Lakan. Mas sobretudo uma linguagem uterina, primal, paradoxalmente egocêntrica e cósmica, em busca de sua própria gênese (CASTELLO BRANCO, 2004, p. 120).

Em *Metade Cara, Metade Máscara*, Eliane Potiguara assume o protagonismo feminino de caminhar ao lado de sua família indígena. E de denunciar com indignação e revolta todas as injustiças cometidas contra a família: "Ele era só um pedinte indígena [...] E meu útero de mãe rosnou, rosnou tanto que uma dor rouca, uma dor cavernosa saiu pelas minhas entranhas, uma dor insuportável que esmigalhava minha alma, minha essência indígena, meus berros internos!" (POTIGUARA, 2018, p. 105).

A leitura do trecho permite concluir que o sujeito se funde integralmente à narrativa. Tanto o corpo quanto a alma se aniquilam diante da narração dolorosa da cena. A mulher indígena, a mãe fecunda em uma metáfora da Terra-Mãe, sucumbe à dor diante da injustiça social que consome o pequeno ser indígena, um indiozinho mendigando nas ruas de uma grande cidade, tentando sobreviver. Triste realidade dos povos indígenas alijados dos seus territórios, que vivem, geralmente, em condições precárias, nos labirintos da selva de concreto.

Normalmente, as famílias desterritorializadas ocupam as áreas mais empobrecidas e insalubres das cidades e sobrevivem de forma bastante precária, trabalhando, na maioria das vezes, na informalidade. Aqui a realidade dos povos indígenas que vivem na cidade de Manaus, em reportagem publicada no *site* da Empresa Brasil de Comunicação:

> Em Manaus, no Amazonas, eles podem ser encontrados em todas as regiões da cidade. A Fundação Estadual do Índio estima que de 15 a 20 mil indígenas de diversas etnias vivam em áreas urbanas amazonenses, como os sateré-mawé, apurinã, kokama, miraña, dessana, tukano e piratapuia. "Acredito que 90% dos bairros de Manaus tenham indígenas morando", informou o presidente da Fundação Estadual do Índio, Raimundo Atroari. Apesar de buscar melhores condições de vida na cidade, a maioria dos indígenas vive em situação de pobreza, tem dificuldade de conseguir emprego e a principal renda vem do artesanato. "Geralmente, as comunidades estão localizadas em área de risco. Nunca é numa área boa. A gente sente muita essa dificuldade de viver na cidade" (PAIVA; HEINEN, 2017, s/p).

Ainda de acordo com a matéria, grande parte dos indígenas desaldeados vive na cidade de São Paulo, capital. Os indígenas entrevistados também se queixam das dificuldades de acesso aos serviços de saúde que, segundo eles, esses serviços são oferecidos prioritariamente aos indígenas que vivem nas aldeias. Na obra, Potiguara descreve o seu encontro com o indiozinho, nas ruas do Rio de Janeiro:

> Vi um indiozinho escorrendo pelo bueiro. A metade de seu corpo superior debruçava-se sobre o meio fio da rua e a outra parte jazia cansada, escorrendo pelo esgoto urbano. Imediatamente, lembrei-me do quadro de Salvador Dalí, retratando um relógio de pulso desconstruído em sua forma original, mas reconstruído de forma que o relógio obedecesse às formas roliças do punho humano. Vieram-me à cabeça diversas imagens derretidas desse pintor surrealista, desconstruidor da formalidade e convencionalidade sociais, políticas e humanas. Mas o indiozinho estava lá, derretendo, e eu tive vontade de me derreter junto a ele pelo ralo planetar, mas não pude. Seria covardia de minha parte! (POTIGUARA, 2018b, p. 102-103).

O olhar que esquadrinha a cena da criança estendida no chão é um olhar feminino, maternal, a dor expressa é a de uma mãe e aloja-se no útero. Feminina é a visão que chora o abandono da criança, um menino indígena, de uns 10 anos de idade. Assim se constitui essa escrita feminina, circular, no desenho dos espaços internos, na área em círculo de convivência comum das aldeias, como um desejo de retorno ao seio, ao útero materno, numa metáfora do azul acalentante das águas misteriosas do mar. Uma poética ancorada na simbologia do feminino, nutrida, em maior escala, pelo amor maior. Nesse aspecto, Bachelar (2018) nos lembra que "a natureza é uma projeção da mãe". Ainda a respeito da simbologia das águas, ele esclarece:

> "O mar é para todos os homens um dos maiores, um dos mais constantes símbolos maternos" [...] "O mar-realidade, por si só, não bastaria para fascinar, como o faz, os seres humanos. O mar canta para eles um canto de duas pautas, das quais a mais alta, a mais superficial, não é a mais encantatória. É o canto profundo...que, em todos os tempos, atraiu os homens para o mar. Esse canto profundo é a voz maternal, a voz de nossa mãe [...] (BACHELAR, 2018, p. 120).

O sentimento da mulher indígena em sintonia com o movimento criativo da Terra, na geração da vida, no mar, nas florestas e em todos os seres vivos, vegetais e animais. Essa é uma das manifestações do feminino na obra de potiguara.

Sem dúvida, tanto a escrita de Potiguara quanto seu protagonismo feminino corporificam essa linguagem "uterina" e "primal". Ademais, a relação intrínseca da mulher indígena com a Terra, o "útero vulcânico", na cosmovisão indígena, intensifica a semântica desse protagonismo feminino na geração, manutenção e, por que não, na construção das narrativas a respeito da própria vida.

4.2 Memória e traumas dos deslocamentos

A ancestralidade como valor altamente referenciado pelos povos indígenas está na base dessas culturas diferenciadas e plurais. Assim, Potiguara esclarece a tríade: ancestralidade, cosmovisão[37] e resistência:

> O povo indígena sobrevive há séculos de opressão porque tem como maior referencial a tocha da ancestralidade, do perceber intuitivo, da leitura e da percepção dos sonhos, do exercício da dança como expressão máxima da espiritualidade e da valorização da cultura, das tradições, da cosmovisão personificada na figura dos mais velhos, *os idosos planetários* (POTIGUARA, 2018b, p. 97).

No escopo da obra analisada, a tônica da trama é iniciada com a apresentação da avó da narradora (Maria de Lourdes) nas páginas iniciais da obra; ela surge como uma guerreira, cuja determinação é o fiel da balança na luta para vencer as tribulações da travessia do litoral nordestino até a cidade do Rio de Janeiro. Ela é a matriarca que superou as adversidades e conseguiu plantar no coração da neta o desejo de reacender a chama da identidade indígena e defender a cultura e as tradições milenares de sua família e de seu lar ancestral. Como prova de reconhecimento, o livro é dedicado primeiramente a ela, posteriormente aos filhos e à mãe, e por último, aos parentes indígenas das diversas etnias.

Eliane Potiguara continua a esclarecer a relação intrínseca entre ancestralidade e identidade indígena feminina. A autora revela que a leitura que fez da obra *Mulheres que correm com lobos* ajudou a aguçar sua percepção em relação a esses conceitos. Nas palavras dela:

> Lendo, então, a escritora Clarissa Pinkola, percebi que ela enfocou aspectos da tradição indígena no papel do fortalecimento das mulheres do mundo. Fui muito feliz nesse encontro

---

[37] A cosmovisão é uma visão de mundo que perpassa várias culturas indígenas. Para Eliane Potiguara: "O reconhecimento dos conhecimentos tradicionais, para que seja perpetuado em saberes antigos de curas indígenas, como patrimônio histórico e cultural" (POTIGUARA, 2019, p. 131).

> comigo mesma e com a escritora, porque, antes, eu já havia incorporado inconscientemente a sabedoria de minha mãe, minhas tias indígenas e, principalmente, minha avó, Maria de Lourdes, filha do guerreiro indígena desaparecido no início do século XX. Sou feliz porque aprendi esses conceitos com elas, mesmo que elas estivessem fora de suas terras tradicionais. Elas foram enxotadas de suas terras, mas os valores, os conceitos, os princípios, a cosmologia jamais, em tempo algum foram dizimados pelo colonizador. *Essa é a nossa maior herança: a preservação da nossa essência*, em um mundo impune, cheio de diferenças e de preconceitos. É como renascer no meio do lixo. É como a flor de lótus, que nasce na lama e atinge a superfície cristalina (POTIGUARA, 2018b, p. 98, grifos da autora)

A tragédia representada por essa dominação adquire contornos de similaridade em relação ao contexto referenciado pelo poeta polonês Czeslaw Milosz em sua obra *O Testemunho da Poesia* (2012). Nessa perspectiva, ao refletir sobre a urgência da poesia contemporânea e sobre o seu caráter engajado, principalmente durante períodos catastróficos, em diferentes lugares e tempos na história da humanidade. O escritor polonês esclarece:

> Pois nos casos de infortúnio que atinge toda uma comunidade, como por exemplo, a ocupação alemã na Polônia, o "cisma entre o poeta e a grande família humana" desaparece e a poesia torna-se um artigo de primeira necessidade, assim como o pão. Antevejo a objeção de que situações excepcionais de guerra e Resistência dificilmente podem ser tomadas como norma. No entanto, sob a ocupação nazista, verificou-se o rompimento das barreiras de classe nos subterrâneos da Polônia, o começo desse processo, que em seguida ganhou força durante o regime comunista até que, por fim, resultou em uma sociedade de todo distinta, subitamente exibida aos olhos do Ocidente na greve dos trabalhadores de 1980 e no surgimento do Solidariedade. Nessa nova sociedade não era incomum que 150.000 exemplares de um livro de poesia se esgotassem em poucas horas (MILOSZ, 2012, p. 64).

Diante da grandeza trágica da diáspora dos povos indígenas pelo território brasileiro -, a poesia da escritora Eliane Potiguara e de outras poetas indígenas surge com versos impetuosos que denunciam a crueza dessa guerra sangrenta e secular, e pretendem reaver o histórico de resistência e de superação pelo conjunto dos povos originários, por meio da saga de seus guerreiros ancestrais. Tudo isso atrelado ao resgate de culturas de sabedoria milenar historicamente massacradas, oprimidas e silenciadas.

Enquanto os poloneses elegeram a poesia como pão para o espírito a fim de resistir à ocupação nazista em seu território e superar os horrores da guerra, os povos indígenas dominaram a arte da escrita e se apropriaram dos meios impressos e virtuais para se revelarem ao mundo não indígena, com o intuito de desconstruir estereótipos e revelar, por sua própria voz, a subjetividade, a memória e o patrimônio cultural e simbólico dos seus diversos povos. A poesia se faz resistência e cumpre função que extrapola as fronteiras da fruição estética.

Nessa dinâmica, as vozes indígenas femininas denunciam as violências contra os seus povos. Eliane Potiguara lamenta poeticamente a partida do guerreiro Marçal Tupã-Y e de tantos outros que foram e continuam sendo sacrificados nos embates em defesa dos territórios e nas lutas por direitos, incluindo o bisavô Chico Sólon até os guerreiros da atualidade. Em julho de 2019, a denúncia, amplamente divulgada pela mídia brasileira, da invasão à terra indígena Wajãpi, no Amapá, por garimpeiros armados que culminou com o assassinato violento do cacique Emyra Wajãpi, de 68 anos, confirma tanto a veracidade quanto a atualidade do tema dolorosamente poetizado pela autora.

De acordo com a matéria:

> Segundo os indígenas, Emyra teve uma morte violenta. Foram eles que deram o alerta às autoridades e encontraram vestígios de que o crime fora cometido por garimpeiros ilegais, em meio a uma invasão à região demarcada. "Todas as famílias wajãpi estão com medo de sair para caçar, pescar e buscar outras coisas e necessidades", diz Jawaruwa à DW Brasil, direto da aldeia Aramira, uma das 49 localizadas dentro da TI. "Os invasores estão escondidos aqui dentro. "Em nota, o Conselho das Aldeias Wajãpi (Apina) informou que, após uma reunião com a Fundação Nacional do Índio (Funai), os policiais deixaram a TI e alegaram não ter condições de dar continuidade às buscas pelas dificuldades de deslocamento e alimentação (PONTES, 2019, s/p).

De forma correlata, na década de 1990, a poeta Graça Graúna exteriorizou a indignação do seu povo, compondo poema homenagem, diante do assassinato cruel do guerreiro pataxó Galdino, queimado vivo dentro de um saco de dormir, nas ruas da capital federal, em 21 de abril de 1997, para onde se deslocara a fim de representar o seu povo em lutas por visibilidade e direitos, junto ao governo federal.

Neste contexto, ao teorizar sobre a literatura de resistência e a forma como as resistências se tornaram tema das narrativas, naquele momento, em diferentes contextos de produção literária brasileira, Bosi esclarece:

> Foi um tempo excepcional, um tempo quente de união de forças populares e intelectuais progressistas. Tempo que perdurou na memória dos narradores do imediato pós-guerra, e que produziu o cerne da chamada literatura de resistência, coincidente, e não por acaso com o ponto de vista estético neo-realista. Um livro candente como *Se questo è um uomo*, de Primo Levi, testemunhando a sua experiência de judeu lançado em um campo de concentração, é perfeito exemplo desse clima ético e na opção por uma linguagem sóbria e depurada de todo convencionalismo. A obra-prima veio antes: *Conversazione in Sicilia* de Elio Vittorini. No Brasil, as *Memórias do cárcere* de Graciliano Ramos, obra que não quis ser nem ficcional, nem documental, mas testemunhal, corresponde à literatura de resistência que tem em alguns poemas de Drummond o seu ponto alto. *A rosa do povo* é de 45 (BOSI, 1997, p. 126).

No escopo dessa vertente, o emprego da palavra poética reveste-se de sua importante função de humanizar o mundo, ou seja, de despertar nas pessoas as suas sensibilidades em favor de uma conciliação com vistas à instauração da paz e de garantias de uma partilha responsável dos frutos e das benesses da terra. Assim, a poesia torna-se elo de coesão para grupos oprimidos ou vitimados em contextos de dominação, em diferentes tempos e lugares, e torna-se capaz de restaurar uma identidade comum violada, bem como valores positivos essenciais para que a humanidade possa continuar se desenvolvendo de forma harmoniosa e sustentável.

Para explicar essa relação no seio das comunidades dos povos originários, Graça Graúna revela que se as narrativas míticas "são para os povos indígenas uma forma de resistência, os poemas também o são, pois a poesia (na cosmovisão indígena) vem confirmar a luta identitária, reafirmando os laços de amor a terra" (GRAÚNA, 2013, p. 107). Nesta linha de raciocínio, se a terra - mãe generosa - é dilacerada pela ganância e pela ambição de alguns grupos, Potiguara reage ao evidenciar sua face de guerreira, munida da poesia, essa arma da sensibilidade, cujo objetivo principal é (re) acender a tocha da ancestralidade e resgatar a identidade indígena, para a dignidade desses povos.

Na defesa destes princípios como um pensamento indígena brasileiro, a escritora lembra ao leitor que "Trezentos milhões de povos indígenas no mundo inteiro estão em estado de alerta na defesa de sua identidade [...]"

(POTIGUARA, 2018b, p. 106). É devido à organização dos movimentos indígenas que converge a sua escrita literária e a constituição de sua poética, com desdobramentos para além das lutas locais. Nas palavras da autora:

> Defendendo a identidade, defendendo as raízes culturais, as etnias – as raças, o gênero, o ser humano – terão uma melhor qualidade de vida e a passagem pelo planeta Terra terá realmente uma razão de ser: viver bem a vida, poder enxergar com alegria a criação de Deus, a perfeita natureza, o céu azul, os mares, as cachoeiras, os infinitos rios e riachos, as poderosas montanhas, o calor glorificante do Sol, a magnitude da Lua, o esplendor das nuvens e dos trovões, o canto lírico e doce dos pássaros e uma infinidade de belezas naturais, inclusive a beleza do ser humano. Tudo isso constitui a biodiversidade do planeta Terra. Tudo é muito sagrado; é preciso fazer essa leitura para que se possa construir o autorrespeito e o respeito ao outro. Esse é o caminho para a construção de um mundo ético, um mundo de paz (POTIGUARA, 2018b, p. 106).

Sua missão, como guerreira da palavra, é içar, do profundo oceano azul do esquecimento, a voz e as memórias dos guerreiros e guerreiras ancestrais injustiçados e trazê-las à tona para que sejam ouvidas, reconhecidas e respeitadas, de forma a compartilhar essa sabedoria e salvaguardar os direitos fundamentais dos povos originários para que possam, também, "brilharem no palco da história", em perspectiva harmônica, respeitosa e amorosa, como preconizam as tradições indígenas. O resgate e a difusão das memórias e das tradições desses povos tornam-se viáveis pela escrita literária dos intelectuais indígenas, em língua portuguesa. Nesse aspecto, a questão da expressão é fundamental para garantir o acesso às obras dentro e fora das comunidades indígenas.

O contraponto da condição que as mulheres assumem, a partir das diásporas indígenas, é o poder anteriormente exercido por elas em suas comunidades ancestrais. Nessa perspectiva, Potiguara discorre a respeito desse poder exercido no passado pelas figuras femininas em suas culturas:

> Com relação à cultura indígena, a mulher é uma fonte de energias, é intuição, é a mulher selvagem não no sentido primitivo da palavra, mas selvagem como desprovida de vícios de uma sociedade dominante, uma mulher sutil, uma mulher primeira, um espírito em harmonia, uma mulher intuitiva em evolução para com a sua sociedade e para com o bem-estar do planeta Terra. Essa mulher não está condi-

cionada psicológica e historicamente a transmitir o espírito de competição e dominação segundo os moldes da sociedade contemporânea. O poder dela é outro. Seu poder é o conhecimento passado através dos séculos e que está reprimido pela história (POTIGUARA, 2018b, p. 46).

O discurso literário, dentro da poética da escritora, se constrói na contramão do discurso hegemônico, apresentando recortes do real pela subjetividade das mulheres indígenas, elemento dominante na composição da estética literária de sua obra. Daí o caráter subversivo de sua escrita, que se amplifica por impor sua materialidade dissonante, pois rompe com os acordos tácitos que subjazem à estrutura da sociedade patriarcal.

Na tessitura da obra, os textos documentais revelam as tensões inerentes às relações que se estabelecem entre indivíduos indígenas: homens e mulheres. Não há idealização dos conflitos na escrita libertária de Eliane Potiguara, as mulheres resistem e se impõem dialeticamente. De acordo com ela:

> No encontro em Altamira, a guerreira Tuíra apontou o facão para um empresário como uma atitude de intimidá-lo. Em contrapartida, um líder indígena me mandou ir para a cozinha e me ordenou que eu ficasse fora das assembleias, segurando os filhos no colo, inclusive o dele! Acredito que Tuíra Kayapó abriu uma brecha para a mulher indígena, mas, ainda hoje, temos que impulsionar as Conferências de Saúde Indígena para que se inclua o tema Saúde Integral e Direitos Reprodutivos em todos os fóruns indígenas. Há quinze anos, por exemplo, eu já via uma mulher indígena como líder na Coordenação Indígena da Amazônia Brasileira (Coiab), a guerreira Sonia Bone Guajajara, pressionada por veteranas mulheres indígenas como a falecida Zenilda Sateré-Mawé, Deolinda Prado e suas amigas, que conheceram muito bem os guerreiros indígenas de Manaus Álvaro Tukano, o inesquecível Manoel Moura Tukano, entre outros, e assim, vejo a multiplicação de organizações de mulheres indígenas e as vejo se formarem como advogadas e, quem sabe, futuras juízas, deputadas e vereadoras. Isso é uma vitória! (POTIGUARA, 2018b, p. 50).

Em relação ao aspecto, muitas vezes, flutuante de tais papéis no seio das comunidades indígenas, Potiguara explica que:

> Ao longo da história, o homem indígena teve de mudar o seu comportamento com a mulher indígena, em uma tentativa desesperada e inconsciente de preservar a família. No

período das colonizações portuguesa e espanhola, no Brasil, os homens indígenas conduziam toda sua família ao suicídio coletivo, contra a escravidão, e, consequentemente, à destruição cultural. Nos tempos atuais, o suicídio, a submissão, o alcoolismo, a desesperança e a fome têm sido sintomas da opressão colonizadora decorrente da violência aos direitos humanos fundamentais dos povos indígenas e que afetam as mulheres mais diretamente (POTIGUARA, 2018b, p. 90).

Cunhataí é a guerreira ancestral que recebeu dos deuses a importante missão: "O velho espírito disse à Cunhataí: 'Vai ave-menina e mulher! Cria asas e enxergue; um dia, quem sabe, seremos livres!'" (POTIGUARA, 2018b, p. 73). No contexto da poesia mítica em que se apresenta a trama do casal protagonista, a responsabilidade é dada pelos deuses à guerreira, que parte na jornada em busca de seu amado, enfrentando a solidão e o desconhecido. Sua saga permeia a obra e a ela se agregam os demais textos. A autora justifica que "a simbologia de Cunhataí demonstra o compromisso que ela tem com todas as mulheres indígenas do Brasil" (POTIGUARA, 2018b, p. 76).

Eliane Potiguara revela o esforço que empreendeu para resgatar sua identidade indígena potiguara. Uma escritora que transgride sua identidade de mulher urbana, -com formação universitária e atuação intelectual no campo da literatura e na militância pelos direitos dos povos indígenas aldeados e não aldeados. Ela atua, principalmente, na defesa das mulheres indígenas excluídas e marginalizadas, nas intrincadas teias do tecido social urbano. Resgatar essa identidade pressupõe uma movimentação oposta ao sentido das rotas percorridas pelos povos originários do Brasil ao longo dos séculos, a partir da colonização europeia, - as diásporas internas dos grupos de indígenas, pelas terras brasileiras.

Em suas palavras, proporciona ao leitor o retorno às "terras imemoriais de sua mãe, de sua avó paraibana e de seus ancestrais espirituais. Ali sentiu a essência da existência humana, o seu cordão umbilical queimava e seus pés não andavam. Flutuavam [...]" (POTIGUARA, 2018, p. 27), e o reencontro com os parentes indígenas, onde foi possível "conhecer as mulheres indígenas que testemunhavam em suas peles e rugas o sofrimento que causava a violação dos direitos dos povos indígenas" (POTIGUARA, 2018, p. 27) é apenas parte do processo de constituição da narradora, iniciado pela identificação com as narrativas da avó materna, desde a infância.

Por outro lado, as consequências desses deslocamentos involuntários são intensificadas na trajetória dessas mulheres e das crianças, considerando as violações da integridade física, social e espiritual desse segmento, cujos efeitos recaem de forma mais intensa sobre as mulheres. Dito de outra forma, se o fluxo imposto a esses povos pelo território brasileiro representou uma catástrofe para as comunidades indígenas de forma geral, para as mulheres e para as crianças essa catástrofe adquiriu contornos trágicos.

E por esse motivo, a autora assevera que tais migrações, motivadas pelo que ela denomina de "racismo ambiental", têm como vítimas preferenciais as mulheres e as crianças, cujos corpos são transformados em mercadoria nos contextos de tráfico de pessoas, de prostituição, de drogas e de trabalho quase escravo, nos grandes centros urbanos.

4.3 Oralidades, Performances e Transgressões

As invasões territoriais e o consequente êxodo indígena são tratados sistematicamente como a causa de grande parte dos problemas enfrentados pelos povos indígenas, na atualidade. A linguagem poética dá relevo à dor feminina, diante dessa tragédia evidenciada nos versos contundentes do poema "Invasão". Ei-los:

> Quem diria que a gente tão guerreira
> Fosse acabar um dia assim na vida.
>
> Quem diria que viriam de longe
> E transformariam teu homem
> Em ração para as rapinas.
>
> Quem diria que sobre os escombros
> Te esconderias e emudecerias teu filho – fruto do amor.
>
> Cenário macabro te é reservado.
> Pra que lado tu corres,
> Se as metralhadoras e catanas e enganos
> Te seguem e te mutilam?
>
> É impossível que mulher guerreira
> Possa ter seu filho estrangulado
> Seu crânio esfacelado!
> Quem são vocês que podem violentar
> A filha da terra
> E retalhar suas entranhas?
> (POTIGUARA, 2018, p. 33).

Do ponto de vista estrutural, tem-se um texto organizado em cinco estrofes assimétricas com versos livres e irregulares em que o fluxo do discurso segue de forma contínua, num jorro de indignação marcado pelo horror e pelos questionamentos diante da violência. As marcas da oralidade se fazem perceber logo no início do poema: o primeiro verso é introduzido pela expressão: "Quem diria", que posiciona o papel da oralidade no interior da produção poética da autora, fruto de sua inserção na estética da literatura contemporânea de autoria indígena no Brasil, que mantém conexões profundas com a oralidade, com a palavra, ora falada ora cantada. Essa predominância da voz é objeto de análise de Zumthor (1997). Nas palavras desse teórico:

> As culturas africanas, culturas do verbo, com tradições orais de riqueza incomparável, rejeitam tudo que quebra o ritmo da voz viva; em vastas regiões, (no Leste e no Centro do continente), a única arte que se pratica é a poesia e o canto. O verbo, força vital, vapor do corpo, liquidez carnal e espiritual, no qual toda atividade repousa, se espalha no mundo ao qual dá vida. Na palavra tem origem o poder do chefe e da política, do camponês e da semente. O artesão que modela um objeto, (pronuncia e, muitas vezes, canta) as palavras, fecundando o seu ato. Verticalidade luminosa brotando das trevas interiores, ainda marcada, todavia, por estes sulcos profundos, a palavra proferida pela Voz cria o que diz. Ela é justamente aquilo que chamamos de poesia (ZUMTHOR, 1997, p. 65-66).

A base oral das culturas africanas coloca-as, de certa forma, muito próximas das culturas dos nossos povos indígenas, entre diversos outros fatores, por causa do papel que a oralidade desempenha no cotidiano dessas comunidades. Assim, o poder de presencialidade da palavra, seu poder criador é exercitado, de modo intenso, tanto em África quanto no Brasil, entre os nossos indígenas. De outra forma, o emprego da expressão, no início do poema de Potiguara: (Quem diria) sugere também uma certa dose de incredulidade diante do real poetizado.

Há interlocutores, não declarados, para quem as interrogativas são dirigidas, que podem ser depreendidos pelo contexto: até a quarta estrofe, as mensagens são direcionadas à mulher que, na cena narrada, teve o companheiro assassinado e, aparentemente, tenta proteger o filho de destino igual. Na quinta e última estrofe, o eu poético dirige-se, de forma interrogativa, aos invasores/assassinos da família protagonista da narrativa: "Quem são vocês [...]?".

O cenário é de desolação, com violência, perseguição, mutilação e morte: a narrativa de interpelação engendra o contexto enunciativo que é dado ao leitor conhecer. Por meio das interrogativas, são apresentadas cenas de desespero e pavor: uma mãe que, ocultada pelos escombros, emudece o próprio filho para protegê-lo do perigo iminente de ser atacado e, possivelmente, morto. Na última estrofe, o alvo da interlocução migra e aparece o termo "vocês" para designar os outros interlocutores: no contexto do poema, os violentos invasores que usurpam, destroem, estupram e matam.

Assim, a poesia se edifica a partir da contraposição da voz lírica ao discurso do outro: dominadores, invasores estrangeiros, inimigos. A presença abundante das estruturas interrogativas, no poema, nem sempre acompanhadas pelo sinal que marca, graficamente, essas interrogações evidenciam que há uma espécie de modalização, em que a maquinaria do poema é criada pela emoção e não pelas regras da escrita ortográfica. A poética transgressora de Potiguara, marcada pela resistência à rigidez engessada das regras, exprime concordância com a lição de Adorno: "Pois as exigências das regras de pontuação são incompatíveis com as necessidades subjetivas de lógica e expressão: nos sinais de pontuação, a promissória que o escritor tomou da linguagem é cobrada em protesto" (ADORNO, 2012, p. 148).

O desapego às normas e às regras estruturais que norteiam o uso da linguagem poética, em sentido amplo, também se constitui como forma de resistência da poesia indígena. Uma contradição intencional encenada de dentro do sistema linguístico com foco na escrita. Trata-se de um modo muito específico de fazer poesia que traz originalidade ao texto.

Nesse sentido, Pound (2013, p. 24) assevera que: "Um clássico é clássico não porque esteja conforme certas regras estruturais ou se ajuste a certas definições (das quais o autor clássico provavelmente jamais terá conhecimento). Ele é clássico devido a uma certa juventude eterna e irreprimível".

Nesse excerto, Esra Pound esclarece a respeito da falta de nexos lógicos entre a presumida qualidade estética dos textos e sua possível adequação a um sistema rígido de regras e normas de cunho tecnicista passível de mensuração e categorização. Tal postura permite direcionar uma crítica aos métodos analíticos tradicionais da literatura canônica e seu alto grau de exclusão por meio de critérios, muitas vezes, questionáveis.

A transgressão, nessa perspectiva, acontece de múltiplas formas, no interior do sistema de regras da língua e no âmbito do discurso e da construção poética e na maneira como a temática é desenvolvida na superfície do texto. Essa incompatibilidade é levada ao extremo a partir da dicotomia fala X escrita, uma vez que as produções regidas pelo signo da oralidade criam seu próprio sistema de normatização para o qual as normas da escrita não têm o mesmo peso e valor.

Na cena poética, a perspectiva é a de uma mulher, cujo amado desparecera, liquidado pelos elementos que, no poema, aparecem apenas no campo da interlocução, cabendo a ela o papel de mãe que esconde o filho, na tentativa de protegê-lo contra a destruição anunciada. O saldo dessa invasão é aterrador: uma mulher étnica, filha da terra, desesperada, com as entranhas retalhadas pela dor de ver a família destruída e o lar desfeito.

Em contrapartida, o poder de resistir às adversidades é uma virtude das mulheres indígenas enfatizada pela autora: a mulher indígena, que "passou por toda sorte de massacres ao longo da história, condicionada ao medo e ao racismo, sobrevive porque é criativa, é xamã, é visionária, é curandeira, é guerreira e guardiã do planeta" (POTIGUARA, 2018b, p. 61).

A poeta carrega para o universo do texto literário as vozes e as subjetividades das mulheres indígenas aviltadas pela destruição de suas famílias. E, paradoxalmente, as interpela: "Pra que lado tu corres, /Se as metralhadoras e catanas e enganos/Te seguem e te mutilam?" Essa interrogativa parece enfatizar o desespero de se reconhecer em "um beco sem saída". Se de um lado, há a sujeição pelas armas, do outro, há o engano, a sedução que leva ao aniquilamento do corpo e da alma.

Assim, a oralidade é traço recorrente no poema: os versos iniciais das três primeiras estrofes são introduzidos pela expressão "Quem diria que", sugerindo indignação e não aceitação dos fatos relatados no texto. A presença dessas marcas da oralidade, também na expressão "te esconderias [...]", em violação aparentemente intencional da norma gramatical que desautoriza o emprego dos pronomes oblíquos em posição proclítica, constitui característica dos textos de autoria indígena e surgem, de forma reiterada, na poética de Potiguara.

Por outro lado, violar intencionalmente a rigidez do código linguístico oficial implica estratégia de resistência cultural e ideológica, pois define o lugar da escrita de autoria indígena enquanto ruptura. Conforme atestam De Melo e Costa:

> No plano textual, a linguagem oscila entre o registro formal e as marcas da oralidade, em violações intencionais das normas da língua culta, cujo emprego, na escrita, permite identificar que a rebeldia manifesta na temática da obra se repete no trato com a língua, como forma de resistência e insubordinação em relação ao sistema rígido de regras, forjado pela ótica do dominador responsável pelas migrações forçadas na história dos povos indígenas brasileiros (DE MELO; COSTA, 2018, p. 373).

A não submissão à integralidade das regras do jogo linguístico imposto pela cultura dominante revela-se expediente de enfrentamento e de denúncia do real, articulada pela vivência dos indivíduos que se autodeclaram indígenas. Trata-se de uma voz feminina que grita e "que jamais se cala / mesmo se lhe arranquem os dentes". Assim, constitui-se uma literatura feminina de resistência no escopo da produção intelectual indígena brasileira.

A respeito dessa tradição oral, presente no poema, bem como na obra da autora e intrínseca à produção literária de autoria indígena, Daniel Munduruku esclarece:

> Oralidade não é apenas a palavra que sai da boca das pessoas. É uma coreografia que faz o corpo dançar. O corpo é a reverberação do som das palavras. A oralidade é a divindade que se torna carne. O narrador é o mestre da palavra. A palavra não volta sem cumprir sua missão. Da mesma forma que Cristo não retornou ao Pai sem cumprir a sua. Corpos físicos e espirituais dançam ao som das palavras, pela mágica que elas produzem. A chuva cai pela súplica; o fogo arde pela voz embargada das mãos; o vento traz notícias de longe, ao ouvir o chamado humano; a Terra é recriada pelo canto místico ancestral (MUNDURUKU, 2009, p. 72).

Os escritos de Luis da Câmara Cascudo também lembram a presença dessa oralidade, principalmente nas camadas mais populares da sociedade brasileira, por meio de uma literatura oral, em que a palavra, viva e dinâmica, vibrante de imaginação segue silenciada pelas rodas aristocráticas e pelas academias. Câmara Cascudo faz um relato pessoal, a partir de suas vivências, desde a infância, em termos muito semelhantes aos empregados por Daniel Munduruku. Assim, lemos na obra desse autor:

> [...] outra literatura, sem nome em sua antiguidade, viva e sonora, alimentada pelas fontes perpétuas da imaginação, colaboradora da criação primitiva com seus gêneros, espécies, finalidade, vibração e movimento, continua rumorosa e eterna, ignorada e teimosa, como rio na solidão e cachoeira no meio do mato (CÂMARA CASCUDO, 1984, p. 27).

O poema evoca a palavra, em uma composição poética para ser cantada, gritada, declamada em altos brados, capaz de potencializar o vocábulo que se performa em ação para que, como uma seta lançada em direção ao alvo, alcance a vitória sobre a violência, sobre as injustiças e contra o silenciamento secular de seu povo. Assim, esse poema canto ecoa e convida para a indignação, para a ação, enfim, para reagir contra a indigna ação de invadir, depredar, pilhar e destruir a mata, expulsando as pessoas que vivem nesses locais, assassinando seus líderes. Um poema ditirambo que emerge, e, de modo similar: "[...] a literatura oral emerge, e sobretudo parece emergir de uma memória comum, pressentida por seus transmissores como autóctone, e isso a cada momento de sua realização".

Nessa perspectiva, o poema permite exercitar a palavra viva, da maneira como foi pensada por Paul Zumthor, conforme elucida Machado (2006, p. 107): "A condição de que os registros escritos e orais tornem-se "palavra viva" a partir do ato de performance, seja ela teatral ou pela narrativa, em prosa ou verso, acompanhada de música ou não, manifesta-se, também, em toda a Idade Média e além". A literatura indígena, por estruturar-se, fundamentalmente, por meio da oralidade, retoma o caráter performático da literatura universal que se expressava, na antiguidade, demarcando seu lugar de manifestação, por exemplo, no teatro grego.

A força da palavra poética e a potência da palavra cantada, na luta pós--moderna, da guerreira potiguara que preconiza a vitória dos povos indígenas contra as violações, contra o silenciamento secular e contra o racismo estrutural. Se essa proposta de arranhar o discurso oficial se consolida com êxito, será ampliado o estatuto de denúncia da condição da mulher, duplamente vitimada pelos processos violentos de invasão, dominação e desterritorialização.

4.4 As dores das mulheres indígenas

No texto *No dia em que mataram Marçal Tupã-Y,* é a linguagem poética, na voz feminina, que resgata a história de luta do guerreiro indígena Marçal Tupã-Y, ao convocar para o universo lírico da obra a trajetória e o ocaso desse guerreiro. O poema, dedicado às viúvas indígenas, apresenta ao leitor outras possibilidades de leitura, por meio da proposição de títulos alternativos: ("No dia em que mataram nossos avós ou Quando eles desapareceram"). Ou ainda, "Quando assassinaram o índio Galdino Pataxó". Eis o poema:

> A minha tristeza é cor de prata
> É o sol que bate no mar de suor e lágrimas
> Refletido o amor doído
> O amor impossível
> Um amor das matas.
> A minha tristeza é cor de prata
> São teus olhos que procuro nas águas
> Nas ondas do infinito azul
> Enquanto ouço tua voz veloz
> Trazida pelos ventos ardentes.

> Vai-te sol vermelho
> Rasgando o meu coração indefeso
> Leva pro lado de lá
> Meu amor
> Uma mensagem de paz
> Um amor ingênuo, puro
> Eternamente cândido
> E que jamais te esquece.
>
> Vai-te sol vermelho
> Furando as nuvens em raios potentes
> Quebra as ondas
> E grita se puderes
> Que nessa margem de cá
> Existe uma mulher amante, só
> CONSCIENTE
> Que jamais se cala...
> Mesmo se lhe arranquem os dentes
> Ou se lhe cortem a garganta gritante!
> (POTIGUARA, 2018, p. 78-79).

Esse poema representa a dor das mulheres indígenas pelo fim trágico dos companheiros, nos contextos das invasões aos territórios sagrados desses povos. A voz poética que enuncia se autodefine como "uma mulher amante, só / Que jamais se cala". Essa dor encontra ressonância na trajetória da família de Potiguara, em cuja saga o protagonismo das mulheres que não se calam é destaque.

A poética de Potiguara ancora-se na voz feminina ao abordar a violência da dominação a partir do olhar feminino. O guerreiro e líder indígena, ao ser abatido, abre uma ferida na alma de seu povo, a dor da derrota e da desagregação da família coletiva sangra intensamente. Essa dor, desconhecida e desconsiderada pelas vozes da opressão, é assumida integralmente na perspectiva de quem sofreu a perda mais dolorosa, na voz da companheira: amante, viúva, mulher.

Essa voz feminina é a que denuncia o assassinato do líder indígena/companheiro e lamenta sua perda: uma solidão doída. Ao mesmo tempo, ecoa o grito de dor dos povos vitimados pelas invasões, grito que reclama o sangue de todos os seus líderes, derramado ao longo dos séculos a partir da dominação europeia. Todas essas vozes encontram lugar na tessitura do poema e ganham visibilidade na poética da autora. Essa polifonia faz da superfície textual o lugar de encontro de todos os lamentos desse povo, do passado e do presente, de forma a alargar a experiência de representação dessa ferida cravada no coração da nação brasileira e herdada pela sociedade contemporânea.

Esse alargamento, de certa forma, é sucedâneo, no tempo, em referência às violências vivenciadas historicamente por esses povos. À guisa de exemplo, podemos lembrar alguns crimes mais recentes como o que tirou a vida de Paulo Paulino, liderança da Terra Indígena Araribóia, no Maranhão, assassinado no mês de novembro de 2019, cujo assassinato foi matéria publicada no Jornal "Folha de S. Paulo" em versão *online*. A notícia informa que o indígena compunha um importante grupo de defensores da natureza, chamado "Guardiões da Floresta", que sofreu ataque de um grupo de madeireiros que adentraram a mata armados e dispararam tiros, várias vezes, contra o grupo de indígenas do qual Paulo Paulino fazia parte, atingindo-o mortalmente.

O mapeamento das áreas degradadas, no país, mostra a importância que o trabalho de grupos como o dos guardiões assume, na atualidade, pois, de forma geral, as áreas das reservas indígenas são as que mais têm se mantido protegidas dos efeitos da devastação e, por essa razão, estão sendo violentamente invadidas e suas lideranças têm sido sacrificadas. Outro exemplo é o caso do cacique Emira Wajãpi, da etnia Wajãpi, que vivia na aldeia Mariry, no Amapá. Consta que o corpo foi encontrado no leito de um rio depois de um ataque violento por um grupo de garimpeiros à terra indígena, na região oeste do estado do Amapá, em julho do ano de 2018.

Em contrapartida, o amor e o respeito que os povos indígenas demonstram pela Mãe-Terra, de maneira ampla estão refletidos em seus costumes e, principalmente, revelam um pouco da subjetividade das mulheres indígenas, na forma como se relacionam com a terra. Assim, as mulheres do povo Ikepang, que vivem em uma aldeia nas proximidades do rio Xingu, se organizaram para coletar sementes e reflorestar áreas devastadas da floresta, em um projeto idealizado por elas para proteção da vegetação e das espécies animais que habitam a mata.

De acordo com a notícia:

> Essas mulheres fazem parte do povo indígena Ikpeng e, em 10 anos de projeto, já coletaram mais de 3,2 toneladas de sementes, possibilitando a plantação de mais de 1 milhão de árvores. O projeto, liderado exclusivamente por mulheres indígenas, consiste em realizar a coleta de sementes e utilizar essas sementes para reflorestar áreas degradadas. O objetivo é

> corrigir os estragos da ação do "homem branco". A ação destas mulheres visa recuperar as 22.500 nascentes nas cabeceiras do rio Xingu e, ao menos, 150 mil hectares de regiões de mata que foram degradados. O povo Ikpeng é formado por cerca de 500 pessoas e vive dentro do território do Xingu. Na aldeia, eles falam a língua Karib, e em sua cultura as mulheres também ocupam lugares de liderança (LIMA, 2020, s/p.).

Nesse aspecto, se considerarmos o processo das demarcações territoriais, como um dos pontos mais conflituosos da questão, podemos recorrer às palavras do escritor e líder indígena Kaká Werá:

> O problema é que as coisas param justamente no governo federal, que retarda há décadas a homologação final. Veja bem, se observarmos a partir da Constituinte de 1988, época em que se determinou um prazo de cinco anos para a homologação de todas as pendências em relação aos povos indígenas, principalmente nas regiões em que já existiam estudos avançados em relação a isso – e avançarmos para 2014, mais de 25 anos depois – grande parte das terras tradicionais indígenas não foram homologadas. Então fica claro que um dos imperiosos desafios ainda é a questão da terra (WERÁ, 2019, p. 68).

Ainda em referência a esse tema problemático, o pensador conclui: "Desde a época das capitanias hereditárias que nenhum governo se interessa em alguma ação que dê liberdade, autonomia, reconhecimento, cidadania e dignidade ao índio" (WERÁ, 2019, p. 69). Nesse diapasão, Eliane Potiguara corrobora:

> A demarcação de terras indígenas nunca foi uma prioridade governamental. Uma política que garantisse e respeitasse os povos indígenas como unidades sociopolíticas e culturais distintas deveria ser uma prioridade como respeito histórico. Nunca se realizou, na prática, uma política voltada aos interesses e projetos econômicos de autossustentação propostos pelos indígenas baseados em sua biodiversidade, com segurança para a saúde, a educação, a agricultura e os direitos humanos, levando em consideração sua cultura diferenciada. Por todas essas razões, há muitas décadas, muitas lideranças têm sido sacrificadas por lutar por seus direitos (POTIGUARA, 2018b, p. 44).

A demarcação das terras indígenas prevista no texto da Constituição de 1988 constitui um dos fatores determinantes da luta – uma das demandas principais - dos povos indígenas que se reconhecem lesados por sucessivos governos que não adotam medidas necessárias para a efetivação desses direitos constitucionais, formalizados na Carta Constitucional que ainda vige. Durante as assembleias para elaboração da constituinte, houve intensa organização e participação das lideranças. Entre os principais nomes: Eliane Potiguara, Ailton Krenak que se pintou de genipapo durante seu discurso, Marcos Terena, Álvaro Tukano, entre outros.

Assim, em 4 de setembro do ano de 1987, o líder indígena Ailton Krenak proferiu seu discurso na Assembleia Nacional Constituinte: ele cumpriu os protocolos e informou sobre a participação das lideranças indígenas, desde a instalação dos trabalhos, convidados para compor a Subcomissão de Negros, Populações Indígenas, Pessoas Deficientes e Minorias e ressaltou a seriedade com que os trabalhos foram desenvolvidos e o avanço, nunca visto antes, do país em relação aos direitos dos povos indígenas e enfatizou a importância da efetivação desses direitos contidos na Carta Constitucional para o futuro desses povos. Nas palavras dele:

> Assegurar para as populações indígenas o reconhecimento aos seus direitos originários às terras que habitam – e atentem bem para o que digo: não estamos reivindicando nem reclamando qualquer parte de nada que não nos cabe legitimamente e de que não esteja sob os pés do povo indígena, sob o habitat, nas áreas de ocupação cultural, histórica e tradicional. Assegurar isto, reconhecer às populações indígenas as suas formas de manifestar a sua cultura, a sua tradição, se colocam como condições fundamentais para que o povo indígena estabeleça relações harmoniosas com a sociedade nacional, para que haja realmente uma perspectiva de futuro de vida para o povo indígena, e não de uma ameaça permanente e incessante (KRENAK, 2015, p. 33).

As ponderações do líder do povo Krenak, há 32 anos, na Assembleia Constituinte, a respeito da necessidade e da urgência da efetivação dos direitos aos territórios não foram levadas a termo.

Em artigo, Mandagará tece comentários a respeito do discurso proferido por Krenak:

> A parte verdadeiramente genial, que tornou o discurso de Ailton Krenak um dos momentos mais memoráveis da Constituinte, é quando a figura de pensamento se torna ação. Para refletir sobre este momento vou fazer referência à gravação em vídeo de parte do discurso. O vídeo mostra Ailton Krenak discursando de pé, com uma voz pausada e firme, sem ler de qualquer papel visível. A complexidade do discurso

> afasta a probabilidade de improviso, o que nos deixa diante do uso de uma excelente memória, faculdade primordial da ação segundo os antigos retóricos. Ailton tem cabelos um tanto compridos e usa um terno impecavelmente branco. [...] Enquanto continua o discurso, no mesmo tom firme e pausado, Ailton Krenak passa a pintar seu rosto de preto, retirando, com os dedos, de uma pequena lata, a tinta pastosa que passa em todo o rosto, sem deixar sequer uma gota cair em seu terno branco e sem nunca interromper o discurso. A manifestação de indignação e luto, anunciada no início, acontece ao mesmo tempo da fala – apesar da preterição, nada foi preterido e ambas ocorrem, potencializando-se mutuamente. Além da função emotiva evidente, de catalisar *ethos* (caráter) e *pathos* (sentimento) numa única ação ritual, a pintura serve uma função argumentativa, demonstrando, por exemplos, o tipo de relação com a sociedade nacional que as culturas indígenas podem trazer (MANDAGARÁ, 2018, s/p).

Embora o jovem líder tenha desempenhado com maestria o seu discurso, as medidas necessárias para os indígenas, em prol das quais discursou, não foram implementadas pelo governo ou foram apenas parcialmente. Por esse motivo, hoje, muitos indígenas ainda vivem, precariamente, em condições indesejáveis, nos centros urbanos. Assim, grandes contingentes de pessoas sofrem as consequências do descaso do governo com os seus direitos reconhecidos constitucionalmente.

Por outro lado, essa incapacidade demonstrada pelos governos para lidarem adequadamente com a questão faz aumentar a violência e coloca em risco a integridade física dos indígenas, principalmente das lideranças. O discurso truculento da gestão ultradireitista do Governo Federal em desrespeito à própria Constituição Federativa, incentivou invasões, às áreas já demarcadas, por grupos identificados com o agronegócio, com a mineração, com a exploração da madeira, entre outras atividades, que estimulados com a possibilidade de explorar as áreas indígenas, acenada pelo governo, se anteciparam e entraram em choque com essas comunidades.

A partir dessas considerações, o caráter de denúncia e de urgência de que se reveste a poética feminina da escritora, profundamente conectada com o real vivenciado cotidianamente pelos povos indígenas brasileiros, intensifica-se e se revela contundente e atual. Em seus escritos, ela reitera: "O governo brasileiro, nas últimas décadas, tem facilitado os interesses das mineradoras em territórios indígenas e protegido sempre os empresários e políticos locais" (POTIGUARA, 2018b, p. 44).

Tais pressupostos coadunam-se perfeitamente com o projeto literário militante e performático colocado a termo pela autora na obra *Metade Cara, Metade Máscara* (2018) que é espaço, simultaneamente, de lirismo poético e de tensionamento do real imediato. A autora pretende, com seus versos, muitas vezes, desconcertantes, transformar a realidade adversa que sacrifica o seu povo que maltrata e destrói a autoestima, principalmente, dos jovens indígenas levando-os ao desalento e, em casos mais extremos, ao suicídio.

A poética de Eliane Potiguara é carregada dessa potência performática, definida a partir dos pressupostos desenvolvidos por Zumthor. De acordo com ele:

> Na situação de oralidade pura, tal como pode observá-la um etnólogo entre populações ditas primitivas, a "formação" se opera pela voz, que carrega a palavra; a primeira "transmissão" é obra de um personagem utilizando em palavra sua voz viva, que é, necessariamente, ligada a um gesto. A "recepção" vai se fazer pela audição acompanhada da vista, uma e outra tendo por objeto o discurso assim performatizado: é, com efeito, próprio da situação oral, que transmissão e recepção aí constituam um ato único de participação, co-presença, está gerando o prazer. Esse ato único é a performance. Quanto à "conservação", em situação de oralidade pura, ela é entregue à memória, mas a memória implica, na "reiteração", incessantes variações re-criadoras: é o que, nos trabalhos anteriores, chamei de movência (ZUMTHOR, 2007, p. 65).

Assim, o autor ressalta que a performance é um modo vivo de comunicação poética, uma comunicação atravessada pela voz e pela audição, que implica um contexto real, uma situação concreta, de forma que ao comunicar, o poema também modifica. A força poética carrega a denúncia, o lamento e a pressuposição de que é necessário evitar que tais infortúnios continuem a acontecer.

Nesse contexto, o verso "Vai-te sol vermelho", se repete, intensificando poeticamente a dor da partida do guerreiro indígena. Esse verso condensa uma série de relações de ordem metafórica e sinestésica e, na concepção de Roland Barthes — que considera esse tipo de construção poética uma inscrição típica da poesia moderno — podem ser pensadas como extensões da palavra:

> Aqui as relações fascinam, é a Palavra que alimenta e cumula com o desvendamento súbito de uma verdade; dizer que essa verdade é de ordem poética é apenas dizer que a Palavra

poética nunca pode ser falsa porque ela é total; brilha com uma liberdade infinita e se propõe a irradiar em direção a mil relações incertas e possíveis (BARTHES, 2004, p. 42).

Da fala de Barthes, Eliane Potiguara faz transbordar o lirismo da sua palavra poética; a escritora se vale de uma imagem ancorada na dinâmica do movimento associado às diferentes e possíveis nuances da coloração do sol, com consequentes emanações de ondas de calor em intensidades possivelmente variáveis, capazes de atuar de forma subjetiva ("Rasgando meu coração indefeso") e objetivamente ("Furando as nuvens em raios potentes"). A posição de Barthes a respeito das "mil relações incertas e possíveis" permite sugerir ainda uma interpretação que remeta, talvez, a um objeto fálico: como um raio vermelho potente, penetrante, na teia intrincada de imagens abundantes no contexto da poesia de Potiguara.

Essa poética feminina — em que o erotismo é pulsante, é vivo e quente —, traz belas imagens e sugere sinestesias com os sons e as cores da natureza, com aromas e com sabores da mata. Nas palavras de Graça Graúna: "Raios solares, aromas silvestres, canções da mata, rosa aberta, manhãs de delírio, mãos poéticas, cabelos românticos, chocalhos bonitos, Toré do Sertão e loucos amantes entre outros elementos configuram uma parte do arsenal simbólico no poema [...] de Eliane Potiguara" (GRAÚNA, 2013 p. 114).

Assim, a autora inova ao trazer para a sua obra essa faceta da mulher indígena, até então oculta, do ponto de vista da expressão subjetiva dessas mulheres. O desejo e a realização da mulher indígena nessa poética, normalmente, se concretizam em meio aos elementos da natureza e das culturas indígenas, dando abertura para um novo futuro, de paz e alegrias para todos os povos indígenas.

O reconhecimento de que o erotismo é direito inalienável de cada mulher e a compreensão de que ele constitui a totalidade do ser feminino e não deve ser reprimido são pré-requisitos para o mergulho no universo poético e literário criado por Eliane Potiguara. A respeito dessa visão redentora do amor e da vida, que subjaz a essas posturas, Kaka Werá esclarece:

> Essa repressão do erotismo é uma das causas básicas da violência e da miséria, a pessoa que não nasce do seu próprio prazer não é independente, não é livre, e a sociedade que pune isso é uma sociedade que cai exatamente nesse moralismo que existe no Brasil atualmente. O filósofo Friedrich Nietzsche escreveu um livro muito bonito que se chama "Genealogia da Moral", que acho ético. Eu sou amoral, eu confio que a

existência do bem e do mal – por exemplo, aquilo que os jesuítas fizeram com os índios, um era o bem, o outro era o mal – reflete uma visão primária da vida. Esse moralismo todo é uma hipocrisia violenta. Realmente, combato muito o moralismo. O teatro tem que ir fundo, o teatro é pagão, o teatro é pré-cristão. A peça "Bacantes" tem mais de dois mil anos, é uma peça velhíssima, nela você vai encontrar essa coisa arcaica pagã. Em 1968 houve um retorno do paganismo no mundo, nós estamos felizmente retornados ao paganismo, que é uma forma de religião panteísta, é a forma mais maravilhosa que existe (WERÁ, 2019, p. 116).

Essa visão do erotismo e da liberdade como molas propulsoras para o crescimento pessoal e o desenvolvimento da consciência de cada indivíduo, encontra-se na base conceitual e filosófica que conduz à defesa das mulheres, dos indígenas, dos negros, e de todos os oprimidos, na perspectiva do amor e do respeito entre as pessoas.

Defensora do equilíbrio nas relações de gênero, defensora do amor em todas as suas manifestações, defensora dos direitos reprodutivos das mulheres, defensora da justiça e da dignidade para todos os oprimidos, defensora da luta contra os preconceitos, defensora dos direitos humanos e das liberdades individuais, Potiguara elegeu o amor como a senha para acessar um novo mundo, em que a união de todos os povos do planeta vai restaurar as dimensões mais elevadas e espirituais para o exercício coletivo da paz e do convívio fraterno.

No poema, o herói Marçal Tupã-Y é assimilado pelo sol por suas habilidades de guerreiro, pela força e pela coragem. Nessa perspectiva, Mircea Eliade explica que as chamadas hierofanias solares traduzem "os valores religiosos da autonomia e da força, da soberania, da inteligência. É por isso que, em algumas culturas, assistimos a um processo de solarização dos seres supremos" (ELIADE, 1992, p. 77). A partir dessas constatações, compreende-se que o assassinato do guerreiro interrompe a sua luta, mas, paradoxalmente, o conduz ao panteão das divindades solares.

Por outro lado, a relação de correspondência entre a dor individual — da amante solitária pela ausência física de seu homem, assassinado — e a dor coletiva — pelo extermínio histórico dos líderes nas populações indígenas —, se expressa, no título do poema, por uma multiplicidade de leituras possíveis — "No dia em que mataram Marçal Tupã-Y" ou nos versos "No dia em que mataram nossos avós" e "No dia em que eles se foram" e; de forma mais específica: no dia em que mataram Chico Solon.

A denúncia das invasões aos territórios ocupados pelos povos indígenas, resultando no assassinato de seus líderes é tema atualíssimo na cena contemporânea brasileira, diante das ações e dos posicionamentos que foram capitaneados pela equipe do governo Bolsonaro. A respeito dessa temática, em entrevista recentemente veiculada na *internet*, Eduardo Viveiros de Castro, caracterizado pelo entrevistador como "um dos mais influentes antropólogos do planeta", analisa:

> O problema dos índios, para esse governo e para as frações da sociedade brasileira que ele representa — em particular, o grande capital, o agronegócio —, é que as terras dos índios não estão no mercado fundiário. E o projeto desse governo é de privatizar 100%. Se possível, o Brasil inteiro. Parque nacional, reserva ecológica, todas as terras que têm uso especial estão na mira desse governo. Daí a importância do Ministério do Meio Ambiente para destruir os sistemas de terras protegidas e para o ataque aos povos indígenas. Esse ataque, na verdade, exprime um desejo de transformar o Brasil inteiro em propriedade privada (VIVEIROS DE CASTRO, 2019, s/p).

O contorno catastrófico que reveste o tema na atualidade não é minimizado pelo pensador, que retoma o pessimismo da retórica Levi-Straussiana, esboçada teoricamente a partir da década de 1950, a partir do lançamento da obra *Tristes Trópicos*. Em consonância com esses princípios, Viveiros de Castro endossa o pensamento do humanista francês Claude Lévi-Strauss sobre o iminente colapso da marcha civilizatória ocidental, a partir do esgotamento das reservas naturais, pela exploração predatória. Nesse ínterim, Viveiros de Castro assevera que a ofensiva contra os povos indígenas brasileiros, em andamento a partir da colonização europeia, vem se intensificando nos últimos tempos.

A dominação violenta deixou marcas muito profundas nas mulheres, os versos do poema *Neste Século de Dor*, abaixo transcritos, remetem a essa realidade de violência vivenciada pelas mulheres indígenas:

> Neste século já não teremos mais os sexos.
> Porque ser mãe neste século de morte
> É estar com febre pra subexistir
> É ser fêmea na dor
> Espoliada na condição de mulher.
>
> Eu repito
> Que neste século não teremos mais os sexos
> Tampouco me importa que entendam
> Possam só compreender em outro século besta.

> Não temos mais vagina, não mais procriamos
> Nossos maridos morreram
> E pra parir indígenas doentes
> Pra que matem nossos filhos
> E os joguem nas valas
> Nas estradas obscuras da vida
> Neste mundo sem gente
> Basta um só mandante.
>
> Neste século não teremos mais peitos
> Despeitos, olhos, bocas ou orelhas
> Tanto faz sexos ou orelhas
> Princípios morais, preconceitos ou defeitos
> Eu não quero mais a agonia dos séculos...
>
> Neste século não teremos mais jeito
> Trejeitos, beleza, amor ou dinheiro
> Neste século, oh! Deus (?!)
> Não teremos mais jeito.
> (POTIGUARA, 2018b, p. 64).

A voz feminina relata acerca da impossibilidade de desenvolvimento sustentável da própria vida diante das condições desumanas na resistência de povos cujas terras, identidade e dignidade foram subtraídas. Trata-se de um povo relegado às condições mais desumanas, devido às migrações forçadas, decorrentes das invasões aos seus territórios, que conduziram os sobreviventes ao enfraquecimento físico, mental e espiritual e tornaram as famílias vítimas da miséria, do alcoolismo, da prostituição, da violência e da morte.

A inexorabilidade da constatação de se reconhecer "fêmea na dor", por parte do eu coletivo feminino — esfacelado diante de um mundo inviável, na consciência da dor instaurada no momento presente da vida — declara-se desprovido da sua feminilidade. A autora traz o problema da violência contra as mulheres indígenas até o âmago: "Eu não quero mais a agonia dos séculos", refletindo a inconformidade das mulheres que não querem mais ser mães, para não perderem seus filhos para a violência, para as doenças e para a morte.

A presença do refrão reitera a mensagem de desalento e intensifica o ritmo dissonante do texto. A repetição dos sons nasais representados pelos fonemas /n/; /m/ e sibilantes, /s/;/x/ sugere, respectivamente, lamento, dor, tristeza, inconformismo; e, sussurros, confissão, medo e pavor. Esses sentimentos vão se tornando mais perceptíveis a cada estrofe, até culminar com a presença da expressão interjetiva e da acentuação duplicada no penúltimo verso do poema: "Neste século, oh Deus(?!) / Não teremos mais jeito".

Percebe-se, neste verso, um desvio das funções das marcas de segmentação que têm a sua aplicação usual no interior de um sistema previsível de metas para a comunicação. Assim, para além de interrogar e exprimir surpresa, dor ou indignação, essas marcas reiteram e intensificam o tom de uma gradação em espiral. Como sugere Ranciere em *A Partilha do Sensível* (2005):

> A ordenação ficcional deixa de ser o encadeamento causal aristotélico das ações "segundo a necessidade e a verossimilhança". Toma-se uma ordenação de signos. Todavia, essa ordenação literária de signos não é de forma alguma uma autorreferencialidade solitária da linguagem. É a identificação dos modos da construção ficcional aos modos de uma leitura dos signos escritos na configuração de um lugar, um grupo, um muro, uma roupa, um rosto. É a assimilação das acelerações ou desacelerações da linguagem, de suas profusões de imagens ou alterações de tom, de todas suas diferenças de potencial entre o insignificante e o supersignificante, às modalidades da viagem pela paisagem dos traços significativos dispostos na topografia dos espaços, na fisiologia dos círculos sociais, na expressão silenciosa dos corpos. A "ficcionalidade" própria da era estética se desdobra assim entre dois polos: entre a potência de significação inerente às coisas mudas e a potencialização dos discursos e dos níveis de significação (RANCIERE, 2005, p. 55).

Os elementos são ressignificados pela linguagem poética para dizer o indizível, a linguagem adquire novos contornos semânticos para potencializar o discurso poético e celebrar o encontro do leitor com a emoção e o reconhecimento verdadeiros por intermédio do texto. Há algo de grande e de sublime na mensagem trazida pelo poema, algo profundamente humano e, de certa forma, perturbador que se materializa na voz de um sujeito lírico feminino, um excesso de vazio pela negação da feminilidade do ser, no tempo. Essa negação pressupõe a negação da vida em seu aspecto geracional: nega-se a presença dos órgãos de fecundação e reprodução da vida: "Neste século não teremos [...]"

Cabe mencionar ainda que, como elemento indicador da desarmonia dos sentimentos do eu poético, a desarticulação do corpo feminino é anunciada por um eu coletivo que se expressa em primeira pessoa no plural ("não teremos/não temos"), ao passo que a perda da função procriadora das mulheres indígenas é anunciada nos versos: "não teremos mais os sexos" (primeiro verso da primeira estrofe e segundo verso da segunda estrofe); "não temos mais vagina, não mais procriamos" (primeiro verso da terceira estrofe); "Neste século não teremos mais peitos/despeitos, olhos, bocas ou orelhas" (primeiro e segundo versos da quarta estrofe) e, por fim, "Neste século não teremos mais jeito" (primeiro e último verso da quinta e última estrofe do poema).

A autora carrega para dentro do poema a subjetividade das mulheres entre as quais ela se encontra incluída, que foram/são vitimadas pela violência e pelo racismo, que padecem por causa de estupros individuais e ou coletivos, esterilização em massa e perdas dos familiares por mortes violentas: maridos, filhos e outros parentes indígenas, de forma geral. Para Graça Graúna:

> Eliane Potiguara adota o verso livre como forma de expandir a sua liberdade de expressão em defesa dos direitos humanos, do direito à vida. Essa atitude diante do texto literário incorpora-se à dramaticidade dos fatos que os jornais não contam, mas que a poesia denuncia; de tal maneira que o leitor (menos avisado) pode quedar-se atônito diante das atrocidades que se cometeram contra as mulheres indígenas (GRAÚNA, 2013, p. 108).

Para além dessas considerações, as múltiplas implicações do processo de desterritorialização encaminham não apenas para o comprometimento da qualidade de vida das populações indígenas, mas também para as consequências indesejáveis dessas invasões para o meio, como a poluição e a redução da biodiversidade local. As ações dos povos não indígenas, a omissão dos governos e o sacrifício das lideranças nativas constituem um corolário das mazelas que tendem a se repetir no tempo e no espaço. Em relação a esse aspecto e na defesa, principalmente, das mulheres e das crianças, Potiguara pontua:

> É necessário também que se adotem medidas legislativas, administrativas, sociais e educativas claras para defender as meninas, tanto na família quanto na sociedade, contra todas as formas de violência física ou mental, lesões ou abusos, abandono ou trato negligente, maus-tratos ou exploração, incluindo abuso sexual (POTIGUARA, 2004, p. 38).

Na condição de porta-voz dos povos indígenas de diferentes etnias espalhados pelo território brasileiro e de defensora de direitos, sobretudo das mulheres, a autora tece um comentário a respeito das ações e das políticas públicas a serem implementadas, institucionalmente, pela efetivação dos direitos fundamentais e dos benefícios necessários:

> Em resumo, o governo deve reconhecer, na prática, isto é, por meio das ações afirmativas, o fator pluricultural e diferenciado dos povos Indígenas, incluindo os direitos relativos a gênero, direitos sexuais e reprodutivos das mulheres indígenas, como foi discutido na Conferência Mundial sobre População (Cairo, 1994) e na Conferência Mundial contra o Racismo, Discriminação Racial, Xenofobia e Intolerâncias Correlatas, ocorrida em Durban (África do Sul), em 2001, ambas realizadas pela ONU - Organização das Nações Unidas. As terras indígenas devem ser definitivamente demarcadas como garantia da integridade física, social, cultural, econômica e psicológica dos povos indígenas e, em particular, das mulheres – velhas, viúvas e mães solteiras. Os invasores devem ser definitivamente retirados para garantir a sobrevivência e a segurança das mulheres, das crianças e dos mais velhos (POTIGUARA, 2018, p. 55).

Na obra da escritora indígena, a literatura apresenta caráter performático, congregando múltiplas funções e desdobramentos. Se por um lado, a sua escrita favorece a denúncia das injustiças cometidas contra seu povo e contra os parentes indígenas, durante séculos de exploração; por outro, fortalece as memórias e subjetividades dos indivíduos étnicos, possibilitando o reencontro com os valores ancestrais dessas famílias. Assim, as identidades indígenas tornam-se revigoradas para as lutas pela existência material, espiritual e simbólica.

4.5 Vozes sagradas

O contexto de enfrentamento da violência, representado no conjunto dos textos que compõem a obra *Metade cara, metade máscara*, requer mecanismos de sublimação, como a presença do sagrado. A busca do eu poético por essa comunhão com os deuses aparece, de modo mais pontual, em textos que assumem um caráter ritualístico, como é o caso do poema *Oração pela Libertação dos Povos Indígenas*:

> Parem de podar as minhas folhas e tirar a minha enxada
> Basta de afogar as minhas crenças e torar minha raiz.
> Cessem de arrancar os meus pulmões e sufocar minha razão
> Chega de matar minhas cantigas e calar a minha voz.
> Não se seca a raiz de quem tem sementes
> Espalhadas pela terra pra brotar.
> Não se apaga dos avós – rica memória
> Veia ancestral: rituais pra se lembrar

Não se aparam largas asas
Que o céu é liberdade
E a fé é encontrá-la.
Rogai por nós, meu Pai-Xamã
Pra que o espírito ruim da mata
Não provoque a fraqueza, a miséria e a morte.
Rogai por nós – terra nossa mãe
Pra que essas roupas rotas
E esses homens maus
Se acabem ao toque dos maracás.
Afastai-nos das desgraças, da cachaça e da discórdia,
Ajudai a unidade entre as nações.
Alumiai homens, mulheres e crianças,
Apagai entre os fortes a inveja e a ingratidão.
Dai-nos luz, fé, a vida nas pajelanças,
Evitai, ó Tupã, a violência e a matança.
Num lugar sagrado junto ao igarapé.
Nas noites de lua cheia, ó MARÇAL, chamai
Os espíritos das matas para dançarmos o Toré.
Trazei-nos nas festas da mandioca e pajés
Uma resistência de vida
Após bebermos nossa chicha com fé.
Rogai por nós, ave-dos-céus
Pra que venham onças, caititus, siriemas e capivaras
Cingir rios Juruena, São Francisco ou Paraná.
Cingir até os mares do Atlântico
Porque pacíficos somos, no entanto.
Mostrai nosso caminho feito boto
Alumiai pro futuro nossa estrela.
Ajudai a tocar as flautas mágicas
Pra vos cantar uma cantiga de oferenda
Ou dançar num ritual Iamaká.

Rogai por nós, Ave-Xamã
No Nordeste, no Sul toda manhã.
No Amazonas, agreste ou no coração da cunhã.
Rogai por nós, araras, pintados ou tatus,
Vinde em nosso encontro
Meu Deus, NHENDIRU[38]!
Fazei feliz nossa mintã[39]
Que de barrigas índias vão renascer.
Dai-nos cada dia de esperança

---

[38] Significa Deus.
[39] Significa Criança.

> Porque só pedimos terra e paz
> Pra nossas pobres – essas ricas crianças
> (POTIGUARA, 2018, p. 33-35).

O poema apresenta, nos versos iniciais, uma exortação ao outro, em relação ao qual se constrói o discurso da narrativa proposto pela autora, na perspectiva de um contradiscurso (o capitalista/ o agressor/ o dominador/ o invasor), e simultaneamente, lhe são dirigidas sentenças imperativas negativas, iniciadas pelos termos ("Parem"; "Cessem"; "Basta" e "Chega"). Esse bloco de versos é encerrado com a seguinte justificativa: "Que o céu é liberdade/ E a fé é encontrá-la".

Na sequência, aparecem os versos reveladores das interações com o sagrado: a presença de vocativos como "Pai-Xamã; terra nossa mãe; MARÇAL, Ave-dos-céus; Ave-Xamã; Tupã; NHENDIRU" que situam o leitor em relação aos aspectos pertinentes às crenças, aos valores e aos mitos cosmogônicos dos povos indígenas.

Os versos registram o trânsito, entre as pessoas gramaticais, marcado pelo emprego alternado de verbos e pronomes em primeira pessoa, no singular e no plural: "Chega de matar minhas cantigas e calar a minha voz" e "Rogai por nós[...]" / "Dai-nos cada dia de esperança", revelando a missão que a autora assumiu para si: defender a sua grande família indígena. A inserção da voz, que clama no poema, na dimensão da coletividade amplia a carga semântica das súplicas proferidas, e evidencia o pertencimento étnico que motiva essa expressão poética.

A presença da oralidade ressalta o caráter híbrido da obra da autora, bem como da literatura de autoria indígena contemporânea. Para efeito de exemplificação, realçamos o seguinte verso: "Alumiai pro futuro nossa estrela".

Assim, a coexistência de termos em língua portuguesa e em idiomas indígenas sinaliza para a importância de uma expressão da resistência cultural dos povos indígenas, no contexto das produções dos seus intelectuais na contemporaneidade, que também é característica da obra de Eliane Potiguara. A ocorrência dessa estratégia de valorização das línguas autóctones é perceptível em diversas passagens do poema, como por exemplo, nos versos: "Rogai por nós, meu Pai-Xamã" / "Meu Deus NHENDIRU".

O emprego de alguns termos em línguas nativas remete à força que o conhecimento ancestral tem na poesia da autora. A busca constante do povo Potiguara pela recuperação do Tupi, perdido na violência da dominação, recebeu apoio importante, por parte de um professor universitário, conforme explica Graúna:

> Com o processo de colonização, o contato com o idioma Tupi foi desaparecendo; mas, no "resgate étnico", dezenas de professores indígenas vêm recebendo orientação de Eduardo Navarro, professor de Tupi, na Universidade de São Paulo (USP). De acordo com o seu projeto, "serão feitas cartilhas para as crianças que vão aprender o tupi antigo junto com o português. Faremos [...] um centro cultural de documentação da língua tupi [...] enxertaremos o tupi em [...] manifestações sociais, [...] resgatando os textos do século16" (GRAÚNA, 2013, p. 96).

Nesse contexto, a escrita de Eliane situa-se em espaço fronteiriço, consequência das múltiplas identidades culturais assumidas por ela: trata-se de uma mulher moderna, professora com formação profissional em nível universitário e vivências em espaços urbanos - nascida e com residência fixa em uma das cidades brasileiras de maior porte e fama -, o Rio de Janeiro.

Paralelamente, a escritora recupera, de modo voluntário, sua identidade potiguara e decide carregar consigo a família indígena ancestral, com a missão de dar voz aos parentes indígenas. Essa deliberação tornou-se marca registrada dos textos de sua autoria e representa o seu chamado espiritual na tradição ancestral dos povos originários.

Percebe-se, a partir da leitura do poema, uma atmosfera de esperança e de fé em um futuro auspicioso, validada por uma crença compartilhada por muitos parentes indígenas. No texto, há referência aos cânticos de oferendas e danças rituais, leia-se, comemorações que denotam a certeza da vitória dos povos indígenas sobre as adversidades do tempo presente.

O poema guarda semelhanças estruturais com os textos de rezas e, nesse sentido, constitui-se como texto escrito para se realizar na força da oralidade, na palavra falada, cantada, repetida como mantra sagrado. Assim, buscamos respaldo e sustentação teórica nos estudos de Fiorotti e Mandagará (2018, p. 14):

> literários facilmente comparáveis a textos ameríndios, por exemplo: um poema de Manoel de Barros com um poema de uma música de origem Macuxi; ou um texto narrativo Taurepang sobre o surgimento do Timbó com Guimarães Rosa. Comparar, nesse caso, leva-nos a demonstrar afinidades estruturais e temáticas. Poeticidade do oral; uso retórico, poético, estilizado e ritual; poemúsica, textos criativos; etnopoesia; oratura; esses nomes apontam para algo já nomeado em nossa tradição: a literatura.

O poema merece ter reconhecimento de seu valor estético, não a despeito, mas até mesmo por causa desse parentesco com a oralidade. O jogo intertextual enriquece a produção poética da autora e situa o texto literário no contexto das atualizações da produção literária e artística dos povos ameríndios. Dessa forma, os autores reiteram: "Os textos de matriz ameríndia atualmente são tanto orais quanto escritos" (FIOROTTI; MANDAGARÁ, 2018, p. 15).

Nessa perspectiva, como texto para ser proferido em situação ritualizada, retoma-se, ainda, a noção de performance: "Esse gênero de percepção e de re-criação imagética impõe-se particularmente, parece-me, ao medievalista. A "poesia" da Idade Média (recuso-me a falar de "literatura"|) foi, no seu conjunto, como intenção, sempre de transmissão oral" (ZUMTHOR, 2007, p. 197).

Assim, a poética da autora celebra essa certeza ao propor, por exemplo, um ato de amor entre todos os povos, materializado pelo Toré[40] – dança tradicional do povo Potiguara -, como fecho de ouro para o capítulo sangrento das invasões aos territórios indígenas e da dominação colonial e neocolonial. Da mesma forma como: "Fazer nascer de seu fruto, de um fruto provável, essa matriz significante? Um adágio paradoxal assegura que toda história é contemporânea" (ZUMTHOR, 2007, p. 108).

Potiguara pôde experimentar a contemporaneidade de sua própria história, o fruto provável se materializou em um Toré, dançado com a sua família ancestral, na Universidade Federal da Paraíba, em outubro de 2019. A surpresa aconteceu na abertura de um evento acadêmico, onde foi ministrar palestra. A escritora, recebida com honras pelo seu povo potiguara, foi homenageada pelos líderes que lhe coroaram a cabeça com um cocar grande. Esse ato representou total acolhimento após um longo período em que lutou, até mesmo judicialmente para provar a sua identidade potiguara. Talvez a resposta para suas súplicas: "Dai-nos luz, fé, a vida nas pajelanças [...]".

Essa postura otimista de fé no futuro está presente também nos escritos de Daniel Munduruku. De acordo com as palavras dele, esse pensamento é determinado pela ancestralidade, por terem suportado "firmes dores e desamores. Ainda assim sobrevivemos por acreditarmos piamente nas Palavras dos nossos sábios ancestrais de que a harmonia ainda reinaria. Ilusão? Mas não é ela que nos alimenta?" (MUNDURUKU, 2014, p. 183).

---

[40] Toré: A poeta e escritora Graça Graúna considera o toré uma ciência. De acordo com ela: "Essa manifestação sagrada está no ser e no viver dos indígenas da Região Nordeste. Sua poesia vem dos ancestrais e se alastra como um bem precioso na mente e no coração dos Filhos da Terra; uma ciência que dá resistência, mesmo quando o ser indígena se vê meio deslocado em terra alheia" (GRAÚNA, 2014, p. 7).

Em contrapartida e como consequência de suas concepções, a autora defende o desenvolvimento de políticas para a transformação radical e verdadeira das relações entre poder público/sociedade e as comunidades indígenas no Brasil. Nessa perspectiva, sua produção literária faz parte do armamento utilizado por ela na jornada militante empreendida em prol dos direitos e do resgate da dignidade do seu povo.

Na estética literária da autora, há uma preocupação evidente com as imagens poéticas, construídas a partir de um refinamento artístico no trato com a palavra. Mormente, na perspectiva do olhar feminino que denuncia por meio de seus poemas, não apenas a visão estereotipada da mulher indígena que é nutrida e veiculada pelo projeto ideológico de padrão eurocêntrico predominante no Ocidente. Mas, também o viés preconceituoso e violento que permeia o cotidiano das mulheres indígenas, negras, trans e todas aquelas socialmente desfavorecidas.

4.6 Silenciamento e ruptura: espaços de ocupação da mulher indígena na literatura e na sociedade

O poema *Brasil* foi construído a partir da reiteração de estruturas linguísticas predominantemente interrogativas, revelando a fragmentação das identidades indígenas por meio das vivências em espaços urbanos. As transformações forjadas nos embates pela sobrevivência favorecem a fragmentação identitária dos indivíduos oriundos das populações migrantes desterritorializadas. Os versos traduzem o grito de inconformismo daqueles que se percebem no entrelugar:

> Que faço com minha cara de índia?
> E meus cabelos
> E minhas rugas
> E minha história
> E meus segredos?
>
> Que faço com minha cara de índia?
> E meus espíritos
> E minha força
> E meu Tupã
> E meus círculos?
>
> Que faço com minha cara de índia?
> E meu toré
> E meu sagrado
> E meus "cabocos"
> E minha Terra?

> Que faço com minha cara de índia?
> E meu sangue
> E minha consciência
> E minha luta
> E nossos filhos?
>
> Brasil, o que faço com minha cara de índia?
>
> Não sou violência
> Ou estupro
>
> Eu sou história
> Eu sou cunhã
> Barriga brasileira
> Ventre sagrado
> Povo brasileiro.
>
> Ventre que gerou
> O povo brasileiro
> Hoje está só...
> A barriga da mãe fecunda
> E os cânticos que outrora cantavam
> Hoje são gritos de guerra
> Contra o massacre imundo
> (POTIGUARA, 2018b, p. 32-33).

O poema pode ser analisado em duas partes: no primeiro agrupamento de versos, predominam as construções interrogativas: "Que faço com minha cara de índia?", ao passo que no segundo, predominam estruturas indicadoras de um processo de caracterização em que a voz lírica se apresenta e se autodeclara, de forma a revelar o seu pertencimento: "Eu sou História/Eu sou cunhã/". A ruptura se dá pela inserção do referente "Brasil" anteposto à frase interrogativa do estribilho; tal ocorrência é verificada no vigésimo primeiro verso e introduz a estrutura sintática do verso interrogativo, pela quinta vez, reiterado na superfície do texto: "[...] o que faço com minha cara de índia?"

A partir desse momento, a voz poética passa a se expressar de forma direta; primeiramente com a utilização de declaração negativa: "Não sou violência/ Ou estupro", seguida pelo emprego de recursos autodeclarativos, em sentenças afirmativas: "eu sou história/ Eu sou cunhã" (moça/mulher). As opções linguísticas sugerem uma estratégia de autoexpressão do sujeito poético, no intuito de se descolar das noções de violência e violações, historicamente aderidas à imagem da mulher indígena, em face das crueldades da dominação colonial.

Em relação ao estupro individual e coletivo como estratégia de guerra, Crettiez (2011, p. 111) esclarece que: "entre as violências de terrorização, os conflitos contemporâneos mostraram o surgimento do papel crescente das violações sexuais cometidas contra membros da comunidade adversária". O autor revela as funções do estupro em massa para a aniquilação das comunidades adversárias:

> Os estupros na Bósnia, cometidos por milicianos e pelo exército sérvio, visavam à destruição da comunidade rival pela desonra provocada. Menos do que a mulher envolvida, é o homem incapaz de protegê-la, e a comunidade, humilhada pelo estupro cometido, que são atingidos. A prática de estupros diante de testemunhas, parentes da vítima, serve a essa ambição de aniquilar os vínculos comunitários básicos e garante, com o tempo, a desintegração da família e a territorialização em proveito do agressor (CRETTIEZ, 2011, p. 113).

Em condições análogas, as mulheres indígenas têm sido vítimas desse tipo de violência, desde o início da colonização portuguesa. Ainda hoje, algumas comunidades indígenas são invadidas e atacadas em função de interesses econômicos visando os territórios desses povos. Nesse sentido, ocorrências desse tipo de violência praticada contra as mulheres indígenas são noticiadas em diversos veículos de comunicação de massa. Nessa perspectiva, Rosa (2016, s/p, grifos do autor) informa:

> As mulheres são as principais vítimas das violências praticadas contra as comunidades indígenas no mundo, de acordo com relatório da ONU. Os dados da organização mostram que mais de **1** em cada **3** mulheres indígenas são estupradas ao longo da vida – e a violência faz parte de uma estratégia para desmoralizar a comunidade ou como "limpeza étnica". No Brasil não é diferente. No Mato Grosso do Sul, estado com a segunda maior população indígena do País, com 72 mil pessoas, os casos de violência contra a mulher indígena aumentaram em aproximadamente **495%**. Em 2010, o número era de 104 agressões físicas. Já em 2014, foram relatadas 619 agressões.

Na sequência, no poema, tem-se a contextualização evidenciada pela presença do advérbio de tempo "hoje", em duas ocorrências na última estrofe; "Hoje está só" e "Hoje são gritos de guerra", nas quais a voz lírica se autodeclara e assume a sua identidade indígena feminina — "eu sou cunhã" — numa postura que denota a valorização da feminilidade.

Essa necessidade de reafirmação do eu poético feminino pode ser justificada pelo contexto de invisibilidade da expressão subjetiva da mulher indígena, tanto no âmbito da história oficial do Brasil quanto da literatura canônica, durante séculos. É essa a voz que reclama, de forma ostensiva, o seu espaço de reconhecimento, com o intuito de se contrapor às visões distorcidas pelo discurso oficial.

Nesse aspecto, pesquisas em torno da realidade vivenciada pelas mulheres indígenas vêm revelando que todo tipo de generalização ou idealização a respeito delas é problemática. Segundo Lasmar:

> Além de estar diretamente ligada ao problema mais geral da hegemonia da perspectiva masculina nas ciências sociais, a invisibilidade das mulheres indígenas é um caso específico da invisibilidade dos próprios índios, categoria étnica e racial ainda atrelada, na visão do senso comum, a representações enraizadas em fontes remotas, e cuja elaboração inicial recua aos primeiros séculos da colonização do Novo Mundo. De maneira geral, essa idealização se torna efetiva através de duas vertentes, uma 'positiva', a propalada imagem do índio como 'reserva moral da humanidade', outra negativa, que o recobre com as tintas nefastas do 'bárbaro'. O caráter deletério da representação do bárbaro é evidente, mas a imagem oposta não é menos danosa, especialmente para os esforços atuais de afirmação política das populações indígenas (LASMAR, 1997, s/p).

Se, a questão da visibilidade/invisibilidade dos sujeitos femininos, no âmbito da produção literária no Brasil, é antecedida por outra questão: a visibilidade/invisibilidade dos próprios sujeitos indígenas no contexto mais amplo da literatura brasileira. Tal constatação nos remete, forçosamente, à gênese e ao desenvolvimento da literatura de autoria indígena na contemporaneidade. Assim, torna-se necessário identificar quais transformações históricas, sociais e ou tecnológicas ancoram-se no bojo desse fenômeno. Nesse sentido, Almeida e Queiroz (2004, p. 215) explicitam:

> A eletrônica, a informática são meios que permitem aos índios a apropriação do fazer livresco, antes mesmo do domínio linguístico. Muitos escritores indígenas estão aprendendo a escrever sua língua e o português, e já o fazem através da criação literária, da produção e publicação de livros. A matéria plástica da escrita, como simulacro, assume uma proeminência de fato do livro como recipiente, onde os escritores indígenas pensam imprimir, como em mosaico, suas imagens e vozes.

A apropriação das condições para a produção escrita, pelos indígenas representou um grande salto na luta desses povos por respeito e visibilidade para as suas culturas. Além de romperem com esquemas que pretendiam negar-lhes o reconhecimento da capacidade intelectual, ainda abriram um campo, muito fértil, para o cultivo das suas memórias, das suas histórias, da expressão das suas subjetividades, de forma a projetar para a sociedade não indígena, as suas versões sobre o real, a partir das suas próprias vozes.

Deve-se considerar, entretanto, o escopo da representação feminina, nesta análise, que desde a carta de Pero Vaz de Caminha ao rei de Portugal, há mais de quinhentos anos, as mulheres indígenas vêm sendo vistas e analisadas apenas por sua exterioridade e, o que é mais grave, pelo olhar exótico do ponto de vista branco, ocidental, cristão, capitalista e colonizador. Tal fato leva à representação dessas mulheres de forma parcial e até cruel, pois são consideradas, na maioria das vezes, lascivas, mal-intencionadas, pecadoras, além de outros atributos semanticamente negativos.

Nesse contexto, para romper com esse de processo de invisibilidade e oferecer às mulheres a oportunidade da autoexpressão, de modo a favorecer a ruptura com essa visão estereotipada e preconceituosa, Eliane Potiguara publica, no ano de 2004, a primeira edição da obra:

> *Metade cara, metade máscara* reúne textos pioneiros escritos pela autora desde os anos 1970. Primeira obra ameríndia escrita em português a ter certa repercussão no meio acadêmico e literário, o livro constitui um dos raros exemplos de publicação literária em português de um autor que reivindica a sua identidade ameríndia e defende um projeto de resgate histórico e cultural (OLIVIERI-GODET, 2017, p. 13).

Assim, a obra da escritora Eliane Potiguara abre o espaço, na literatura, para a expressão das vozes e das subjetividades femininas, iniciando o processo de ruptura com o esquema secular do silenciamento da expressão dessas mulheres, com chances de repercussão no mercado editorial e nas mídias. A obra dá relevo à complexidade das diásporas indígenas e aborda questões de identidade e de violência envolvendo, principalmente, as mulheres, nesse contexto.

Dessa maneira, a expressão "minha cara de índia" adquire contornos capazes de englobar a perspectiva de um eu interior, até então desconhecido e talvez, nem imaginado em uma cultura letrada. São questões que, devido ao alto grau de complexidade, poderiam ser compreendidas, possivelmente, apenas do ponto de vista dessas mulheres e comunicadas efetivamente entre elas, por suas vivências e enfrentamentos muito específicos. Talvez seja esse o principal recado que esse poema venha transmitir: um alerta para a necessidade de ver e compreender o outro, o diferente, para além de sua exterioridade.

Em outra perspectiva, a expressão "cara", no verso "O que faço com minha cara de índia?" remete o leitor a um contexto mais amplo, se considerarmos, por exemplo, o próprio título da obra em análise, nesse estudo, *Metade Cara, Metade Máscara*. Na poética da autora, esses termos adquirem uma semântica singularizada. Nas palavras da escritora Graça Graúna:

> As junções e os contrapontos em torno da noção de "máscara" e "cara" (rosto, face) registram a desigualdade em vários aspectos (dóceis / petulantes, bélico / amoroso, meigos / cruéis, nós /os outros), evocam um recorte emblemático. Com relação à máscara, supõe-se um caráter lúdico e transgressor perpassado por uma acentuada carga de subjetividade que se revela ora na serenidade, ora na tensão do texto. Se, entretanto, a noção de "cara" parece ocultar o revelado pela máscara, observamos em Chevalier e Gheerbrant (1989) que o desvendamento do rosto se faz para Deus, para o outro, não para si mesmo. Daí, a relação de inclusão do rosto com o sagrado, e a exclusão de sua outra metade, a máscara, no contexto judaico-cristão (GRAÚNA, 2013, p. 103).

A antinomia presente no título se repete na temática e na própria tessitura do poema e da obra como um todo, refletindo a complexidade dos embates vivenciados pelos povos indígenas brasileiros na conjuntura da modernidade tardia. Bastante significativa, representa a mulher indígena na luta contra a estereotipia e o preconceito arraigado a partir dos discursos oficiais que a desconstruíram historicamente.

Os versos do poema são predominantemente paralelísticos, curtos, incisivos e concatenados de forma a terem realçada a sua carga semântica. Nesse contexto, a reiteração do verso do refrão, conjugada aos campos semânticos predominantes no poema, condensa, na palavra, uma potência ímpar de significação. De acordo com Barthes:

> A palavra se torna um álibi (quer dizer, um alhures e uma justificação). Isso, que é verdade para as escritas literárias, onde a unidade dos signos está incessantemente fascinada por zonas de infra ou ultralinguagem, e ainda mais verdade para as escritas políticas, onde o álibi da linguagem é ao

mesmo tempo intimidação e glorificação: efetivamente, é o poder ou o combate que produzem os tipos mais puros de escrita (BARTHES, 2004, p. 18).

Se na primeira parte as perguntas parecem retóricas; na segunda, com o termo "Brasil" posicionado como interlocutor do sujeito lírico, os versos adquirem tom explicativo e denunciam o abandono a que foram relegadas as mulheres indígenas brasileiras - a "mãe fecunda" e "Ventre que gerou/ O povo brasileiro". Configura-se também a denúncia circunstanciada do contexto atual da ocorrência de tais fatos: "Hoje são gritos de guerra / Contra o massacre imundo". Dessa forma, o poema adquire teor de luta e reafirmação do contexto de expropriação material e cultural, contra o qual se faz necessária a interpelação do outro pela força da tradição e da palavra, sob pena de perda da identidade.

Graça Graúna acentua o tom de denúncia contido no poema a respeito das violências sofridas pelas mulheres indígenas, a ponto de exemplificar de forma concreta e pontual, ao asseverar que:

> A ação do colonizador reaparece com mais força nesses versos. A percepção de Gambini (2000, p. 70) nos situa diante de um "ventre que gerou o povo brasileiro" que é a mãe índia, "Grande mãe do Brasil [...], mas sua imagem não consta em nossas representações coletivas". A mãe desfigurada e desordenada que sugere o poema sabe que a barriga não morreu e que a exploração sexual anda a passos largos em terras Yanomami e em outras terras indígenas. Nesse enfrentamento, a sua voz (que é a voz do poema) vai ao encontro de outras vozes que representam as centenas de mulheres indígenas que, em abril de 2001, se reuniram para denunciar o comércio de bebida alcoólica nas comunidades, os abusos sexuais contra as índias Yanomami e a violência contra outras mulheres indígenas em várias regiões do país (GRAÚNA, 2013, p. 106).

Assim, a voz que fala, no poema, faz reverberar o lamento e a dor das mulheres, secularmente objetificadas pelo olhar e pelo desejo do outro, sem terem tido condições de se autoexpressar e expor suas subjetividades. A voz "mulher extemporânea" grita em seu poema-denúncia, de forma a entrelaçar a escrita poética com a identidade da mulher indígena que, nesses versos, vê ecoar sua indignação e suas dores, ora enunciadas de forma coletiva. A ênfase nos versos que denunciam "o massacre imundo" por meio de "gritos" e lamentos confirma que a miscigenação brasileira foi, na maior parte das vezes, resultado dos estupros sofridos pelas mulheres indígenas e negras, a quem foi negado o direito da cidadania plena.

Dessa maneira, a poética de Eliane Potiguara se constitui a partir de seu caráter performático, reivindicatório, e militante ao extrapolar o universo da arte poética numa confluência com o real que não poderá mais ser escamoteado. A poesia tem seu escopo alargado e cumpre uma certa função *práxis* capaz de carregar, pelo tensionamento da linguagem poética, as denúncias contra uma realidade torpe que ainda não cessou de produzir vítimas. Ainda o poderio masculino: econômico social e político levando as mulheres pobres e excluídas a ocuparem o indesejado papel de objeto sexual, seja por meio das redes de prostituição, ou mesmo da violência doméstica.

A constituição da poética feminina em Eliane Potiguara, percebida pelos versos do poema *Migração Indígena*, revela a consciência da narradora a respeito de seu fazer poético, por se permitir refletir, em pleno ato da constituição dos textos, a respeito de sua própria escrita, como pode ser constatado nos versos abaixo:

> No teu universo de gestos
> Teus olhos são mensagens sem palavras
> Tua boca ainda incandescente
> Me queima o rosto na partida
> E tuas mãos...
> Ah! Não sei mais continuar esses cânticos
> Porque a mim tudo foi roubado.
> Se ainda consigo escrever alguns deles
> Só é fruto mesmo da mágoa que me toma a alma
> Da saudade que me mata
> Da tristeza que invade todo o meu universo interno
> Apesar do sorriso na face [...] (POTIGUARA, 2018b, p. 36).

A voz feminina materializa a presença do amado que está distante. Sua materialização, nos primeiros versos, pela força da palavra poética: "[...] teu universo de gestos"; "Teus olhos [...]"; "Tua boca [...]"; "Tuas mãos [...]", permite ao sujeito lírico rememorar os momentos que antecederam a partida, pela descrição das sensações táteis: "'Tua boca incandescente/ Me queima o rosto na partida/ E tuas mãos [...]". Na sequência, os versos evidenciam a ruptura a partir da revelação metapoética: "Ah! Não sei mais continuar esses cânticos/[...] Se ainda consigo escrever alguns deles/". A consciência poética de Eliane Potiguara se revela por meio da expressão do sujeito lírico acerca dos processos próprios de constituição de sua escrita literária.

A natureza intrínseca de seus versos não se dissocia da ancestralidade e da oralidade. Assim, a autorreferenciação de seus poemas sugere aproximação com a música, em uma relação evidenciada pela presença da voz feminina, e de forma concomitante, a leitura do poema sugere múltiplas formas representativas para a compreensão da palavra.

Nesse sentido, a compreensão do alcance poético de sua poesia vai além do contato com a palavra em sua materialidade verbal. Esse fato remete à realidade plural das textualidades indígenas, enquanto prática secular de comunidades ágrafas; e paralelamente, ilustra a dinâmica do processo idiossincrático da constituição da obra da autora, conforme atestam as palavras de Graça Graúna: "Com efeito, a busca da palavra em Eliane Potiguara imprime o espírito da guerreira indígena pelo eu enunciador em *Metade Cara, Metade Máscara*" (GRAÚNA, 2013, p. 121).

4.7 A Palavra Feminina: transbordamento dos sentidos e erotismo na poética de Eliane Potiguara

E a mulher indígena, selvagem, pura, intuitiva, vitoriosa em seu intento, reencontra o seu amado e canta a vitória sua e de seu povo, feliz e realizada, canta o amor e a felicidade ao se reencontrar com o seu homem. Na personificação de Cunhataí, Potiguara compõe o poema: "Revendo o seu amado" e celebra a realização afetiva e sexual da heroína indígena:

> Bom dia sol! Nesta noite eu renasci.
> Vi brilhar a luz em mim
> Num carapina que aos meus ouvidos
> Zumbia o futuro de um colibri.
>
> Canto teu primeiro beijo
> Nas asas de uma imensa arara
> Preparo o sagrado beiju
> Pra te fazer delirar num calor primeiro.
>
> Pouco a pouco essa coisa louca
> Vai-me tomando feito Anhangá
> És tu que me cheira
> Que me morde
> Que me beija
> Que me penetra até sangrar.
> Corre-me nas veias quentes
> O delírio que me rouba a paz
> Agonizo-me inteira!

> Enrijeço-me solteira!
> É tua boca que me suga a fonte sagaz...
> Aqui sob o tronco amazônico
> Grita forte – LIBERTO – atônico
> O velho ancestral
> Um bruxo das matas
> Dos rios
> Dos lagos.
> Me trás uma cana caiana
> E me diz que é pra quem ama.
>
> Me entrega um atobá
> E diz que um homem honesto
> De olhos claros – GUERREIRO
> Repousa enfeitiçado
> Porque nele começa o primeiro reinado.
>
> Ao bruxo, lhe disse o índio astuto
> Acordando dos sonos matinais:
> Que nas asas do Pitiguary
> Viajaria no âmago das matas árduas
> E traria – rápido – o bálsamo da HISTÓRIA
> E traria – ríspido – a verdade nos matagais.
> O índio – o meu rei amante – ainda sussurrando
> Levantou áspero e sumiu pelos ventos
> Nunca mais se bateu olhos nele, no entanto...
> Mas ele deixou marcado nas pedras errantes
> Um princípio de vida pros ilustres e banais:
> "Nesta noite somos todos iguais".

A voz lírica feminina renasce, pela força do amor, e enaltece o seu amado: "O meu rei amante". A mulher, antes solitária, reencontra o seu homem e desabrocha para o amor: "Agonizo-me inteira!". A respeito dessa faceta sensual da poética de Potiguara, Graça Graúna pondera:

> A busca dessa realização no discurso poético da mulher indígena é um assunto até então invisível nos estudos relacionados a essa literatura no Brasil. Situar essa questão no contexto literário enfatizando os direitos indígenas é uma perspectiva que merece ser aprofundada em trabalhos futuros (GRAÚNA, 2013, p. 118).

É a força poética da palavra feminina de Eliane Potiguara para quem a mulher indígena merece ser representada e defendida em todos os aspectos. A realização afetiva e sexual também é bandeira feminina levantada por essa guerreira. Voz e corpo se unem na construção poética do discurso feminino, no verso em que a narradora, em primeira pessoa, transborda sua sensibilidade: "Agonizo-me inteira!". O gozo contido nesse verso requisita para todas as mulheres o direito de se assumir fêmea na plenitude dos seus instintos.

O gozo da mulher é revolucionário porque rompe com discursos autoritários que pretendem conter a palavra feminina, moldar o seu discurso do ponto de vista de uma retórica oca, ao silenciá-la e esvaziar os sentidos do ser mulher. A voz feminina em Eliane Potiguara "grita" não, ela requisita, para todas as mulheres indígenas, o direito ao gozo em todos os sentidos. Nesse aspecto, a partir de sua posição como precursora na escrita literária feminina indígena, no Brasil e, considerando o caráter performático de sua escrita, postulamos que, além do gozo sensorial feminino, está presente, na epiderme do poema, a intensidade do gozo da palavra.

Esse gozo que, desvinculado de qualquer conotação fálica, enceta a palavra feminina, no contexto da contemporaneidade, rompendo tabus a respeito da mulher indígena e impondo a sua presença e a sua subjetividade no interior da produção literária brasileira. Assim, se completa o sentido da luta de Eliane Potiguara, guerreira indígena da palavra contra as violências físicas e simbólicas que afrontam a mulher (ventre que gerou o povo brasileiro) e que hoje se proclama (só).

Da mesma forma que a autora defende os direitos reprodutivos dessas mulheres, seja na proteção contra os abusos sexuais, seja para garantir a concepção materna como ato consciente da própria mulher, seja no direito de as mães escolherem o tipo de parto que consideram mais adequado para si. Enfim, nas palavras de Potiguara: "Que os postos de saúde locais e seus agentes estejam conscientizados sobre os direitos reprodutivos e sexuais das mulheres" (POTIGUARA, 2018b, p. 53).

Na escrita poética da autora, o amor se realiza de todas as formas possíveis para dar abertura ao grande "Ato de Amor entre todos os Povos", como uma espécie de senha para a construção de um outro futuro possível, em que todos os povos do planeta possam conviver harmonicamente e repartir os frutos da Mãe-Terra de forma sábia e fraterna, mantendo-a preservada, respeitando as florestas, os rios, os mares e todas as criaturas viventes.

A literatura é o lugar do transbordamento pela linguagem em que a autora se constrói a partir de sua identidade indígena recuperada pela palavra poética, no resgate das memórias ancestrais mediadas pela ancestralidade — herança familiar. Ou pela pajelança literária — veia mística da autora desenvolvida pelo sonho e pelo contato com a natureza. Essa indígena das águas revoltas, profunda e inquieta natureza feminina.

CONSIDERAÇÕES FINAIS

Este estudo esteve direcionado para investigar a relação entre ancestralidade e identidades femininas na obra de Eliane Potiguara. A leitura dos autores indígenas, de forma geral, tem seus textos marcados, de forma bastante peculiar, pois sua escrita carrega lembranças de uma literatura secular, cujas textualidades se constituem de materiais outros, em um distanciamento evidente do signo linguístico, no sentido saussureano. Dessa forma, os textos dos intelectuais originários despertam outros sentidos, a partir de associações inconscientes com um sistema diferenciado de crenças e de vivências, em outras palavras, tais escritores expressam cosmovisões, como sentidos do mundo, muito peculiar, assentadas com raízes profundas no ser indígena.

Tais textualidades podem materializar-se em grafismos, desenhos rupestres, pinturas corporais, adereços (penas de pássaros, ossos, casco de tatu, sementes, flores, madeira, entre outros), rememoração dos sons do vento e das chuvas, canto de pássaros e misteriosos ruídos noturnos, vindos das florestas. Em outras palavras, isso equivale a dizer que a leitura dessa produção literária de autoria indígena faculta ao leitor a ampliação de uma visão crítica e reflexiva do mundo.

Assim, a leitura das obras desses escritores leva o leitor a alcançar outros sentidos e conceitos diferenciados para noções e objetos que, lhe parecendo familiares, são apresentados, não obstante, em perspectivas diferentes. Esse tipo de exercício de leitura pressupõe a prática da alteridade e promove disposição e flexibilidade para a compreensão do outro e a aceitação da diferença. Dessa forma, essa literatura pode desconstruir preconceitos arraigados e favorecer a aceitação e o respeito aos povos de diferentes culturas e visões de mundo distintas.

Nesse contexto, na tessitura de suas obras, Eliane Potiguara reflete a respeito das consequências das migrações involuntárias — diásporas indígenas — para as famílias deslocadas. Nesse aspecto, há uma série de dificuldades que são enfrentadas pelas mulheres de sua família: a avó, a mãe e as tias, que foram forçadas a deixar a Paraíba, como forma de perseguição, após o desaparecimento de Chico Solon, bisavô da autora.

Da leitura de suas obras, concluiu-se que deslocamentos dessa natureza desencadeiam transformações em vários aspectos da vida dessas famílias e interferem, negativamente, na (re) constituição das identidades, que se tornam múltiplas no contexto das movências. A laceração das noções acerca da própria identidade é evidenciada na obra analisada e a mescla dos gêneros textuais revela traços dessa identidade esfacelada, por meio do discurso.

Assim, uma escritora de identidades múltiplas, professora, poeta e militante pelos direitos indígenas, que escreve um livro abordando: poesia e realidade, utopia e denúncia, indignação e esperança, prosa e verso, que fascina o leitor. Por outro lado, deve-se analisar essa literatura de forma crítica e pontual, pois é por meio dela que a voz e a subjetividade de um segmento significativo da sociedade brasileira têm ganhado visibilidade e voz para desmistificar a identidade do nosso povo, mostrando que ela é, evidentemente, um produto da diferença.

O texto de Eliane Potiguara, atravessado pela oralidade, dialoga, permanentemente, com a história, com a memória, com a pluralidade cultural dos povos brasileiros e ameríndios, com os códigos da tradição escrita canônica, com as tecnologias da informação e com as mídias tecnológicas, num constante devir em que se ressignificam as identidades marcadas socialmente e historicamente, pelas diásporas dos povos originários em território brasileiro e seus desdobramentos.

Sua escrita híbrida, em muitos aspectos, denuncia os tensionamentos vivenciados por um eu plural e multifacetado. Concomitantemente, a defesa das mulheres e dos povos indígenas, em seu universo de representações, permeia e constitui o conjunto de sua obra, num movimento, ao mesmo tempo, de gesta e de pertencimento.

Por outro lado, há um diálogo intercultural que se estabelece nas dinâmicas identitárias determinadas pelas relações: campo x cidade; comunidades ágrafas x comunidades letradas; predominância da escrita x predominância das textualidades indígenas ancestrais; adesão aos códigos da escrita formal x violação dos códigos da escrita formal; escrita em prosa x escrita em verso, sagrado x profano, identidade individual x identidade coletiva, entre outras dicotomias que ganham materialidade em sua escrita literária.

Protagonista de regras próprias, a escritora rompe com padrões estéticos e conceituais ao ancorar sua produção literária na seara das lutas pelo reconhecimento da propriedade intelectual indígena, diante do silenciamento secular e predatório imposto ao seu povo. Trata-se de uma guerreira indígena que lança mão da escrita literária como arma na conquista pelo direito à visibilidade e à valorização de sua cultura e de seu povo, como patrimônio de inestimável valor para a humanidade.

Além disso, a subjetividade feminina ressalta o fato de que esses deslocamentos afetam, de forma mais acentuada, as mulheres e as crianças, que, normalmente, em condições adversas, tornam-se mais vulneráveis aos abusos e à mendicância. Por outro lado, as temáticas femininas voltadas para a militância da autora, colocam o leitor de frente com as violências que são praticadas contra essas mulheres e com as estratégias de enfrentamento a essas realidades, que são engendradas por elas.

De forma semelhante, há, nos textos, marcas da oralidade, que representam uma subversão em relação às normas da escrita, o que sugere que a rebeldia presente na temática da obra, se repete na linguagem, como forma de resistência e não aceitação do sistema rígido de regras da escrita, principalmente quando se trata da linguagem formal.

As marcas de ancestralidade expressas pela relação de parentalidade, presente nas obras, em maior ou menor grau, é determinante para a realocação das identidades. Nesse sentido, não apenas Potiguara, mas também Kambeba, Tabajara e Munduruku, à guisa de exemplo, revelam que receberam influências profundas dos avós.

Além disso, Eliane Potiguara denuncia, em suas obras, as agressões ao meio, como a contaminação do solo e da água, a opressão da população pelo recrutamento para o trabalho indígena semiescravo, que provocou o êxodo de muitas famílias, perseguições, mortes e outros males, como exemplo, as violências contra as mulheres indígenas, mais especificamente, os estupros individuais e coletivos.

O tema da diáspora é abordado pela autora, de forma bastante consistente em "Metade *Cara, Metade Máscara*, livro representativo de sua obra e sua trajetória. Nele, a narrativa da diáspora particular — fuga da família da autora, da Paraíba — e, da diáspora coletiva — saga de sua grande família indígena —, é construída em prosa e em verso, ao longo da formação da sociedade brasileira a partir do início da colonização europeia. O tema é recorrente e aparece também em outras obras de sua autoria, como é o caso da narrativa em *A Cura da Terra* (2015).

Outros aspectos igualmente importantes, identificados, a partir da leitura da obra da autora: expressão das subjetividades femininas que promovem ruptura com esquemas seculares de silenciamento dessas vozes; proximidade com poéticas ameríndias, no conteúdo e na forma, de forma a estabelecer diálogos com a produção das poetas ameríndias; relação profunda entre: Terra x Mulher / Água x Mãe / Terra x Mãe reforçadas pelos mitos agrários em imagens de fecundidade como ventre, útero, semente, entre outros; diálogo com a tradição, com a citação da pintura de Salvador Dali. No episódio em que a narradora se encontra com um indiozinho mendigando nas ruas do Rio de Janeiro; relações arquetípicas como com o arquétipo da mulher selvagem e do velho sábio, entre outros.

    A complexidade dessa escrita feminina com forte lastro na ancestralidade que se ancora na realidade dos povos indígenas e nas lutas constitutivas de suas subjetividades abre um leque de possibilidades de difícil esgotamento. Dessa forma, a obra se caracteriza como espaço aberto às novas abordagens, leituras e pesquisas envolvendo diferentes campos do conhecimento e diferentes abordagens filosóficas e epistemológicas, em amplo sentido. Em outros termos, a literatura produzida pelas mulheres indígenas é território sagrado.

REFERÊNCIAS

ADORNO, Theodor W. *Notas de Literatura I*. 2. ed. São Paulo: Duas Cidades Editora 34, 2012.

ACHUGAR, Hugo. *Planetas sem boca*: escritos efêmeros sobre arte, cultura e literatura. Tradução de Lyslei Nascimento. Belo Horizonte: Editora UFMG, 2006.

ALMEIDA, Maria Regina Celestino de. A atuação dos indígenas na História do Brasil: revisões historiográficas. *Revista Brasileira de História*, v. 37, n. 75, p. 17-38, ago. 2017. Disponível em: http://dx.doi.org/10.1590/1806-93472017v37n75-02. Acesso em: 18 dez. 2019.

ALMEIDA, Maria Inês; QUEIROZ, Sônia. *Na Captura da Voz*: as edições da narrativa oral no Brasil. Belo Horizonte: Autêntica; FALE/UFMG, 2004.

BHABHA, Homi. K. *O Local da Cultura*. Tradução de Myriam Ávila; Eliana Lourenço de Lima Reis e Glaucia Renata Gonçalves. Belo Horizonte: Editora da UFMG, 1998.

BACHELAR, Gaston. *A Água e os Sonhos*: ensaio sobre a imaginação da matéria. Tradução de Antônio de Pádua Danesi. 3. ed. São Paulo: Editora Martins Fontes, 2018.

BARTHES, Roland. *O Grau Zero da Escrita*: seguido de novos ensaios críticos. 2. ed. Tradução de Mário Laranjeira. São Paulo: Martins Fontes, 2004.

BAKHTIN, Mikhail. *Problemas da Poética de Dostoiévski*. Tradução de Paulo Bezerra. Rio de Janeiro: Forense Universitária, 2008.

BENJAMIN, Walter. *Magia e técnica, arte e política*: ensaios sobre literatura e história da cultura. Tradução de Sérgio Paulo Rouanet. 3 ed. São Paulo: Ed. Brasiliense, 1987.

BOSI, Alfredo. *O Ser e o Tempo da Poesia*. São Paulo: Cultrix, 1977.

CÂMARA CASCUDO, Luis da. *Literatura Oral no Brasil*. 3 ed. Belo Horizonte: Ed. Itatiaia; São Paulo: Ed. da Universidade de São Paulo, 1984.

CAMPATO JR., João Adalberto. *Manual de literaturas de língua portuguesa*: Portugal, Brasil, África Lusófona e Timor Leste. Curitiba: CRV, 2016.

CANCLINI, Nestor Garcia. *Culturas Híbridas*: estratégias para entrar e sair da modernidade. 4. ed., 1. reimp., São Paulo: EDUSP, 2006.

CARDOSO, Thiago Mota; GUIMARÃES, Gabriella Casimiro. (org.). *Etnomapeamento dos Potiguara da Paraíba*. Brasília: FUNAI/CGMT/ CGETNO/CGGAM, 2012. (Série Experiências Indígenas, n. 2)

CARPENTIER, Alejo. *A Literatura do Maravilhoso*. Tradução de Rubia Prates Goldoni e Sergio Molina. São Paulo: Editora Revista dos Tribunais, Edições Vértice, 1987.

CASTELLO BRANCO, Lucia. As incuráveis feridas da natureza feminina. *In:* BRANCO, Lucia Castello; BRANDÃO, Ruth Silviano (org.). *A mulher escrita*. Rio de Janeiro: Lamparina Editora, 2004.

CASTELLO BRANCO, Lucia. *O que é escrita feminina?* São Paulo: Editora Brasiliense, 1991.

CHARTIER, Roger. *O que é um autor?* Revisão de uma genealogia. Tradução de Luzmara Curcino e Carlos Eduardo de Oliveira Bezerra. São Carlos: EdUFScar, 2012.

CRETTIEZ, Xavier. *As Formas de Violência*. Tradução de Larra Christina de Malimpensa e Mariana Paolozzi Sérvulo da Cunha. São Paulo: Edições Loyola Jesuítas, 2011.

DE MELO, Carlos Augusto de. Os manuais de retórica poética: "lugares de memória" no Brasil oitocentista. *In:* CARVALHO, Maria Elizete Guimarães (org.). *Discursos e sensibilidades em educação e em direitos humanos*. João Pessoa: Editora da UFPB, 2015.

DE MELO, Carlos Augusto de; COSTA, Heliene Rosa da. Identidades Femininas em Movimento na Poética de Eliane Potiguara. *Revista Letrônica*, Porto Alegre/RS, v. 1, n. 3, p. 361-374, jul./set. 2018.

DE MELO, Carlos Augusto de; GUIMARÃES, Ana Rosa de Paula. Graça Graúna e o "Entrelugar": sobre o tear da resistência e da resiliência. *Revista Kiri-Kerê*: Pesquisa em Ensino, Dossiê Comunidades tradicionais e escola: enlace de aprendizagens e territórios de conhecimentos, n. 1, dez. 2018. Disponível em: http://periodicos.ufes.br/?journal=kirikere&page=issue&op=view&path%5B%5D=849. Acesso em: 14 dez. 2018.

DERRIDÁ, Jacques. *Essa estranha instituição chamada Literatura*: uma entrevista com Jacques Derridá. Tradução de Marileide Dias Esqueda. Belo Horizonte: Editora UFMG, 2014.

DORRICO, Julie. A leitura da literatura indígena: para uma cartografia contemporânea. *Revista de Estudos de Literatura, Cultura e Alteridade*, Igarapé, v. 5, n. 2, 2018, p. 107-137. Disponível em: http://www.periodicos.unir.br/index.php/igarape/article/view/2887/2166. Acesso em: 18 jun. 2018.

DUARTE, André Luis Bertelli. Contato, Políticas e Estratégias. *In:* SANTOS, Benerval Pinheiro; CAMARGO, Clarice Carolina Ortiz de; MANO, Marcel (org.). *Culturas e Histórias dos Povos Indígenas do Brasil:* novas contribuições ao ensino. Uberlândia/MG: RB Gráfica Digital Eireli, 2015.

DURAND, Gilbert. *As estruturas antropológicas do imaginário.* 3. ed. São Paulo: Martins Fontes, 2002.

ELIADE, Mircea. *O Sagrado e o Profano.* Tradução de Rogério Fernandes. São Paulo: Martins Fontes, 1992.

ESCALANTE, Emílio Del Valle. *Teorizando las literaturas indígenas contemporâneas.* North Carolina: A Contra Editorial, 2015.

ESTÉS, Clarissa Pinkola. *Mulheres que correm com lobos:* mitos e histórias do arquétipo da mulher selvagem. São Paulo: Rocco, 1999.

EVARISTO, Conceição. *Ponciá Vicêncio.* 3. ed. Rio de Janeiro: Pallas, 2017.

FIGUEIREDO, Eurídice. *Mulheres ao Espelho:* autobiografia, ficção, autoficção. 1. ed. Rio de Janeiro: EdUERJ, 2013.

FIGUEIREDO, Eurídice. Eliane Potiguara e Daniel Munduruku: por uma cosmovisão ameríndia. *Revista de Estudos de Literatura Brasileira Contemporânea*, n. 53, p. 291-304, 2018. Disponível em: http://www.scielo.br/scielo.php?script=sci_arttext&pid=S2316-40182018000100291&lng=en&nrm=iso. Acesso em: 19 jan. 2020.

FIOROTTI, Devair. Entrevista Devair Fiorotti. *Suplemento Cultural do Diário Oficial do Estado de Pernambuco.* Publicado em 05 de junho de 2017. Disponível em: https://www.suplementopernambuco.com.br/entrevistas/1880-entrevista-devair-fiorotti.html. Acesso em: 8 jun. 2018.

FIOROTTI, Devair; MANDAGARÁ, Pedro. Contemporaneidades ameríndias: diante da voz e da letra. *Estudos de Literatura Brasileira Contemporânea*, n. 53, p. 3-21, 2018.

FRANCHETTI, Paulo. O Haicai no Brasil. *Alea*, Rio de Janeiro, v. 10, n. 2, p. 256-269, dez. 2008. Disponível em: http://www.scielo.br/scielo.php?script=sci_arttext&pid=S1517-106X2008000200007&lng=en&nrm=iso. Acesso em: 20 set. 2018.

FURLANI, Jimena. *Educação Sexual na Sala da Aula:* relações de gênero, orientação sexual e igualdade étnico-racial numa proposta de respeito às diferenças. Belo Horizonte: Autêntica Editora, 2011.

GRAÚNA, Graça. *O Tear da Palavra*. Belo Horizonte: s/n., 2007.

GRAÚNA, Graça. Educação, Literatura e Direitos Humanos: visões indígenas da lei 11.645/08. *Revista Educação e Linguagem*, v. 14, n. 23/24, p. 231-260, jan./dez., 2011. Disponível em: www.metodista.br/revistas-metodista/index.php/EL/article/view/2918/2748. Acesso em: 25 ago. 2018.

GRAÚNA, Graça. *Contrapontos da Literatura Indígena Contemporânea no Brasil*. Belo Horizonte: Mazza Edições, 2013.

GRAÚNA, Graça. *Flor da Mata*. Belo Horizonte: Penninha Edições, 2014.

GRAÚNA, Graça. Um olhar sobre a Amazônia em chamas. *In:* GRAÚNA, Graça et al. *Blog Art'Palavra*. Disponível em: http://ggrauna.blogspot.com/2019/. Acesso em: 23 ago. 2019.

GUAJAJARA, Sônia. *Tembetá*. Kaká Werá (org.). Rio de Janeiro: Beco do Azougue Editorial Ltda, 2019.

GILROY, Paul. *O Atlântico Negro*: modernidade e dupla consciência. Tradução de Cid Knipel Moreira. 2. ed. São Paulo: Editora 34, 2012.

HABLWACHS, Maurice. *Memória Coletiva*. Tradução de Laurent León Schaffter. São Paulo: Editora Revista dos Tribunais Ltda.,1990.

HAKIY, Tiago. Literatura indígena: a voz da ancestralidade. In: DORRICO, Julie et al. (org.). Literatura Indígena Brasileira Contemporânea: criação, crítica e recepção. Porto Alegre, RS: Editora Fi, 2018.

HALL, Stuart. *A Identidade cultural na pós-modernidade*. Rio de Janeiro: DP & A Editora, 2002.

HALL, Stuart. *A Identidade Cultural na Pós-Modernidade*. 11. ed. Tradução de Tomaz Tadeu da Silva e Guacira Lopes Louro. Rio de Janeiro: DP&A, 2006.

HALL, Stuart. *Da Diáspora*: identidades e mediações culturais. Belo Horizonte: Editora UFMG, 2013.

HAURÉLIO, Marco. *Literatura de Cordel*: do sertão à sala de aula. São Paulo: Paulus, 2013.

JUNG, Carl Gustav. *Os arquétipos e o inconsciente coletivo*. Tradução de Maria Luíza Appy, Dora Mariana R. Ferreira da Silva. Petrópolis: Vozes, 2000.

KAMBEBA, Márcia Wayna. Literatura indígena: da oralidade à memória. *In:* DORRICO, Julie et al. *Literatura Indígena Brasileira Contemporânea*: Criação, Crítica e Recepção. Porto Alegre, RS: Editora Fi, 2018. p. 39-44.

KAMBEBA, Márcia Wayna. *Ay Kakiry Tama*: eu moro na cidade. 2. ed. São Paulo: Pólen, 2018a.

KAMBEBA, Márcia Wayna. Saberes da Floresta. São Paulo: Jandaíra, 2020.

KRENAK, Ailton. *Ideias para adiar o fim do mundo.* São Paulo: Companhia das Letras, 2019.

KRENAK, Ailton. *Índios do Brasil.* Sérgio Conh (org.). 1. ed. Rio de Janeiro: Azougue, 2015.

LAJOLO, Marisa; ZILBERMAN, Regina. *Literatura Infantil Brasileira*: uma nova outra história. Curitiba: PUCPRESS, 2017.

LASMAR, Cristiane. Mulheres Indígenas: Representações. *Estudos Feministas.* Florianópolis, v. 7, ed. 1 e 2, p. 143, 1999. Disponível em: https://pdfs.semanticscholar.org/ca57/204787f35882cdccdda8fca6d82bd67076f7.pdf. Acesso em: 12 jan. 2020.

LIMA, Mariana. Mulheres indígenas já plantaram mais de um milhão de árvores no MT. *Observatório do Terceiro Setor.* Disponível em: https://observatorio3setor.org.br/noticias/mulheres-indigenas-ja-plantaram-mais-de-1-milhao-de-arvores-no-mt/. Acesso em: 6 jan. 2020.

LIMA, Tarsila de Andrade Ribeiro. Entrevista com Graça Graúna, escritora indígena e professora da Universidade de Pernambuco. *Palimpsesto - Revista do Programa de Pós-Graduação em Letras da UERJ*, [s. l.], v. 14, n. 20, p. 136-149, jun. 2015. Disponível em: https://www.e-publicacoes.uerj.br/index.php/palimpsesto/article/view/35069/24771. Acesso em: 16 set. 2018.

LOBO, Luiza. *A literatura de autoria feminina na América Latina.* Disponível em: http://members.tripod.com/~lfilipe/LLobo.html. Acesso em: 20 jan. 2016.

LUCENA, Bruna Paiva de. *Espaços em disputa*: o cordel e o campo literário brasileiro. 2010. 88f. Dissertação (Mestrado em Literatura) – Universidade de Brasília. Brasília, 2010. Disponível em: https://repositorio.unb.br/handle/10482/8515. Acesso em: 20 ago. 2019.

MACHADO, Ananda. Literaturas Indígenas Ancestrais e Contemporâneas: Nosso "Entrelugar" com os Wapichana em Roraima. *Revista Verbo de Minas*, Juiz de Fora, v. 20, n. 36, p. 6-30, ago./dez. 2019. Disponível em: https://seer.cesjf.br/index.php/verboDeMinas/index. Acesso em: 18 dez. 2019.

MANÇANO, Luiza; NOGUEIRA, Pedro Ribeiro. Março das Mulheres / A voz, o caminho e a poesia mapuche de Graciela Huinao: uma entrevista e cinco poemas traduzidos da primeira indígena a ocupar uma cadeira na Academia Chilena de Letras. *Brasil de Fato*, 18 mar. 2019. Disponível em: https://www.brasildefato.com.br/2019/03/18/marco-das-mulheres-or-graciela-huinao-primeira-indigena-na-academia-chilena-de-letras/. Acesso em: 20 mar. 2019.

MANDAGARÁ, Pedro. Uma forma de ver as literaturas das mulheres indígenas. *Suplemento Cultural do Diário Oficial do Estado de Pernambuco*. 6 jun. 2018. Disponível em: http://www.suplementopernambuco.com.br/artigos/2100-uma-forma-de-ver-as-literaturas-das-mulheres. Acesso em: 8 jun. 2018.

MANDAGARÁ, Pedro. A Retórica indígena e a Narrativa da Constituição. *Suplemento Cultural do Diário Oficial do Estado de Pernambuco*. Disponível em: https://www.suplementopernambuco.com.br/edi%C3%A7%C3%B5es-anteriores/77-capa/2132-a-ret%C3%B3rica-ind%C3%ADgena-e-a-narrativa-da-constitui%C3%A7%C3%A3o.html. Acesso em: 20 jan. 2020.

MEKUKRADJÁ, Círculo de Saberes. Eliane Potiguara – Culturas Indígenas (2016). Disponível em: https://www.youtube.com/watch?v=TZwOXaJVzYU. Acesso em: 16 set. 2017.

MILOSZ, Czeslaw. *O testemunho da poesia*: seis conferências sobre as aflições de nosso século. Tradução de Marcelo Paiva de Souza. Curitiba: Ed. UFPR, 2012.

MINAPOTY, Lia. *Com a noite veio o sono*. São Paulo: Leya, 2011.

MINAPOTY, Lia. Brasil's New Resistance. *Marie Claire UK, Womankind*, p. 18-20, August 2019. Disponível em: https://mepdf.com/marie-claire-uk-august-2019/. Acesso em: 25 ago. 2019.

MINAPOTY, Lia; YAGUARÊ, Yamã. *A Árvore de Carne e outros Contos*. São Paulo: Tordesilhinhas, 2012.

MINAPOTY, Lia; YAGUAKÃ, Elias. *Yara é vida*. São Paulo: Editora Kazuá, 2019.

MOISÉS, Massaud. *Dicionário de Termos Literários*. 3. ed. São Paulo: Cultrix, 1982.

MORAGA-GARCIA, Fernanda. Entre Memorias Y Re-escrituras de la Historia: esbozos de uma aproximácion a la poesía escrita mapuche en Graciela Huinao y Adriana Pinda. *Literatura y lingüística*, Santiago, n. 13, p. 25-37, 2001. Disponível em: https://scielo.conicyt.cl/scielo.php?script=sci_arttext&pid=S0716-58112001001300003&lng=es&nrm=iso. Acesso em: 23 dez. 2019.

MUNDURUKU, Daniel. *O Banquete dos Deuses:* conversa sobre a origem e a cultura brasileira. 2. ed. São Paulo: Global, 2009.

MUNDURUKU, Daniel. *Mundurukando.* São Paulo: Ed. do Autor, 2010.

MUNDURUKU, Daniel. Literatura Indígena e as Novas Tecnologias da Memória. In: MARTINS, Maria Sílvia Cintra (org.). *Ensaios em interculturalidade*: literatura, cultura e direitos de indígenas em época de globalização. Vol. 1, Campinas/SP: Mercado de Letras, 2014. p. 173-183.

MUNDURUKU, Daniel. *Mundurukando2*: sobre vivências, piolhos e afeto: roda de conversa com educadores. 1. ed. Lorena: UK'A Editorial, 2017.

MUNDURUKU, Daniel. *Tembetá.* Kaká Werá (org.). Rio de Janeiro: Beco do Azougue Editorial Ltda., 2018.

NUNES FILHO, Ednaldo Pinheiro. Modelo de desenvolvimento local na Amazônia Pré-Colonial: complexidade cultural e modernidade em sociedades pré-coloniais na Amazônia. *Estação Científica* (UNIFAP), Macapá, v. 1, n. 2, p. 99-109, 2011.

OLIVIERI-GODET, Rita. Graça Graúna: a poesia como estratégia de sobrevivência. *Revista Interfaces Brasil/Canadá*, Florianópolis/Pelotas/São Paulo, v. 17, n. 3, p. 101-117, 2017.

OLIVIERI-GODET, Rita. Estranhos estrangeiros: poética da alteridade na narrativa contemporânea brasileira. *Estudos de Literatura Brasileira Contemporânea*, Brasília, n. 29, p. 233-252, jan./jun. 2007.

PALMARES, Fundação Cultural. Disponível em: http://www.palmares.gov.br/?page_id=95. Acesso em: 20 nov. 2018.

PEN, Internacional. *Our History.* London, c. 2018. Who we are. Disponível em: https://pen-international.org/who-we-are/history. Acesso em: 25 ago. 2018.

PERRONE-MOISÉS, Leyla. *Com Roland Barthes.* São Paulo: Editora Martins Fontes, 2012.

PINTO, Milena Costa. *Literaturas de autoria indígena*: Metade cara, Metade máscara. 2017. 132f. Dissertação (Mestrado em Estudo de Linguagens). Departamento de Ciências Humanas, Universidade do Estado da Bahia – Campus I, Salvador, 2017.

PONTES, Nádia. Questionada por Bolsonaro, morte de cacique espalha medo nos Wajãpi. *Agência Brasil.* Disponível em: https://p.dw.com/p/3MVOE. Acesso em: 30 jul. 2019.

POTIGUARA, Eliane. Participação dos povos indígenas na Conferência em Durban. *Revista Estudos Feministas*, Florianópolis, v. 10, n. 1, p. 219-228, jan. 2002. Disponível em: https://periodicos.ufsc.br/index.php/ref/article/view/S0104-026x2002000100016/8785. Acesso em: 8 maio 2018.

POTIGUARA, Eliane. *Metade Cara, Metade Máscara*. 1. ed. São Paulo: Global, 2004.

POTIGUARA, Eliane. *Metade Cara, Metade Máscara*. 2 ed. Lorena: DM Projetos Especiais, 2018a.

POTIGUARA, Eliane. *Metade Cara, Metade Máscara*. 3 ed. Rio de janeiro: Grumin Edições, 2018b.

POTIGUARA, Eliane. *Tembetá*. Kaká Weá (org.). Rio de Janeiro: Breco do Azougue Editorial Ltda., 2019.

POUND, Esra. *ABC da literatura*. Augusto de Campos (org.). Tradução de José Paulo Paes e Augusto de Campos. 12. ed. São Paulo: Cultrix, 2013.

PUCHEU, Alberto. *Cult Antologia Poética*: poemas para ler antes das notícias. Número 1, São Paulo: Editora Bregantini, 2019.

RAGO, Luiza Margareth. *A aventura de contar-se*: feminismos, escrita de si e invenções da subjetividade. Campinas: Editora da Unicamp, 2013.

RANCIERE, Jacques. *A Partilha do Sensível*: estética e política. Mônica Costa Netto (Trad.). São Paulo: Eixo Experimental; Editora 34, 2005.

RIBEIRO, Ademário. Bubuia. *In:* POTIGUARA, Eliane (org.). *O Sol do Pensamento*. Imbrapi/Grumin, 2005. Disponível em: http://www.elianepotiguara.org.br/publicacoes.html#.VEHT8lfUpYg. Acesso em: 13 jun. 2019.

ROSEVICS, Larissa. Do Pós-colonial à Decolonialidade. *In:* CARVALHO, Glauber; ROSEVICS, Larissa (org.). *Diálogos Internacionais*: reflexões críticas no mundo contemporâneo. Rio de Janeiro: Perse, 2017. p. 336-370.

ROSSI, Amanda. *Tragédia em Brumadinho*: Vale diz que sirenes não foram acionadas por 'velocidade' do deslizamento. 31 jan. 2019. Disponível em: https://www.terra.com.br/amp/noticias/brasil/cidades/. Acesso em: 5 fev. 2019.

SAID, Edward. *Cultura e Imperialismo*. Tradução de Denise Botmann. São Paulo: Ed. Companhia de Bolso, 2011.

SCHNEIDER, Liane. *Escritoras Indígenas e a Literatura Contemporânea dos Eua*. João Pessoa: Ideia, 2008.

SILVA, Edson. Os povos indígenas, o ensino e a Lei 11.645/2008: discutindo desafios, impasses e limites. *In:* SANTOS, Benerval Pinheiro; CAMARGO, Clarice Carolina Ortiz de; MANO, Marcel (org.). *Culturas e Histórias dos Povos Indígenas do Brasil*: novas contribuições ao ensino. Uberlândia/MG: RB Gráfica Digital Eireli, 2015.

SILVEIRA, Diego Soares da. Etnoconhecimentos Ondígenas e Manejo sustentável da Biodiversidade. *In:* SANTOS, Benerval Pinheiro; CAMARGO, Clarice Carolina Ortiz de; MANO, Marcel (org.). *Culturas e Histórias dos Povos Indígenas do Brasil*: novas contribuições ao ensino. Uberlândia/MG: RB Gráfica Digital Eireli, 2015.

SPIVAK, Gayatri Chakravorty. *Pode o subalterno falar?* Tradução de Sandra Regina Goulart Almeida, Marcos Pereira Feitosa e André Pereira Feitosa. Belo Horizonte: Editora UFMG, 2010.

THIAGO, Elisa Maria Costa Pereira de S. *O texto multimodal de autoria indígena*: narrativa linear e interculturalidade. 2007. Tese (Doutorado em Estudos Linguísticos e Literários). Faculdade de Filosofia, Letras e Ciências Humanas da Universidade de São Paulo, 2007. (DOI10.11606IT.8.2007).

THIÉL, Janice. Uma Literatura em Ascensão. *Carta Fundamental*: São Paulo, n. 58, p. 8-11, maio 2014. Entrevista concedida a Tory Oliveira.

TUKANO, Álvaro. *Tembetá*. Kaká Werá. (org.). Rio de Janeiro: Beco do Azougue Editorial Ltda., 2019.

TABAJARA, Auritha. *Coração na Aldeia, Pés no Mundo*. Lorena, SP: UK'A Editorial, 2018.

TABAJARA, Auritha. Grão. *Revista do Instituto Humanitas Unisinos*, ago.2018. Disponível em: http://www.ihuonline.unisinos.br/artigo/7401-o-grao. Acesso em: 2 fev. 2019.

TABAJARA, Auritha. Auritha: A Cordelista do Povo Tabajara. *Maria Firmina*, ago.. 2018. Disponível em: https://guiamariafirmina.com/?s=auritha. Acesso em: 2 fev. 2019.

TELLES, Norma. Escritoras, Escritas, Escrituras. *In:* DEL PRIORE, Mary (org.). *Histórias das Mulheres no Brasil*. 7. ed. São Paulo: Contexto, 2004. p. 336-370.

TODOROV, Tzvetan. *A conquista da América*: a questão do ouro. São Paulo: Martins Fontes, 1999.

VIVEIROS DE CASTRO, Eduardo. *A Inconstância da Alma Selvagem e outros ensaios antropológicos*. São Paulo: Cosacnaify, 2014. (Versão Digital)

YAMÃ, Yaguarê, *In:* POTIGUARA, Eliane (org.). *O Sol do Pensamento*. Imbrapi/Grumin, 2005. Disponível em: http://www.elianepotiguara.org.br/publicacoes.html#.VEHT8lfUpYg. Acesso em: 13 jun. 2019.

YAWANAWÁ, Biraci. *Tembetá*. Kaká Werá (org.). Rio de Janeiro: Beco do Azougue Editorial Ltda, 2019.

WERÁ, Kaká. *Tembetá*. Kaká Werá (org.). Rio de Janeiro: Beco do Azougue Editorial Ltda., 2019.

ZINANI, Cecil Jeanine Albert. Produção literária feminina: um caso de literatura marginal. *Antares*, v. 6, n. 12, jul./dez. 2014.

ZUMTHOR, Paul. *Introdução à Poesia Oral*. Tradução de Jerusa Pires Ferreira, Maria Lúcia Diniz Pochat e Maria Inês de Almeida. São Paulo: Editora Hucitec, 1997.